U0064913

古典文獻研究輯刊

二七編

潘美月・杜潔祥 主編

第9冊

20世紀中國《論語》學論要

劉 斌 著

國家圖書館出版品預行編目資料

20 世紀中國《論語》學論要／劉斌 著 — 初版 — 新北市：花
木蘭文化事業有限公司，2018〔民 107〕
目 2+192 面；19×26 公分
（古典文獻研究輯刊 二七編；第 9 冊）
ISBN 978-986-485-567-4（精裝）
1. 論語 2. 研究考訂
011.08   107012288

ISBN-978-986-485-567-4

9 789864 855674

古典文獻研究輯刊
二七編 第 九 冊   ISBN：978-986-485-567-4

20 世紀中國《論語》學論要

作　　者　劉　斌
主　　編　潘美月　杜潔祥
總 編 輯　杜潔祥
副總編輯　楊嘉樂
編　　輯　許郁翎、王筑　美術編輯　陳逸婷
企劃出版　北京大學文化資源研究中心
出　　版　花木蘭文化事業有限公司
發 行 人　高小娟
聯絡地址　235 新北市中和區中安街七二號十三樓
　　　　　電話：02-2923-1455／傳真：02-2923-1452
網　　址　http://www.huamulan.tw 信箱 hml810518@gmail.com
印　　刷　普羅文化出版廣告事業
初　　版　2018 年 9 月
全書字數　179131 字
定　　價　二七編 24 冊（精裝）新台幣 46,000 元
版權所有·請勿翻印

20世紀中國《論語》學論要

劉斌 著

作者簡介

劉斌，1979～，男，山東鄒平人。曾師從著名學者龐樸先生從事儒家思想文化研究。在《社會科學研究》、《孔子研究》等刊物發表論文多篇。主要研究方向爲《論語》學史，近期研究方向爲上古中國術數文化。

提　　要

　　20 世紀的中國《論語》學在總體治學取向上並未脫出晚清以來所形成的學術格局，或偏考證，或偏義理，或二者兼重，或二者兼重而又稍有偏尚。他如對 20 世紀《論語》研究和普及幫助很大的舊注整理工作、白話翻譯工作，也是承晚清遺緒。1911 年清朝滅亡，中華民國建立，20 世紀中國進入了一個新的歷史階段，中國與西方世界的交流大幅加深，西學對包括《論語》學在內的中國傳統學問的影響，比之晚清，有很大推進。大部分人開始改用新學問、新概念來分析《論語》，這種改變從表面上看是文言逐步變成了白話，從根本上看則是以西學釋中學，不再是以中學釋中學了。另外 20 世紀發現了一種古老的《論語》抄本，即《定州〈論語〉》，敦煌出土了《論語鄭氏注》殘卷，還有包括郭店楚簡在內的一些相關竹書文獻被發現，這些新材料對《論語》學的發展也產生了一定的推動作用。對這一時期的中國《論語》學進行探討，是我國學術轉型史探討的一部分，意義極其重要。書稿選取有代表性的六部著作，對其特色和整體成就進行初步探討，明其大要，見其規律，就正方家。

山東大學自主創新專項基金項目《論語文獻研究》
（項目編號 IFYT12014）

目次

導　言

一、《論語》·《論語》學·《論語》學史

　　中國文化的發展，文明的傳承，在技術層面有兩個核心的支撐，一是口耳相傳，一是文字載錄。口耳相傳者如後世所謂種種傳說，文字載錄者如所謂正史碑傳等。文字出現以前，以口耳相傳爲主，結繩記事等爲輔；文字出現以後，以文字載錄爲主，口耳相傳等爲輔。先秦時期流傳下來的經子典籍，多是兩種形式交互作用的結果。《論語》恰是如此。《漢書·藝文志》謂：「《論語》者，孔子應答弟子時人及弟子相與言而接聞於夫子之語也。當時弟子各有所記。夫子既卒，門人相與輯而論纂，故謂之《論語》。」《經典釋文》云：「《論語》者，孔子應答弟子及時人所言，或弟子相與言，而接聞於夫子之語也。當時弟子各有所記。夫子既終，微言已絕。弟子恐離居以後，各生異見，而聖言永滅，故相與論撰。因輯時賢及古明王之語，合成一法，謂之《論語》。鄭康成云：『仲弓、子夏等所撰定。』」〔註1〕關於《論語》名義、作者、編纂等，歷代討論頗多，迄無定論。筆者以爲《論語》即孔門弟子在彙集、討論、選擇、條理孔子、孔門弟子及古今賢達相關言行基礎上，編纂而成的定位爲「語」的教材。「語」，從弟子說即「請事斯語」之「語」，自孔子論即「德者之言」，所謂「有德者必有言」，就外人來看，如李斯所謂「《詩》、《書》、百家語」（《史記·秦始皇本紀》）之「語」。孔門後學彙集門內公認的孔子及其

〔註 1〕　〔唐〕陸德明撰：《經典釋文》，中華書局 1983 年版，第 15 頁。「合成一法」，
　　　　　盧校云：「法」疑爲「秩」之訛。

親炙弟子等古今賢達的言行於一，用爲立身行事的指導和參考，意在以門內經典的形式在教學授受中傳之後世垂之不朽。

《論語》的編纂過程，因爲資料缺乏，已很難說清，現在能夠知道的是至晚在公元前五世紀末的時候《論語》已經成書〔註2〕，時距孔子離世約半個多世紀，其間可能還經過了多次的彙集、條理和編訂。學者推測子思很可能就是《論語》成書時的總編纂。

後世所謂《論語》學，也即對《論語》的學習和研究（主要指研究），涉及《論語》的成書過程、篇章結構、內容眞僞、版本異同、章句訓詁、義理闡釋、刊刻傳播、價值影響等。

對《論語》的研究，對《論語》研究的研究也即對《論語》學的研究，可以從多個角度多個學科進行，小學、經學、史學、哲學、文學、文獻學、政治經濟學等等，不一而足，具體研究過程中往往還會有交叉。像《孟子》和《孔子世家》對《論語》內容的研讀在角度上便頗有不同，前者偏經學和哲學，後者偏史學。劉師培《經學教科書》對《論語》學的研究和《漢書·藝文志》的研究也不一樣，前者偏史學（具體的說是學術史），後者偏文獻目錄學。當然，目錄學研究中自有《論語》研究的歷史，學術史研究中也隱含著歷代《論語》著作的目錄。而且，《論語》學和《論語》學研究兩者往往也會有交叉，《論語集釋》等歷代彙集舊注間下己義的作品皆是例證。

我們說《論語》學指的是對《論語》的學習和研究，主要指研究，也包括一般意義的學習，因爲所謂研究無不發端於學習；學習是最初的研究，研究是深入的學習。通常人們會覺得對《論語》的學習沒有研究來得專業和深入，其實不然。共時地來看，容或不假，歷時地來說，則未必然。當年孔門再傳弟子學習《論語》的具體收穫和認知，恐怕有很多東西，後世學者研究再多也已無從勘破。而在當年，大約需要認眞研究的還是《詩》《書》《禮》《樂》之類，新編訂的《論語》作爲門內格言和守則，做到誦讀熟知也就夠了。至於漢代，貴族階層仍多以蒙書視之約是同樣道理。畢竟去聖未遠，內容理解上大約還沒有太多後世所見的種種歧義之類。在學習即研究的意義上，《論語》學的開端可以上溯至子思時代，此由《中庸》引用、引申和發揮《論語》內容可以部分佐證。

〔註 2〕 俞志慧《〈論語〉編纂年代考》，俞著《君子儒與詩教：先秦儒家文學思想考論》，北京：三聯書店 2005 年版，第 259～285 頁。楊朝明《新出竹書與〈論語〉成書問題再認識》，《中國哲學史》2003 年第 3 期，第 32～39 頁。

迄今可見的最早的《論語》學研究仍是《漢書·藝文志》中所載《論語》類相關內容。因爲內容不多，不妨摘錄如下：

《論語》古二十一篇。出孔子壁中，兩《子張》。

《齊》二十二篇。多《問王》、《知道》。

《魯》二十篇，《傳》十九篇。

《齊說》二十九篇。

《魯夏侯說》二十一篇。

《魯安昌侯說》二十一篇。

《魯王駿說》二十篇。

《燕傳說》三卷。

《議奏》十八篇。石渠論。

《孔子家語》二十七卷。

《孔子三朝》七篇。

《孔子徒人圖法》二卷。

凡《論語》十二家，二百二十九篇。

《論語》者，孔子應答弟子時人及弟子相與言而接聞於夫子之語也。當時弟子各有所記。夫子既卒，門人相與輯而論纂，故謂之《論語》。漢興，有齊、魯之說。傳《齊論》者，昌邑中尉王吉、少府宋畸、御史大夫貢禹、尚書令五鹿充宗、膠東庸生，唯王陽名家。傳《魯論語》者，常山都尉龔奮、長信少府夏侯勝、丞相韋賢、魯扶卿、前將軍蕭望之、安昌侯張禹，皆名家。張氏最後而行於世。

〔註 3〕

這裡面有版本學、目錄學研究，也有史學的研究，可以說是後世《論語》學學術史研究的鼻祖。《論語》學學術史研究也即通常所謂《論語》學史的研究。從學術史的角度研究《論語》學，有通史研究，有斷代史研究，有學派研究，有專書專人研究。通史研究像唐明貴的《論語學史》（中國社會科學出版社 2009 年版），斷代史研究像朱華忠《清代論語學》（巴蜀書社 2008 年版），學派研究像柳宏《清代常州學派〈論語〉詮釋特點新論》（《文學評論》2012年第 01 期），專書專人研究像陳居淵《論焦循的〈論語〉學研究》（《雲南大學學報（社會科學版）》2007 年 01 期）。報告選擇 20 世紀代表性的《論語》

〔註 3〕　〔漢〕班固撰：《漢書》，中華書局 1962 年版，第 1716～1717 頁。

文獻進行研究，在斷代研究的範圍內。從學界既有成果來看，這一問題的研究還比較薄弱。

二、20 世紀中國《論語》學概論

《論語》是儒家最爲重要和核心的典籍之一。《論語》學的歷史發展同儒學的歷史命運緊密相連、息息相關。

晚近以來，頗多海外學者喜歡用儒教文明或儒家文明來概括中國的文明情態，比如亨廷頓、杜維明等。因爲有「文明衝突」或「文明對話」這樣影響巨大的學說作背景，特別是基於兩大學說進行進一步研究的宏大思維熱情的需要，此一概括迅速在全球學界蔓延，乃至慢慢成爲許多學人在討論和解讀中國文明時慣用的思考模式。其中也包括很多中國學者在內。以儒家文明或儒教文明來概括中國文明自然有它的道理，畢竟漢代以來儒家文化在中國的社會地位顯赫且重要，影響巨大且深遠。也有些學者不大同意這種以儒家文明標識中國文明的簡單概括，強調魏晉已降中國文化實爲儒釋道三教共存，以儒家文明來標誌和論說中國文明有失於片面。這種說法也很有道理，在國內學界特別流行。其實筆者覺得，中華民族一直以來就是一個缺乏統一信仰的民族，中華文明的成長絕非哪一種或幾種學說和理論所能承載和負擔的住。孔子「君子喻於義，小人喻於利」的論斷一定程度上正是中國社會信仰多元的說明。

在信仰多元的中國社會，儒家學說，包括其價值體系和禮儀制度等，雖非一家獨大，但漢代以來一直是指導和規範個人和社會行爲的重要座標體系，尊信者大有人在。當然知而不信、信而不篤，乃至持敵視態度的也不在少數。所以晚清以降，當傳教士伴著西方的堅船利炮來中國宣教時，他們一方面不得不借助儒學來論證自己的價值乃至自稱是「眞儒教」，另一方面又公開蔑視儒學在中國社會不被踐行的尷尬境遇。1878 年第 490 期《萬國公報》第 11 頁有《論爲何不敬孔子》一文，作者謂：「儒教之敬孔子，均莫若吾教。敬則必遵其言、學其行。試問今之儒教者有如是之敬者乎？試觀吾耶穌教有一言一行不合孔子者乎？虛僞也而眞實求之，刻薄也而忠厚敦之，逐末也而返本救之。吾故曰世人莫如吾敬孔子也。」傳教士自稱信耶穌才能眞正做到敬孔子，不免有些故爲高論，但其所指出的儒學作爲「信仰」在社會層面之零落確是極有見地。其實所謂「儒教」的稱呼，根本是在中西文化比較中產

生的，儒家在中國算不得宗教。且不說歷代統治者多陽儒陰法，便是在大眾層面，真正完全按照儒家學說，或者說孔孟學說，做事的人也很是有限。習儒者自稱儒生而不稱儒士（士者任重道遠死而後已）正是來自儒家內部的一個注腳。其實這種情況孔子時代便已存在，所以他一邊強調君子於仁造次顛沛於是，一邊又不得不承認學生當中能夠日月至焉者都不甚多。

當然，即便對儒學的踐行「生」而未「熟」，習儒、信儒、行儒者在中國社會依舊是至為可觀的一個群體，儒家學說依舊是社會上至為重要的一種價值存在。所以來華傳教者無論如何都不能忽視儒家學說。以儒學與基督教的互動為重要內容的中西文化交流融合是近代以來包括信仰層面在內的中國社會生活的一條主線。弘教之初的交流中，自然是儒學佔有優勢。後來隨著清朝的進一步衰落，在近代科學的羽翼下的，基督教的優勢日漸凸顯，漸漸取得主動。與之相反，儒學則因為國家的衰微而被目為阻礙社會進步的障礙，漸漸為社會所冷漠、敵視乃至唾棄。於是內外夾擊中的儒學開始積極的向對手學習，於是有了中體西用，有了孔子改制等等。1900 年泰順廩生周耀樞居然幹起了給傳教士著作寫序的活計，在《天儒辨證》一書的序言中，其謂：「耶穌之教，實有補儒家之未備者。《新約》專記耶穌救世奇行，成己成物，盡皆明德新民之道。非若腐儒空言泛應，於世道人心絕無關係。」〔註4〕內部人士的不屑充分反映了 20 世紀初年儒學的悲哀和落魄。可以說儒學是背著滿身罵名進入 20 世紀的。1903 年通達之士陳俠有言：「中國之無儒，中國之不行儒教，此我所觀於嬴劉以下，而決言其必然者也。」「今之儒，皆偽儒，非真儒，皆死儒，非生儒。」「我安得起我文明祖國數十古聖人於九幽不知紀極之天地，假其靈魂毅魄，為我民撥出無量深黑地獄，致之青雲之上，以雪我儒數十年深詬厚辱於萬一之餘？此在讀古書者深思之而力行之。」〔註5〕「數十年深詬厚辱」的話或許有些誇大其詞，但近代以來儒學之無奈無助不難由此看出，背著一身罵名進入 20 世紀也是不爭的事實。

儒學所以遭受詬病，與其自身關係不大，相當程度上是拜對手所賜。這個對手就是近代西方科學技術與政治思想。近代中國物質文明和制度文明方面的落後，都與儒學有一定的關係，但不是直接的和根本的關係。一者統治者對儒學本不甚相信，百姓亦然；二者，儒學本具開放品格，所謂四海之內

〔註 4〕周耀樞：《天儒辨證·序》，《中西教會報》1900 年第六卷第 65 期，第 5 頁。
〔註 5〕陳俠：《悲儒上》，《新世界學報》1903 年第 15 期，第 2～5 頁。

皆兄弟也，而且非常強調因革損益革故鼎新。其實晚清社會對儒學「愛之欲其生惡之欲其死」的做法，本就不是儒學的態度，這種情況下再說自己的不幸是因爲身在儒門中所致未免有些「欺儒」。儒學確實有些委屈。且不說在本土晚清以來中國社會星星點點的進步多賴儒學的引導和參與，便是在歐洲，在啓蒙思想的孕育和發展過程中儒學的貢獻亦十分突出。自然，西方近代科技和政治思想上的許多成就確有儒學不足或未備之處，但，用西方近代的東西來和兩千多年前產生的儒學進行比較，本就不太公平。何況儒學中本有許多地方可與近代文明相通相濟。所以，晚清時期，爲儒學鳴冤叫屈者比比皆是。《新民叢報》1902 年第 8 期，第 81～84 頁有篇《小慧解頤錄：孔子訟冤》。作者借「懷疑子」與「尊聖子」二人之「論學」，讓「尊聖子」好好替儒學出了口氣。「懷疑子曰：《論語》曰：『天下有道，則庶人不議。』夫今世所稱第一等文明之國，何一不有議院？庶人之議政天下之公理也。孔子爲此言，是永陷我國於專制地獄，使之千萬億劫而莫能救也。尊聖子曰：子未通古訓耳。子不讀《爾雅》乎。《爾雅》云：不顯顯也，不承承也。古書多有以不字足句者，其例不可勝數。孔子此言，正謂天下有道則庶人議耳。不顯不承亦作丕顯丕承，故不議亦可作丕議。丕者大也，言天下有道則庶人大開議會耳。懷疑子無以應。」又：「懷疑子曰：《論語》曰：『拜下禮也，今拜乎上，泰也，雖違眾，吾從下。』夫古者君臣坐而論道，漢制猶有天子爲丞相起、天子爲丞相下輿，蓋君不甚尊，臣不甚卑焉。何也？君之與臣皆受民之委託而治事者耳，而僕僕亟拜胡爲也？時制拜上，已嫌其過。孔子猶以爲未足，復等而下之，無乃大貶損人格耶？何怪乎人以爲諂也！尊聖子曰：下字，當訓不恥下問之下，指國民也。孔子以爲崇拜國民禮也，今乃崇拜君主則驕泰矣。故孔子必從國民也。今世歐美大政治家，皆拜下從下者也。故專制國媚於一人，立憲國媚於庶人。孔子示政治家以運動之方耳。懷疑子無以應。」這篇文章的作者究爲何人，一時還搞不清楚，但他旨在爲孔子訟冤的新訓詁倒是很藝術。而且，一來一往中話題的中心竟然是討論儒學與立憲、自由、議會政治等的關係。一方面是懷疑人士對儒學的不解乃至擯棄，另一方面是儒學經由新的闡釋竭力跟上時代的努力，這正是 20 世紀初，清末最後一段時間裏儒學糾結的生存狀態。

就整個 20 世紀前半期來看，儒學在信仰領域的主要對手正是資產階級民主思想。1917 年段祺瑞政府制定修憲草案，擬訂國民教育以孔子之道爲修身

大本。這是民國初年廢止小學讀經以來，曾經顯赫的儒學嘗試依靠各種力量「借屍還魂」、重回廟堂的又一壯舉。這在全國範圍內引起巨大波瀾，贊成者有之，反對者亦有之。來自直隸商會的一份反對電文謂：「竊自憲法立案，第十九條第二項擬訂國民教育以孔子之道爲修身大本一語，全國反對。今輿論譁然，議院迭次審議迄未准予刪除，人心益爲危慮。伏查民國以五族合成，族各有宗教，各有其修身大本。若強迫歸一勢必互相牴觸，相爭相尤、禍靡有底。約法既言人民信教自由，實合世界公理。設使憲法背道而馳，恐艱難再造之共和將因一言而破壞。我政府國會何必愛惜此招禍之條文而不給予刪除耶？弊會等爲擁護人權鞏固國本起見，特電請願，虔祈將草案第十九條第二項迅予刪除。擁護信教自由，以免教爭而安人心。」事實上，無論是民國初年廢止讀經還是五四時期打倒孔家店等，背後都是資產階級的自由、平等、民主、共和等思想在支持。而且，相比晚清時期始終不能居於主導地位而不得不在廟堂儒學壓制下艱難生長的格局而言，民國時期資產階級民主思想已經成爲社會思想的主流，裁定儒學生存合法性的權利就掌握在後者手裏，此由上引文字每以自由、人權、共和等觀念爲據要求刪除以儒學爲修身大本的條目可以看出。不過既然是民主思想，又推重信教自由，那麼儒學作爲信仰之一種當然也可以合情合理地在社會上繼續存在下去。這正是新中國成立以前的中華民國時期，尊孔讀經所以能夠長期存在的關鍵原因所在。不過，就算官方因爲「新生活運動」等穩定社會秩序、推動文明進步之舉措的需要，而一度對儒家觀念、儒學典籍等大力提倡，後者在民國社會始終也只能居於思想領域的支流位置，這也與後來大地主大買辦相結合的統治集團權力結構中前者地位稍遜一些的情況正好相符。當然，此類運動一定程度上極大恢復了儒學的尊嚴和光榮，只是在一個西學知識大量引入、新式教育廣泛流行的時代，儒學的生存空間終究是今非昔比，可以說十分痛苦。因爲再怎麼尊孔讀經，儒學也已回不到官方哲學的位置，而且，再怎麼尊孔讀經，讀經尊孔的人終是越來越少。眞實的情況是，在不少人出於各種目的提倡尊孔讀經的同時，進入民國以後，更有不少人在新社會思潮的引導下主動加入到了反孔批孔的陣營裏，這裡面既包括全盤西化人士，也包括運用唯物主義理論分析和研究中國文化及革命道路的馬克思主義學人，以及許多思想進步的左派人士，像眾所習知的魯迅同志。

儒學雖然形成於春秋末期，但就學說內容而言，特別適合地主政權的統治需要，所以能自漢至清兩千年盡享廟堂哲學的尊隆。中國共產黨是在對大地主、大資產階級的鬥爭中成長起來的，所以，新中國成立以後，儒學的存在和傳承一度命懸一線。倒是退處臺灣的國民黨政權，出於政治的需要，對儒學表現了極大的興趣。於是以海峽為界，一邊淒風苦雨，一邊豔陽高照，儒學的生存狀態因政治需要而呈現出地理分佈上的陰陽二重天格局。至於1990 年代，隨著改革開放的拓展，中外文化交流日益頻繁和密切，這種背景下，強調「仁者愛人」、「和而不同」等等價值理念的儒家學說的魅力和價值再次獲得官方認可，孔子因而迅速成為中外文化交流中的「明星」人物，儒家文化也因此在經歷了早年被踩在腳下永世不得翻身的悲苦歲月後，重新迎來了蓬勃發展的又一個春季，1990 年代中期大陸地區迅速興起的以儒學普及與傳播為核心的「國學熱」正是其表現。

進入 21 世紀，隨著中國綜合國力的提升，在國際上塑造良好的國家形象，借助文化軟實力不斷提升國際地位和影響，成為了國家對外交往的戰略急需。當下來看，孔子及其學說依舊是實現此一戰略不可或缺的最為有力的文化支持和價值依據。所以就有了更多的孔子學院，有了國內各種各樣的讀經班，有了國家層面的祭孔活動。一百年前從廟堂被驅離，一百年後重新被捧起，一百年前飽受詬病和屈辱，一百年後全國上下趨之若鶩，這是輪迴的運數，也是辨證的諷刺，是需求中的復出，更是衰變後的雄起，這就是儒學在中國 20 世紀的傳奇，也是《論語》學在 20 世紀中國的生態境遇。

中國文化素以連綿不斷為人稱道。《論語》學也是如此。20 世紀的中國《論語》學是沐浴著清代《論語》學的餘暉一步一步走向現代中國歷史舞臺的。前者在許多方面都受到後者的潤澤和影響。這其中，包括研究方法的繼承，也包括研究問題的接續，更包括研究成果的汲取。晚清時期，諸子學興盛，滲透到《論語》學中表現為學人對《論語》或者說孔子同諸子學關係問題的研究，此一研究 19 世紀末開始興起，後漸漸成為《論語》學（孔子）研究中一個不大不小的問題，有的學者目《論語》為諸子，有的學者就《論語》明諸子，有的學者說諸子之學出孔子，等等不一而足，此是 20 世紀中國《論語》學在問題上前後接續。清代人對《論語》流傳過程中的版本問題下過很大力氣，代表人物如馮登府、阮元等，後來他們的成果成為了 20 世紀學人繼續研究此一問題時最為重要的參考文獻之一，至於 20 世紀學人研究《論語》多參

劉寶楠《論語正義》，研究《論語》學史多參《四庫全書總目》，這都是成果的汲取。

　　最重要的還是治學方法的繼承和延續。進入 20 世紀以後，雖然經學的地位大不如前，《論語》不再像經學時代那樣爲人尊崇，乃至大多都是在子學和史學的領域裏進出，但晚清時期形成的經學研究格局在 20 世紀上半期，甚至可以說是整個 20 世紀都還有較好的保持，即便中間因爲某些政治的原因有所中斷，但在整體上清代，尤其是晚清時期的經學研究格局或者說經學研究的路數，在 20 世紀的《論語》學中依舊在延續。清代經學有所謂漢宋之分，漢學又有古文學和今文學之分，這種區別在晚清尤其明顯。進入 20 世紀，包括中華民國成立以來，這種經學分野所型構的治學取向的差異在《論語》學中表現得仍很突出。像章太炎的《廣論語駢枝》、康有爲《論語注》便分別代表了古文學和今文學兩種不同的治學取向。馬一浮的《論語大義》則是典型的宋學製作。再如 20 世紀頗有成績的舊注整理工作，相當程度上也是接續晚清學人的路子，眾所周知的《論語集釋》出現之前，清人潘維城的《論語古注集箋》、清民之間姚永樸的《論語解注合編》都已取得了相當成績。至於 20 世紀中國《論語》學中廣泛存在的補正《論語集注》的工作，在清代更是所在多有，毛奇齡的《四書改錯》最爲著名，潘衍桐組織編寫《朱子論語集注訓詁考》也是出於類似目的。這一工作在 20 世紀被接續而光大之，簡朝亮《論語集注補正述疏》、程樹德《論語集釋》以及錢穆的《論語新解》皆在此數。20 世紀大爲流行的白話翻譯，同樣也淵源有自，像清代陳澧所撰《論語話解》便是用通俗的白話文來解釋和翻譯《論語》文句的專著。至於結合西學知識來研讀《論語》的例子晚清時期也已多見，此由前引相關材料已可觀見。就 20 世紀中國《論語》學而言，以西解中式的研讀《論語》是一大趨勢，純傳統的研究與此前相比倒是有些趨於衰落。就西學解讀來看，以基於歷史唯物主義和辨證唯物主義來研究和解析《論語》的一系最爲興盛。當然，相當多的時候以西解中不免會犯機械主義的錯誤，趙紀彬早年出版的《古代儒家哲學批判》是個典型。漢宋路徑也好，白話普及也好，舊注整理或哲學解讀也好，基本上 20 世紀中國《論語》學的主要面向在 20 世紀之前的清代學術中都已萌芽和興起，而且有些方面清代學者還要更有優勢，比如訓詁考據，不過講到西學式解讀，白話文普及等等，還是要看 20 世紀，此正《論語》所謂「損益」。

　　除了新的思想觀念的助益之外，新材料的發現對 20 世紀中國《論語》學
的幫助也很大。這裡所謂新材料，主要有兩個來源，一個是輯佚所得前人舊
注，一是新發現的敦煌和出土材料。20 世紀的《論語》古本和舊注輯佚遠沒
有清人成果豐碩，這方面的資料主要是承繼前人，比如馬國翰《玉函山房輯
佚書》中的《論語》類部分。20 世紀學人的貢獻主要是在前人輯佚成果的基
礎上做出了研究上的成績，主要表現是前此相對薄弱的漢唐間《論語》學研
究賴輯佚材料的幫助得到了大大加強。20 世紀新發現的《論語》本子和注本
數量有限，敦煌發現了《論語鄭氏注》殘卷，建國後 1973 年河北定州漢墓出
土了一種竹簡本《論語》，是目前所見最早的抄本，學界稱之爲《定州〈論語〉》。
這一抄本對於研究早期《論語》版本流傳很有價值。像「爲政以德譬如北辰
居其所而眾星拱之」章，就有學者依《定州〈論語〉》考證認爲「居」字當爲
「君」字之訛。

　　因爲 20 世紀恰逢「經學時代」結束，經學研究地位大不如前，所以整體
上 20 世紀的經學研究包括《論語》學在內，相對比較薄弱，不能與前代抗衡。
筆者粗略統計作於 20 世紀的中國《論語》學專著不到兩百種，數量相對有限。
不過有特色值得關注的作品也頗有一些。像康有爲《論語注》、簡朝亮《論語
集注補正述疏》、程樹德《論語集釋》、馬一浮《論語大義》、趙紀彬《古代儒
家哲學批判》（初版《論語新探》）、楊樹達《論語疏證》、錢穆《論語新解》、
北京大學 1970 級工農兵學員《〈論語〉批註》、楊伯峻《論語譯注》、毛子水
《論語今注今譯》等，便都是有代表性的作品。本報告綜合考慮時間和治學
取向兩種因素，選取簡朝亮《論語集注補正述疏》、程樹德《論語集釋》、馬
一浮《論語大義》、趙紀彬《古代儒家哲學批判》（初版《論語新探》）、錢穆
《論語新解》、北京大學 1970 級工農兵學員《〈論語〉批註》六種作品來進行
個案解讀，希望能從中管窺 20 世紀中國《論語》學的總體成就和發展梗概。

第一章　簡朝亮的《論語集注補正述疏》

　　傳統中國學術有所謂今古、漢宋，義理、考據、經濟、辭章的差別，此在孔子總結弟子治學特點以德行、言語、政事、文學四科之學類別之的時候已經隱約透露出了幾分氣息。晚清重臣曾國藩在試圖調和漢宋學差別的時候便曾援四科之學以爲說。所謂「有義理之學，有詞章之學，有經濟之學，有考據之學。義理之學即《宋史》所謂道學，在孔門爲德行之科；詞章之學在孔門爲言語之科；經濟之學在孔門爲政事之科；考據之學即今世所謂漢學也，在孔門爲文學之科。此四者缺一不可。」〔註1〕曾氏所言容或不假，調和漢宋確也是晚清經學的一個重要取向。當然，緣由來看，這主要還是由整個清代學術漢宋今古學的激烈紛爭所致。事實上，早在清前期纂修《四庫全書》之時，國老儒宗們便已深刻體察到了門戶紛爭所帶來的種種弊病，《總目》所言「自南宋至明，凡說經、講學、論文皆各立門戶。大抵數名人爲之主，而依草附木者囂然助之。朋黨一分，千秋吳越。漸流漸遠，並其本師之宗旨亦失其傳。而仇隙相尋，操戈不已。名爲爭是非，而實則爭勝負也。人心世道之害，莫甚於斯」〔註2〕者，是其明證。總之，漢宋紛爭與調和紛爭的努力雖與時起伏、強弱間續，但總地來看確乎是清代學術的兩條主線。

　　至於民國，舊學方面，面對新學術的挑戰和衝擊，接承自晚清路向的漢宋調和之風漸成日趨邊緣化的經學研究的共識和主流。當然，傳統的漢宋之

〔註1〕 曾國藩：《求闕齋日記類鈔・卷上・辛亥七月》。轉引自史革新：《從「漢宋鼎峙」到「漢宋合流」——兼論晚清漢宋學關係》，《社會科學輯刊》2007年第5期。
〔註2〕 〔清〕永瑢等：《四庫全書總目（全二冊）・卷首》，中華書局1965年版，第18頁。

學仍有其大量的餘緒。不過即以此等而論,專門固守某一營壘,深究精研、心不他騖的也是大大減少了。簡朝亮就是一個典型的例子。

第一節　作者及成書

順德簡朝亮爲朱次琦弟子。順德文獻資料謂:「朝亮字竹居,簡岸人,世稱簡岸先生。清廩生,生於咸豐辛亥公元一八五一年,爲一代大儒朱九江先生高弟。沉潛經學,志切承先啓後,因先後卻禮學館及清史館之聘,設讀書草堂,杜門講學,發揚禮山遺教,不求聞達。以醇樸淡泊,專志於注述經典,垂五十年。卒於公元一九三三年,壽八十有三。」〔註3〕先賢講「頌其詩,讀其書,不知其人可乎?」〔註4〕我國學術歷來都有知人論事的傳統,我們此處的探討自然也不能例外,畢竟連作者的生平情勢都不瞭解就亂彈其學術有盲人說象的危險。但遺憾的是,簡朝亮雖爲一代大儒,但時至今日似也無人爲之作譜寫傳,故而我們只能從一些方志資料中找尋到些微的介紹以應事需、以免其譏。據《廣州市志》:簡朝亮,字季紀,號竹居,廣東省順德縣人,是名儒朱次琦入室弟子。父孫揚,粗通文墨,常以「君子憂道不憂貧」教育兒輩。簡朝亮從小受到薰陶,勵志苦學,嚴格自律。曾兩度到朱次琦門下受業,歷時三年,自此衷心服膺朱氏學說,終身奉爲圭臬。光緒五年(1879)27 歲補廩生。一年後,在廣州南門和六榕寺設館授徒。一生曾應舉子試五次,均落選,後即絕意科場。1890 年由廣州回簡岸,第二年,在本鄉築讀書草堂,二年後草堂落成,四方上門受業的青年甚多。他邊講學邊讀書著述。1900 年 1 月,草堂遭賊劫,夏季舉家遷往粵北陽山縣將軍山,得門人黃賓幫助,築讀書山堂,繼續講學著述。8 年後南返,隱居佛山,埋頭釋經、著述。民國 22 年 (1933) 由佛山遷居廣州蘆荻巷松桂堂。簡朝亮畢生秉承朱次琦學說,力主通經致用。後人評論朱門兩高徒,認爲康有爲「思借治術使孔道昌明」,簡朝亮「思借著述使孔道燦著」,他窮數十年精力疏證儒學經典,以期「正人心,挽世風」。年屆 80,還逐篇爲畢沅《續資治通鑒》作史論,闡發經世治國的見解。他把當時國家的危難歸咎爲人心不古,一再呼籲「明正心修身之道,始

〔註 3〕何竹平編:《順德歷代邑人尊孔文選》,香港 1990 年版,第 39 頁。關於簡朝亮生平各家說法不一,北京圖書館出版社 2007 年 5 月版《論語集注補正述疏》鍾肇鵬先生《序言》謂簡氏字季紀號竹居,生 1952 年。
〔註 4〕《孟子・萬章章句下》

可達於治平之階」。簡明亮設帳 30 多年，在群眾中影響甚大。他言傳身教並重，不僅傳授知識，也著意培養學生品德，並和門生一起篤行修身之道，門生因此得以潛移默化。他的儀態風采，每使門生心折欽仰：平時雍容平易，和藹可親；在堂上則雄談滾雪，聲若洪鐘，尤其是談及喪師辱國、割地賠款的時事，更是拍案而起，大聲疾呼，聽者無不爲之動容。著有《尚書集注述疏》35 卷、《論語集注補正述疏》10 卷、《孝經集注述疏》1 卷、《禮記子思子言鄭注補正》4 卷、《讀書堂集》13 卷、《讀書堂集》等。於 1933 年在廣州病逝。

作爲廣東同鄉，1920 年的梁啓超在《清代學術概論》中有言：「尤有吾鄉簡朝亮，著《尚書集注述疏》，《論語集注述疏》，志在溝通漢宋，非正統派家法，然精覈處極多。」〔註5〕1924 年作《近代學風之地理的分佈》，又云：「咸同之間，粵中有兩大師，其一番禺陳東塾先生（澧），其一爲南海朱九江先生（次琦）也」，「兩先生制行皆極峻潔，而東塾特善考證，學風大類皖南及維揚，九江言理學及經世之務，學風微近浙東，然其大旨皆歸於溝通漢宋，蓋阮先生之教也」，「九江弟子最著者，則順德簡竹居（朝亮），南海康長素先生（有爲）。竹居堅苦篤實，卓然人師，注《論語》、《尚書》，折衷漢宋精粹。」〔註6〕梁啓超的話不是虛言。當然，對於簡氏自身的學術來講還是太過籠統了一些，而且，也不見得就非常合適。

《論語集注補正述疏》的撰寫是在《尚書集注述疏》完成後，時間在光緒三十四年到民國七年（1908～1918）間。作者自謂：「自丁未歲終，《尚書述草》既畢，越歲仲秋，由《論語述草》。先後兵燹間，以金合子韞《述草》而襲薶土中者三。今歲季冬，草成，方十年矣。經二十篇，《述疏》因《集注》本；每卷二篇，凡十卷。諸學子校錄而資之以刊。有答疑問者，群自誌之，別爲壹卷附於後，斯有助也，尤相屬焉。」〔註7〕即是來看，該書的寫作，簡氏確是下了很大力氣，而且對書稿也非常看重。究其緣由，想來，一者此編確係其心血之作，用力精勤，付出頗多，二者蓋作者本人於其書有深意存焉。

〔註5〕梁啓超撰、朱維錚導讀：《清代學術概論》，上海古籍出版社 1998 年版，第 50 頁。
〔註6〕梁啓超：《梁啓超全集》，北京出版社 1999 年版，第 4274 頁。
〔註7〕〔宋〕朱熹集注，簡朝亮述疏：《論語集注補正述疏》，北京圖書館出版社 2007 年 5 月版，第 3 頁。

第二節　內容和特點

該書開篇爲簡氏自序，名《論語集注補正述疏序》，敘其書創作因由、過程及目的等；後爲正文，《卷首》爲《集注·論語序說》之「述疏」，卷一至卷十爲《集注》二十篇之「述疏」，每卷兩篇，依次而進，至《堯曰》而終；正文之後附《讀書堂論語答問》一卷 256 條。就正文內容來看，該書每篇均先行謄錄《集注》本《論語》文字，次列朱子《集注》內容，其後以「述曰」字樣展開對《集注》之文的疏解。

具體到內容上，與同時期的作品相比，此書至少有如下一些方面需要我們注意：

一、《論語》定位：六經之精、百氏之要

眾所周知，清民鼎革之際，政府以及由此導致的民間關於廢經與讀經問題的角力和紛爭一度沸沸揚揚。「前清宣統三年，中央教育會議以經學義旨淵微，非學齡兒童所能領會，決議採取經訓爲修身科之格言，小學校內不另設讀經一科，民國仍之。」〔註8〕民初廢止讀經和當年科舉制度的廢除一樣里程碑式的站立在近代中國新式教育迅速推進並不斷取得勝利的道路上。不過，即便是民國成立伊始的這項舉措有著相當的政治氣息，是一種政府選擇，經學教育作爲一種久遠的文化傳統顯然也不會如此輕易地退出故國教育的舞臺，此起彼伏的尊孔讀經的呼聲便是最好的證明，而這其中又以袁世凱或者說假袁世凱爲名的復古思潮最具代表性。革命陣營的人們不會想到 1914 年末教育部仍能大體遵從民初教育方針，坦承「經籍浩穰，兒童腦力有限」〔註9〕的情況下，到了三兩個月後的 1915 年 2 月袁世凱便已在《特定教育綱要》中明確聲稱要「中小學校均加讀經一科」〔註10〕了。當然，復古思潮雖曾肆虐，但對立陣營亦非無能，這也就是人所熟知的新文化運動了。總之，民國初年關於讀經與否的儒家文化的出路問題著實佔據了當時思想界很大的一塊天地，而這正是簡朝亮寫作《論語集注補正述疏》時不容忽略的文化背景。

〔註 8〕 舒新城編：《中國近代教育史資料·下冊》，人民教育出版社 1981 年 3 月版，第 1058 頁。

〔註 9〕 舒新城編：《中國近代教育史資料·上冊》，人民教育出版社 1981 年 3 月版，第 232 頁。

〔註10〕 舒新城編：《中國近代教育史資料·上冊》，人民教育出版社 1981 年 3 月版，第 259 頁。

作爲嶺南大儒的簡氏並不主張廢經。《論語集注補正述疏序》開篇即謂：「《論語》之經，六經之精也，百氏之要也，萬世之師也。所謂自生民以來未有盛於孔子也。秦雖火之，不能滅之，漢終復之。」〔註11〕旗幟鮮明地亮出了自己推尊孔學，以《論語》之經爲六經之精並萬世之師的態度。《讀書堂〈論語〉答問》中說的更爲明確：「唐宋本注與疏別行，有所謂單疏本焉。故舊疏每云某至某，其起止甚明，又每舉注文，然後申之，因注與疏別行也。《述疏》初欲爲單疏本，既而世變不同，懼《注》亡也，乃定合刊本。其《疏》中寓《釋文》有《注》音者，先已爲之，遂仍之爾。世變既不同，乃思《注》雖有音，如《疏》無音，亦難讀也，故亦相次爲《疏》音，以絕廢經者議焉。」「今且議廢經，於《注》何有，於《疏》亦何有？惟《疏》之辨《注》。所以長者，方欲別諸家得失，而明經術，以見經之不可廢也。」〔註12〕一者，簡氏指出其書所以《注》、《疏》合刊，全是因「世變不同」（當是指民國而來廢止讀經的思潮）恐《注》文亡佚之故，而所以《疏》文也標明讀音正是爲了堵上廢經者藉以諷議經學的某些因由；二者，又說而今人們在討論廢經的問題，但與《注》和《疏》有什麼關係呢，《疏》是用來辨正《注》文的，所以比較長，是爲了分別諸家之得失以明經術，更以見出廢經之舉不可行。平心而論，讀經復古甚至必欲推孔子爲教主而建立孔教的行止自然有些狂熱過火，但視舊學爲糟粕甚至將其當成是近代中國所以落後之因由的看法也值得商榷，孔門經典沒有想像中的那麼好，也沒有傳說中的那麼壞。簡朝亮崇聖尊孔，推重經學的思想在當時看來容或略顯迂腐乃至頑固，不過，即以當今之世國學大興的背景來看，其論顯然亦非了無可取，甚或說——在經學合理內質的層面上來講——這樣的看法還是頗有其見地。

二、治學立場：自古文學溝通漢宋

朝亮之學出乎九江，九江治學的最大特點在能不泥漢宋。朱次琦卒後（1881農曆十二月十九日卒，享年七十五歲）簡朝亮爲撰《朱九江先生年譜》，內中記九江授學之辭，有云：「嗚呼！孔子歿而微言絕，七十子終而大誼乖，豈不然哉？天下學術之變久矣，今日之變，則變之變者也。秦人滅學，幸猶

〔註11〕 〔宋〕朱熹集注，簡朝亮述疏：《論語集注補正述疏》，北京圖書館出版社2007年5月版，第1頁。

〔註12〕 〔宋〕朱熹集注，簡朝亮述疏：《論語集注補正述疏》，北京圖書館出版社2007年5月版，第650頁。

未墜。漢之學，鄭康成集之；宋之學，朱子集之。朱子又即漢學而稽之者也，會同六經，權衡四書，使孔子之道大著於天下。宋末以來，殺身成仁之士遠軼前古，皆朱子力也。朱子，百世之師也，事師無犯無隱者也。然而攻之者互起，有明姚江之學以良知爲宗，則攻朱子之格物；乾隆中葉至於今日，天下之學多尊漢而退宋，以考據爲宗，則攻朱子爲空疏。一朱子也，而攻之者乃相矛盾乎？學術之變，古未有其變也。嗚呼！古之言異學也，畔之於道外，而孔子之道隱；今之言漢學、宋學者咻之於道中，而孔子之道歧。何天下之不幸也！彼考據者，不宋學而漢學矣，而列璞文，蠹大誼，胜無用，漢學之長猶如是哉！孔子曰：『德之不修，學之不講，是吾憂也。』吾今爲二三子告，蘄至於古之實學而已矣。學孔子之學，無漢學無宋學也，修身讀書，此其實也。二三子其志於斯乎。修身之實四，曰惇行孝悌、崇尚氣節、變化氣質、檢攝威儀。」〔註13〕「讀書之實五，曰經學、史學、掌故之學、性理之學、辭章之學。」〔註14〕《清史稿》本傳承此語，並謂「次琦生平論學，平實敦大」〔註15〕云。對於九江之學錢穆十分推重，嘗撰《朱九江學述》一文用申其義，謂：「清儒漢宋門戶之見，自嘉道以下，已漸知於康成外尚當有朱子，然其視朱子，實尚在康成下。稚圭始謂朱子又即漢學而稽之，又謂其使孔子之道大著於天下，其視朱子，已在康成上。又曰治孔子之學無漢學無宋學，尤爲大見解。非深識儒學大統者，不易語此也。」〔註16〕又謂：「然稚圭論學，在當時要爲孤掌之鳴，從學有簡朝亮最著，然似未能承其學，仍是乾嘉經學餘緒耳。」〔註17〕對近世學術思想史有著精湛造詣的錢，其論九江之學若此容或不差，不過必謂朝亮未能接承乃師之學則未必盡然。

〔註13〕　《朱九江先生年譜》，載沈雲龍主編、簡朝亮編：《近代中國史料叢刊第十三輯·朱九江先生集》，臺灣文海出版社1983年版。引文見第56～57頁。

〔註14〕　《朱九江先生年譜》，載沈雲龍主編、簡朝亮編：《近代中國史料叢刊第十三輯·朱九江先生集》，臺灣文海出版社1983年版。引文見第59頁。

〔註15〕　《清史稿卷二百六十七·儒林一·朱次琦傳》。

〔註16〕　錢穆：《中國學術思想史論叢·8》，安徽教育出版社2004年7月版，第315頁。

〔註17〕　錢穆：《中國學術思想史論叢·8》，安徽教育出版社2004年7月版，第322頁。同此看法的還有羅志田先生，其在上海古籍出版社所出章太炎、劉師培等撰《中國近三百年學術史論》的導讀文字中講到：「因乾嘉漢學的積澱到晚清尚餘波未息，一般『調和漢宋』者實多偏宋，朱氏在這方面尤是明顯。然其學傳到簡朝亮已朝相反的傾向發展，錢穆就注意到，朱次琦『論學，在當時要爲孤掌之鳴，從學有簡朝亮最著，然似未能承其學，仍是乾嘉經學餘緒耳。』這是相當準確的觀察」（見上海古籍出版社2006年10月版該書羅志田撰《導讀：道咸「新學」與清代學術史研究》第27頁。）

　　首先，必須承認儘管偏愛理學如錢穆者著力強調九江之學實有偏宋傾向，但質實而言朱氏學術的大端仍在強調不務漢宋，這一點，以《論語集注補正述疏》來看，作者在開篇就已明白指出：「爲《論語》之學者，明經以師孔子也。惟求其學之叶於經而已矣，烏可立漢學、宋學之名而自畫哉。昔聞之九江先生曰：『古之言異學也，畔之於道外，而孔子之道隱；今之言漢學、宋學者咻之於道中，而孔子之道歧。何天下之不幸也！』今念斯言，道中既不安，豈不由道外而他求歟？則道中咻者過矣。」〔註18〕明白強調，漢宋紛爭正是令經學發展出現道外他求情景的內在因由，明經、師孔、求學叶於經，首先要破除門戶之見，不以漢宋學爲約制方可。〔註19〕從這個意義上說，我們講，在治學上簡氏顯然是頗志於承繼九江衣缽的。

　　當然，這種承繼，在簡朝亮確是自古文學的進路上來實現的。此在《述疏》尊尚名物考訂、文字訓詁，旨在經由考證之途疏解朱子《集注》的努力中體現得相當明顯。這方面的例子俯拾皆是。任舉一例，如《里仁》「君子懷德，小人懷土；君子懷刑，小人懷惠」章，《集注》謂：「懷，思念也。懷德，謂存其固有之善；懷土謂溺其所處之安。懷刑，謂畏法；懷惠，謂貪利。君子小人趣向不同，公私之間而已矣。尹氏曰：『樂善惡不善，所以爲君子；苟安務得，所以爲小人。』」於此，簡氏《述疏》釋稱：

　　　　述曰：《釋詁》云：懷，思也。《說文》云：「懷，思念也。」孟子言仁義禮智者，則云：「我固有之也。」《易·繫辭傳》云：「安土敦乎仁，故能愛。」故曰：「利用安身，以崇德也。」此懷德所以對懷土言也。蓋君子之仁，如安土焉；小人不仁，懷安土焉。視其所處，若固有之也。閔元年《左傳》云：「宴安酖毒，不可懷也。」懷之，斯溺矣。《曲禮》云：「安安而能遷」。彼懷土者曷能乎？《釋詁》云：刑，法也。《書·盤庚》云：「茲予有亂政同位，具乃貝玉。乃祖乃父丕乃告我高后曰：『作丕刑於朕孫！』」言治貪利者作大刑也。此懷刑所以對懷惠言也。《禮·緇衣》云：「私惠不歸德，君子不自留焉。」蓋私惠者貪利也，懷惠則貪而自留矣。昭十四年《左傳》

〔註18〕〔宋〕朱熹集注，簡朝亮述疏：《論語集注補正述疏》，北京圖書館出版社2007年5月版，第1頁。

〔註19〕清修《四庫》已揭櫫的漢宋學術異同問題經過兩百年積澱至於西學流行的近現代中國漸漸演變成一股黜門戶、合漢宋的新學風，只是眞正能夠做到調合漢宋自成新統的學人實則少之又少，若清人戴震，近人陳寅恪，差可當之。

所以言貪墨之刑也。孔注云:「貪,安也。」此亦從《釋詁》義也。
孔「懷土」注云:「重遷也。」「懷刑」注云:「安於法也。」包氏云:
「惠,恩惠也。」《皇疏》云:「君子安於德,小人不德,唯安於土;
君子安於法,小人不法,唯安利惠。」蓋《皇疏》以法則言之,是
法者德之則也。安於法,即安於德矣。不其復乎?經言土者,廣也,
豈概言鄉土邪?《漢書》稱元帝報貢禹云:「傳曰:『亡懷土,何必
思故鄉!』」彼因禹豈歸,則因一端言之爾。亡,古通無。或曰:「《皇
疏》一云:『君子者,人君也;小人者,民下也。君若化民安德,則
民安土不遷也。君若安於刑辟,則民懷利惠也。』李充曰:『民安其
居,鄰國相望而不相往來,德化之至也。鍾儀懷土,而謂之君子,
則民之君子,君之小人也。』」又曰:「齊之以刑,則民惠矣。」此
言安德遂安土者,似也。若刑辟齊民,奚可謂安乎?無以為經文一
例也。如曰:安法則遂安利惠,是何異安德遂安土乎?亦復也。且
安德亦遂安利惠,安法則亦遂安土,又何為分屬而對言邪?《史記·
貨殖列傳》云:「老子曰:『至治之極,鄰國相望,雞狗之聲相聞,
民各甘其食,美其服,安其俗,樂其業,至老死不相往來。』必用
此為務,挽近世塗民耳目,則幾無行矣。」蓋輓,與挽通。史遷以
為用老子之言,欲挽轉近世往來塗民之耳目,則將不能挽,是幾無
行用也。李說用《老子》,宜有辯焉。成九年《左傳》言楚鍾儀囚於
晉,而琴操南音者,則云:「楚囚,君子也。樂操土風,不忘舊也。」
此如《詩序》言懷舊矣,豈懷安乎?且「懷,思」,固《釋詁》義也。
朱子之義,懷土失德,古足徵之矣。宣十四年《左傳》,言公孫歸父
見齊晏桓子,與之言魯樂者,則云,桓子曰:「子家其亡乎?懷於魯
矣。懷必貪,貪必謀人。謀人,人亦謀己。一國謀之,何以不亡?」
蓋懷於魯者,懷土也,以所處之安而懷之,將小人亡矣。僖二十三
年《左傳》,言晉公子重耳安於齊,而姜氏遣之行者,則云:「行也,
懷與安,實敗名。」言名德君子,當有四方之志,而無思與共安焉。
與安於齊,則懷安也。斯懷土也。《晉語》稱姜氏云:「《西方之書》
有之曰:『懷與安,實疚大事。』」故姜氏云:「子必有晉,若何懷安?」
韋《注》云:「西方,謂周也。」韋亦意言之爾。今《左傳》不稱其
書,且異文焉。修之,欲其潔也。酖,直蔭反。幾,讀平聲。《史記

注》云：「挽，音晚，古字通用。」此與上文不貫也。貨殖，則民往
來於塗，耳相聞，目相望，皆不能如老子之言。或以爲塗飾民耳目。
亦非也。魯樂之樂，讀若落。〔註20〕

引文內容來看，作者旁徵博引，準以《爾雅・釋詁》，對朱子所講，懷德即存
其固有之善，懷土即溺其所處之安，也即其所謂「懷土失德」，進行了繁瑣的
疏解和證明，從而論定朱子之意「古足徵之」，進而經由古文學的路徑給流傳
久遠的《集注》提供了某種考據性說明。於此，其立足古文學方法溝通漢宋
的治學進路也就昭然可辨了。

三、治學特點

事實上，自古文學進路立主溝通漢宋可以說是簡氏《論語集注補正述疏》
的最大特點。不過除此之外，該書中還有一些其他特點值得我們關注，而這
些方面尤能反映簡氏對九江之學的承繼問題。

比如說「以史通經」。簡氏作爲年譜以紀錄乃師學行時曾紹述九江之言曰：
「夫經明其理，史證其事；以經通經則經解正，以史通經則經術行。」〔註21〕
這一點在其自己的學術研究中體現得極是明顯。實際上上引文字已經有以爲
證。不妨再舉一例。如《爲政》「道之以德，齊之以禮，有恥且格」一句。作
者自申其意謂：

《禮・緇衣》云：「教之以德，齊之以禮，則民有格心。」蓋與
此經義同。《詩・漢廣》云：「南有喬木，不可休思；漢有遊女，不
可求思。」其非有格心歟？「休思」不作休息，從韓詩也。《禮・表
記》云：「厚於仁者，薄於義，親而不尊；厚於義者，薄於仁，尊而
不親。」此民性德之不齊也。蓋薄則淺，而厚則深矣。《中庸》云：
「仁者，人也，親親爲大；義者，宜也，尊賢爲大。親親之殺，尊
賢之等，禮所生也。」明禮無厚薄之失也。《漢書・賈誼傳》云：「夫
禮者，禁於將然之前，而法者，禁於已然之後。是故法之所用，易

〔註20〕 〔宋〕朱熹集注，簡朝亮述疏：《論語集注補正述疏》，北京圖書館出版社 2007
年 5 月版，第 119～120 頁。關於「君子懷德」一章，今人俞志慧結合金文資
料有新解，參其《〈論語〉「君子懷德」章考辨》一文，載《中華文史論叢》
2006 年第 3 期。

〔註21〕 《朱九江先生年譜》，載沈雲龍主編、簡朝亮編：《近代中國史料叢刊第十三
輯・朱九江先生集》，臺灣文海出版社 1983 年版。引文見第 59 頁。

見，而禮之所爲生，難知也。」賈子其明治體者乎。其義，見《大戴禮記・禮察篇》矣。《禮・經解》云：「禮之教化也微，其止邪也於未形，使人日徙善遠罪而不自知也。」《賈誼傳》「徙善」作「遷善」，蓋其義同。《史記・酷吏傳序》引「道之以政」而下至此之言曰：「信哉，是言也！法令者，治之具，而非制治清濁之源也。昔天下之網嘗密矣，然姦僞萌起，其極也，上下相遁，至於不振。當是之時，吏治若救火揚沸，非武健嚴酷，惡能勝其任而愉快乎！言道德者，溺其職矣。故曰『聽訟，吾猶人也，必也使無訟乎』。」下士聞道大笑之。非虛言也。漢興，破觚而爲圜，斲雕而爲樸，網漏於吞舟之魚，而吏治烝烝，不至於奸，黎民艾安。由是觀之，在彼不在此。」蓋史遷深探其本也。〔註 22〕

作者於六經而外復引《漢書》、《史記》文字疏解《論語》，顯然即其師所言「經明其理，史證其事；以經通經則經解正，以史通經則經術行」，以及「史之於經猶醫案也」、「治經治史不可以或偏」〔註 23〕等訓誡的具體呈現。它如《八佾》「君使臣，臣事君」章引唐德宗與李懷光事，「成事不說，遂事不諫，既往不咎」章引魏高貴鄉公曹髦不擇時機率宮人討司馬昭事，《里仁》「無適無莫」章引《漢書・劉梁傳》、《史記・范雎傳》文，「事父母幾諫」章引觸龍說趙太后等事，《公冶長》「夫子之文章，可得而聞」章引《漢書・張禹傳》、《漢書・李尋傳》、《後漢書・桓譚傳》文，「伯夷叔齊，不念舊惡」章引《史記・伯夷列傳》、《三國志・蜀書・諸葛亮傳》、《南史・王廣之傳》內容〔註 24〕，等等均是其例。以後者來講，簡氏文稱：

〔註 22〕 〔宋〕朱熹集注，簡朝亮述疏：《論語集注補正述疏》，北京圖書館出版社 2007 年 5 月版，第 60～61 頁。

〔註 23〕 《朱九江先生年譜》，載沈雲龍主編、簡朝亮編：《近代中國史料叢刊第十三輯・朱九江先生集》，臺灣文海出版社 1983 年版。引文見第 69 頁。

〔註 24〕 〔宋〕朱熹集注，簡朝亮述疏：《論語集注補正述疏》，北京圖書館出版社 2007 年 5 月版，第 104、108、119、124、136～137、147 頁。《述疏》來看，朝亮不僅在自己的經學研究中注意以史通經，即在平日教學中也經常強調經史之間的互補作用。《讀書堂〈論語〉答問》載梁應揚問及胡三省以「民已信之，足食足兵」釋李世民「發教諭民」而至民歸漸多「軍食以充」之舉是否即「以經通史」事，朝亮答曰：「斯則然矣。胡氏之義，與朱子別一說，雖於經言『必不得已』者，其義未周，然賦詩斷章，有裨時務，亦經術也。」（同書，第 667 頁）此例來看，必是平日論學朝亮每以「以史通經」、「通經以史」以及「治經治史不可以或偏」一類相勖勉，門人弟子這裡才會逕以「斯以經通史歟」發問。

　　述曰：《史記》曰：「伯夷、叔齊，孤竹君之二子也。」此史遷據舊傳也。朱子從焉。《集注》，「朝」，讀若「潮」；「浼」，污也，讀若「每」。《漢志》：「遼西郡，令支縣，有孤竹城。」《史記注》引應劭云：「孤竹，伯夷之國，其君姓墨胎氏。」是也。《皇疏》作「墨臺」。「令支」者，今直隸省，永平府，遷安縣也。《釋文》云：夷，齊，謚也。伯夷，名允，字公信；叔齊，名智，字公達。見《春秋少陽篇》。王氏應麟，謂此未詳何書也。今考《周書・謚法篇》，雖有夷齊之稱，然謚爲周道，非所以稱殷人也。且古稱伯叔字在謚下，非在謚上焉。則其稱名，蓋誣也。《釋詁》云：希，罕也。罕，猶少也。《中庸》云：「君子以人治人，改而止。伯夷、叔齊，誠古君子哉！」孟子云：「伯夷，聖之清者也。」又云：「伯夷隘」。此天下所共知也。其可不知清者之量若斯乎？惟孔子表微，則二子章矣。《蜀志》云：諸葛亮之爲相國也，開誠心，布公道，善無微而不賞，惡無纖而不貶，刑政雖峻，而無怨者，以其用心平，而勸誡明也。故曰：李平罪負，亮表廢平爲民，平聞亮卒，發病死。平常冀亮當自補復，策後人不能故也。蜀相其有希怨之風者歟？或曰：「《皇疏》云：『舊惡，故憾也。人若錄故憾，則怨更多，唯夷齊豁然忘懷，所以人怨少也。』皇說何也？」南齊皇甫肅，嘗請劉勔，斬王廣之。及勔亡後，肅反依廣之，而廣之盛相賞接，且啓武帝使爲東海太守。《南史》以爲不念舊惡。蓋皇說意同。今考經云：「以直抱怨」。蓋不以德抱怨也。如恐人由是怨多矣，而姑釋憾焉。豈直乎？以朱子之義推之，惡既改者，謂之舊惡，既不念之，則釋憾亦在其中矣。勔，讀若勉。〔註25〕

　　再比如說，通經致用的問題。據簡氏所纂《年譜》，九江平日教學經常強調通經致用，如謂「經誼所以治事也」〔註26〕，言「韓子云：『士不通經，果不足用。』然則通經將以致用也。不可以執一也，不可以嗜瑣也，學之而無用者，非通經也」〔註27〕，講「《資治通鑑》史學之大用也，雖百世可爲王者

〔註25〕〔宋〕朱熹集注，簡朝亮述疏：《論語集注補正述疏》，北京圖書館出版社2007年5月版，第147頁。

〔註26〕《朱九江先生年譜》，載沈雲龍主編、簡朝亮編：《近代中國史料叢刊第十三輯・朱九江先生集》，臺灣文海出版社1983年版。引文見第64頁。

〔註27〕《朱九江先生年譜》，載沈雲龍主編、簡朝亮編：《近代中國史料叢刊第十三輯・朱九江先生集》，臺灣文海出版社1983年版。引文見第67頁。

師矣」〔註28〕，稱「掌故之學，至賾也。由今觀之，地利軍謀斯其亟矣」〔註29〕，
等均是此意。而康有爲「捨漢釋宋，源本孔子，而以經世救民爲歸」〔註 30〕
的評論也從門人的角度提供了某種確認式的旁證。以《論語集注補正述疏》（包
括簡氏的《尚書集注述疏》等）來看，儘管簡氏治學的古文學風不免有繁瑣
的嫌疑，但即便如此，其在字裏行間還是不時透溢出通經致用的氣息。而從
學術傳承的角度來講，這些點點滴滴，自是堂而皇之地印證了簡氏作爲門人
弟子，承繼乃師之學的事實。如《爲政》「視其所以，觀其所由，察其所安。
人焉廋哉？人焉廋哉？」一章，《述疏》引及《皋陶謨》所謂「寬而栗、柔而
立、願而恭、亂而敬、擾而毅、直而溫、簡而廉、剛而塞、強而義」的九德，
云：「蓋萬世人才，未有不彰九德者也。人雖有才，而不彰九德，非人才也。
萬世人才，九德盡之矣。」〔註31〕後更申之曰：「九德用人，春秋時，既微矣。
戰國以來，至於今日，如用人之誤，每患乎不知以九德爲人才。故所用之人，
惟誤於才之一言者，多也。周之盛時，雖兔罝而有人才，其人肅肅然，非《立
政篇》『九德』中人而有此乎。近世左文襄，治才也，敬也，廉也；彭剛直，
德稱其名也，『九德』之剛直也。二公未沒，四海外交者，未嘗敢藐吾中邦也。」
〔註 32〕比較典型地反映簡氏通經致用觀念的是其對《述而》篇「子以四教」
章的詮解，內中有言：「《詩》之道，由性情。天地生人，古今同也。人生而
有性情。厚性情者忠孝之原，感懷國政，惟美惟刺，其風可歌，皆古今同也。
《詩》之道明，雖野人遊女，其行，有如士君子者矣。則崇《詩》教也者，
宜也。《書》，紀堯舜禹湯文武之世，遠矣，其爲治也，雖遠而如近焉。古今
之變雖多，其爲治也，可通其變矣。其元首明，其股肱良，建中以章民極；
在上者，無所爲專也，順民心之正，遂民生之安，察民言而民和；在下者，
無所爲囂也，無所爲權也；峻乎其修中國人倫之道也，灼乎其明知人安民之

〔註28〕《朱九江先生年譜》，載沈雲龍主編、簡朝亮編：《近代中國史料叢刊第十三
　　　　輯・朱九江先生集》，臺灣文海出版社 1983 年版。引文見第 70 頁。

〔註29〕《朱九江先生年譜》，載沈雲龍主編、簡朝亮編：《近代中國史料叢刊第十三
　　　　輯・朱九江先生集》，臺灣文海出版社 1983 年版。引文見第 71 頁。

〔註30〕康有爲撰《不忍雜誌彙編・初集・卷五・朱九江先生佚文序》，載王有立先生
　　　　主編，康有爲編撰《中華文史叢書之三十九・不忍雜誌彙編》，臺灣華文書局
　　　　據民國三年（1914 年）上海世界書局石印本影印。引文見第 442 頁。

〔註31〕〔宋〕朱熹集注，簡朝亮述疏：《論語集注補正述疏》，北京圖書館出版社 2007
　　　　年 5 月版，第 71～72 頁。

〔註32〕〔宋〕朱熹集注，簡朝亮述疏：《論語集注補正述疏》，北京圖書館出版社 2007
　　　　年 5 月版，第 653 頁。

術也；周公皆資之，斯爲《無逸》、《立政》焉。則崇《書》教者，宜也。《禮》，辨上下，定民志，別男女之大防。事君事親事師，皆服勤至死，故師者教之忠孝也，以死報之，可他求哉？《記》曰：『男女無辨，則亂生。』禮之防者大矣。禮，爲人臣者，非有君命，不敢外交而貳君。國有禮焉，雖覘國而無敢伐也。則崇《禮》教者，宜也。《樂》之貴，貴人聲。蓋歌者在上矣。古《樂》雖亡，詩歌猶存也，今誦其詩，如古之歌。則崇《樂》教者，於《詩》而可推也。《易》象天地焉，象萬物焉。盈天地之間者唯萬物，其象之變無窮也，而變者不失其中。若『蠱者，事也』，『蠱則飭也』，『先甲三日，後甲三日』，何其慎乎！故『蠱，元亨，而天下治也。』且易者陰陽而已。《易傳》云：『陽一君而二民，君子之道也。陰二君而一民，小人之道也。』何也？二民共一君，斯無黨矣，一民欲二君，斯有爭矣。則崇《易》教者，宜也。《春秋》，書會盟，惡其無信，弭兵之會，楚人衷甲，當戒也。《春秋》，書亂臣賊子，令受惡名於萬世，嚴哉！則崇《春秋》教者，宜也。五經之教，以序授之，皆宜。其古訓宜於《爾雅》焉，而以《孝經》、四書導之，尤宜。《孝經》，則導而先導也。《孝經》云：『要君者無上，非聖人者無法，非孝者無親。』此大亂之道也，如失其教，其不懼邪？」「經云：言忠信，行篤敬，雖蠻貊之邦行矣。非時務乎？其深於經者，必深於兵，四教無不神也。」「《宋史》云，胡瑗，以經術教授湖州，科條悉備。慶曆中興太學，下湖州取其法，著爲合。今以其法考之。朱子《小學·外篇》，稱其在湖學，置經義齋，治事齋，蓋人各分齋也。邱氏濬《大學衍義補》，則議其法焉。九江朱先生曰：『經義，所以治事也，分齋者歧矣。』」「而後之學士，執器中之藝以爭長，故其議四教也，又謂此無形質者焉。嗚呼！世變交乘，皆烏知聖人之道哉！聖人之道不明，則失教矣，能無世變交乘哉！《易·繫辭傳》云：『形而上者謂之道，形而下者謂之器。』蓋道不離乎形器也。萬物皆器也，人亦器也。知道者，不得以形之有無而言也。四教，則察其形而上下者焉。非四教不足以救世變交乘之亂也。」〔註33〕對於此中所提到的「深於經者，必深於兵」的話，簡氏在答弟子問時，更發揮稱：「今考諸《史記》，冉求少孔子二十九歲，樊須少孔子三十六歲。冉求之藝，以知義能兵矣，樊須固弱少年，佐冉求而用命，與眾約三刻之信，眾皆踰溝，遂以有功，何其壯也！其在後世，關羽，稱萬

〔註33〕　〔宋〕朱熹集注，簡朝亮述疏：《論語集注補正述疏》，北京圖書館出版社2007
　　　　年5月版，第206～208頁。

人之敵,爲世虎臣,岳飛以背嵬騎兵五百人破大敵,皆深於《春秋》《左傳》者。近世左文襄、彭剛直,皆經術士也,皆知兵,敵國皆畏之。嗚呼,孔子之教,其神乎!」〔註34〕云云。由上來看,在簡朝亮,經學之教正在明聖人之道以治天下,尤其當中國社會「世變交乘」之時,更需經術之士推聖人之教以救中國、以掙天下,於此,通經致用的仁者情懷已是明白可見,而這,一如引文所顯示的,自然也是九江之學的身後承繼。

錢穆表彰九江學術言:「乾嘉專經而不能通之以史,所以致於從脞而無用。章實齋、魏默深皆已微窺其意,至稚圭乃始明白昌言之。」〔註35〕,且如前引又稱:「然稚圭論學,在當時要爲孤掌之鳴,從學有簡朝亮最著,然似未能承其學,仍是乾嘉經學餘緒耳。」〔註36〕即以兩處所言來看,朝亮治經能通之以史,顯然已不可但以乾嘉經學餘緒目之,而其能承繼乃師教旨,以古文學溝通漢宋,能持守「夫經明其理,史證其事;以經通經則經解正,以史通經則經術行」的治經法門,遵循「經誼所以治事」、「通經將以致用」的治學遺訓,則錢穆之言或可商矣。對此,後面的探討中,我們還將順便提供更多一點的證明。

四、述疏《集注》

簡書以《論語集注補正述疏》爲名,自然最主要的工夫還是在對於《集注》文字的疏解。朱子於《論語集注》下力甚多,即以文字訓詁方面來看,也是極見工夫,至於援據經文作義理之引申,以成理學之經典,更不待言。不過出於體例或者總體上的考慮,《論語集注》在文字訓釋和詮解方面總是不能盡情展開,故而,非是深通舊學者往往不明其選擇去取的根據所在,之外,囿於個人能力以及時代等,內中也不免有這樣那樣的不足,於此,《述疏》作出了自己的努力。正如簡朝亮所言「朱子之爲《論語集注》也,自漢迄宋皆集焉,終身屢修之。欲其叶於經也。其未及修之者,後人補之正之,宜也。」〔註37〕分開來講,對於《集注》注文,《述疏》的工作主要包括考信證實、借爲發揮,補朱說之未盡、正《集注》之舛訛等等。

〔註34〕 〔宋〕朱熹集注,簡朝亮述疏:《論語集注補正述疏》,北京圖書館出版社2007年5月版,第660頁。

〔註35〕 錢穆:《中國學術思想史論叢・8》,安徽教育出版社2004年7月版,第315頁。

〔註36〕 錢穆:《中國學術思想史論叢・8》,安徽教育出版社2004年7月版,第322頁。

〔註37〕 〔宋〕朱熹集注,簡朝亮述疏:《論語集注補正述疏》,北京圖書館出版社2007年5月版,第1頁。

　　舉例而言，若考信證實、借爲發揮，如《學而》「禮之用，和爲貴」一章。《集注》謂：「禮者，天理之節文，人事之儀則也。和者，從容不迫之意。蓋禮之爲體雖嚴，然皆出於自然之理，故其爲用，必從容而不迫，乃爲可貴。先王之道，以此爲美。而小事大事無不由之也。」《述疏》謂：

　　　　成十三年《左傳》云：「民受天地之中以生，所謂命也。是以有動作、禮義、威儀之則，以定命也。」《樂記》云：「禮也者，理之不可易者也。」又曰：「禮節民心」。故曰：「人生而靜，天之性也。感於物而動，性之欲也。物至知知，然後好惡形焉。好惡無節於內，知誘於外，不能反躬，天理滅矣。夫物之感人無窮，而人之好惡無節，則是物至而人化物也。人化物也者，滅天理而窮人欲者也。」故《坊記》曰：「禮者，因人之情而爲之節文，以爲民坊者也。」朱子言禮，自天而人，其義皆取斯焉。《中庸》云：「天命之謂性，率性之謂道，修道之謂教。」朱子云：「修，品節之也。性道雖同，而氣稟或異，故不能無過不及之差。聖人因人之所當行者，而品節之，以爲法於天下，則謂之教」。是也。蓋禮教於斯布矣。其斯爲先王之道乎？《書・召誥》，所以言「節性」也。《中庸》云：「喜怒哀樂之未發，謂之中：發而皆中節，謂之和。中也者，天下之大本也；和也者，天下之達道也。」朱子云：「喜怒哀樂，情也；其未發，則性也。無所偏倚，故謂之中。發皆中節，情之正也，無所乖戾，故謂之和。大本者，天命之性，天下之理皆由此出，道之體也。達道者，循性之謂，天下古今之所共由，道之用也。」《中庸》云：「致中和，天地位焉，萬物育焉。」蓋君子由教。以戒懼之嚴，於靜，而敬以致中也。即以慎獨之嚴，於動，而敬以至和也。敬，即所謂「自明誠」者也。朱子云：「是其一體一用，雖有動靜之殊，然必其體立，而後用有以行，則其實亦非有兩事也。」今以言此經，則自禮言之，明乎其體敬以嚴，其用敬以和也。朱子於下文云：「嚴而泰，和而節，此禮之自然、禮之全體也。」此以見禮大用之和，皆具於其全體之嚴也。此於經言禮之用者，而推其本也，經之所以然也。……朱子之義，王氏夫之，議焉。以爲禮之用，不對禮之體言。用，猶行也。行，故可云爲貴。有子蓋曰：禮之行於天下，而使人由之者，唯和順於人心，而無所強之爲貴。蓋謂此和，與《中庸》不同。又以爲

必從容不迫，將困勉以下者，終無當於禮，而天下之不能由禮者多。此王氏本論家說而申之也。豈其然乎？用由體發，惟禮之用和為貴，故用禮者，以和為貴也。《中庸》云，「君子誠之為貴」，此其言行者矣。《孝經》云，「天地之性，人為貴」，則未言行者焉。夫從容不迫者，即其無所乖戾，而和順於人心也，此與《中庸》言「從容中道」者不同。猶《易》言「履泰之安」，蓋察其所安也，非「安行」之安也。議者失之矣。《儒行》云：「禮之以和為貴，忠信之美，優游之法。」蓋「優游」猶「從容」也。《鄭注》謂「法和柔者也」。忠以發信，《易‧序卦》所謂「節而信之」也。《詩‧都人士序》云，「衣服不貳，從容有常」，言服之有禮也。《禮‧緇衣》與《詩序》同。《楚辭》云：「依前聖而節中兮，喟憑心而歷茲；濟沅湘以南征兮，就重華而陳詞。」又云：「重仁襲義兮，謹厚以為豐；重華不可遌兮，孰知予之從容？」蓋屈子言從容於仁義，而節中之，即由禮也。故曰：「保厥美以驕傲兮，日康娛以淫遊；雖信美而無禮兮，來違棄而改求。」言求禮之美也。《釋詁》云：斯，此也。今謂禮貴此和也焉。夫物之有禮者，若羊之跪乳也，烏之反哺也，雎鳩之有別也，鴻雁之序列也，皆其性也，非迫之也。則先王治禮可知也。《周官》云，「乃立春官宗伯，是帥其屬而掌邦禮，以佐王和邦國」，言和之美也。今之三禮，曰《儀禮》，曰《禮記》，禮家稱《周官》曰《周禮》，皆古禮家之遺也。〔註38〕

即上來看，若「朱子言禮，自天而人，其義皆取斯焉」以明朱子言「天理」「人事」所由出者，若謂王夫之所論「禮之用，不對禮之體言」、「必從容不迫，將困勉以下者，終無當於禮，而天下之不能由禮者多」等議朱子說者立論未嚴、於義有失，顯然是對《集注》文義的考信和護持〔註39〕；若謂「夫

〔註38〕〔宋〕朱熹集注，簡朝亮述疏：《論語集注補正述疏》，北京圖書館出版社 2007 年 5 月版，第 47～48 頁。

〔註39〕朝亮通過考據學路徑護持朱子學說的努力，正可見出其為學雖主於古文學立場，然對於理學仍是尊信有加，若錢穆先生、羅志田先生所云，宜有商矣。如謂「夫君子釋經以明學，如徒力矯其言心性之弊邪？則至於今，又有不言心性之弊矣」（書 658 頁），謂《大學》言『正心』，以常人之心有不正者也，聖人之心則無不正者。然聖人猶必至七十，乃言從心所欲不踰矩焉。而陸王則以常人之心，視如聖人之心，輒以為可從心所欲也，安得不如書所謂『妄念作狂』哉！蓋陸王皆善人之質，而忘乎《樂記》所謂『滅天理，窮人欲』

物之有禮者，若羊之跪乳也，鳥之反哺也，雎鳩之有別也，鴻雁之序列也，皆其性也，非迫之也。則先王治禮可知也」，借物為喻，則引申發揮朱子所謂「從容不迫」之意者也。

若補朱說之未盡、正《集注》之舛訛，《為政》篇謂朱子考《偽古文尚書》未深，宜修「北辰，北極，天之樞也。居其所，不動也」之言者是也。《為政》首章講「為政以德，譬如北辰，居其所而眾星共之」，《集注》云：「政之為言正也，所以正人之不正也。德之為言得也，行道而有得於心也。北辰，北極，天之樞也。居其所，不動也。言眾星四面旋繞而歸向之也。為政以德，則無為而天下歸之，其象如此。」云云。於此，簡氏論曰：

> 邵子云：「天無星處皆辰」。《朱子語類》以為北辰，即無星處之不動者也，是天之樞也。此不可無記焉。極星，乃取之其旁以為記爾。極星近辰，雖動而不覺也。《爾雅·釋天》云：北極，謂之北辰。而其下題曰星名，則北辰者，星也。其名北極，此天之中也，非天之樞也，異乎對南極之北極也。郭注云：「北極，天之中，以正四時」。是也。……昭七年《左傳》云：「日月之會，是謂辰」。此十二辰，皆紀時也。如天無星處皆辰，則何以紀時乎？邵子說，於經未叶矣。……北辰稱極星，則共之者，皆眾星矣。不然，則眾星何以稱焉。北辰居其所，言無為也，非不動也。天子居其位，猶北辰居其所也，《書·召誥》，所謂「王敬作所」也。經稱孔子云：「無為而治者，其舜也與？夫何為哉？恭己正南面而已矣。」言無為者，惟南面居其位也。《集注》宜有修焉。如曰「北辰，北極，天之中也，居其所，無為也」，斯叶矣。〔註40〕

在簡氏，朱子所謂北極為天樞，無為即不動的觀點，尤其《語類》以北辰為極星附近「無星處之不動者」的說法，實為大謬，北辰就是指的極星，而無為實即「南面居其位」的意思，不可作不動解，「述疏」如上恰所以正《集注》之舛訛也。

者。然陸王皆嘗讀聖人之書者也，故其自為心學，則猶可也。若其以心學教人，陸則敢稱『六經注我』，學者自大，將荒經而已矣；王則以格物為正心，學者不知窮理，將以不正者為正而已矣」（書655～656頁），等等，皆為其證。

〔註40〕 〔宋〕朱熹集注，簡朝亮述疏：《論語集注補正述疏》，北京圖書館出版社2007年5月版，第57頁。

同樣是《爲政》,「道之以德,齊之以禮,有恥且格」一句,《集注》訓「格」謂:「格,正也。《書》曰:『格其非心』。」於此,簡氏言稱:

> 格,至。《釋詁》文。今言至,而曰至於善,則添文矣。而朱子又採格正之訓焉,有恥且正,無添文也。《孟子》云:「惟大人爲能格君心之非。」《趙注》云:「格,正也。」何氏以言此經,則民心正也,斯叶矣。《僞古文尙書‧冏命》云「格其非心」,此襲《孟子》而爲之爾。朱子云:「《尙書》,凡易讀者,皆古文,伏生今文,則難讀,此可疑也。」又云:「其書,東晉方出,前此諸儒皆不曾見,可疑甚也。」今朱子猶有引之者,則以未暇專考之深也,故姑如舊說焉。〔註41〕

顯然,對於已經意識到《僞古文尙書》之可疑的朱子,簡氏還是充滿了同情,不過,這並不妨礙他點出引「格正」之訓時朱子擯《孟子》而取《僞古文尙書》之嚴重失誤的堅決和果斷,是則補朱說未盡之同時兼正《集注》之舛失也。朱九江說:「《書僞古文》亂經也。」〔註42〕其實,朝亮所以特別強調朱子書被《僞古文尙書》所亂的問題,正也是發明師說的一個表現,而這更進一步反證了其在乃師故後能夠謹尊師訓發揚九江之學的事實。關於《僞古文尙書》之亂經的問題,上引之外,更見於《學而》、《子路》、《堯曰》等篇。〔註43〕如謂《堯曰》篇,《集注》以爲「予小子履」與《僞古文尙書‧湯誥》「肆臺小子」之文「大同小異」,朝亮明確指出「其實,則大異小同也」〔註44〕。朱謂「大同小異」,簡說「大異小同」,顯然,這已經是很不客氣的評論了。

〔註41〕 〔宋〕朱熹集注,簡朝亮述疏:《論語集注補正述疏》,北京圖書館出版社2007年5月版,第60頁。

〔註42〕 《朱九江先生年譜》,載沈雲龍主編、簡朝亮編:《近代中國史料叢刊第十三輯‧朱九江先生集》,臺灣文海出版社1983年版。引文見第69頁。

〔註43〕 〔宋〕朱熹集注,簡朝亮述疏:《論語集注補正述疏》,北京圖書館出版社2007年5月版,第42~43、395~396、620~621頁。朝亮對於僞書之惑經十分敏感,同樣態度,更於《公冶長》「子使漆雕開仕」一章疏文對《孔子家語》相關內容的辨僞中可見。(同書,第130頁。)不過對於包括《僞古文尙書》在內的僞書作者也承認其非是概不可用,如謂「今於《尙書》之僞者,有所引,則必辯之,恐其亂也。若夫《論語僞孔注》,姑以爲魏代以前之說焉,惟辯其說之是非,可矣」云。(同書第43頁。)

〔註44〕 〔宋〕朱熹集注,簡朝亮述疏:《論語集注補正述疏》,北京圖書館出版社2007年5月版,第621頁。

當然，除我們所謂「考信證實、借爲發揮，補朱說之未盡、正《集注》之舛訛」以外，《述疏》對於《集注》的一個最基本，同時也是很重要的一個貢獻，在於其對於《集注》中的關鍵語彙進行了文字訓詁，對《集注》本身的訓詁給出了更爲詳實和準確的文獻資料上的說明，這一點，無論是對人們關於《集注》的深入研究也好，還是初學者的《集注》研讀也好，都可說善莫大焉，稱得上一種特出的貢獻。〔註45〕

五、《論語》學觀點

簡氏之書雖是從探討《論語集注》的內容入手，但落到實處，仍是對《論語》文本的考論和分疏。該書來看，朝亮關於《論語》和《論語》學值得注意的觀點主要有：

1、關於《論語》名義問題

《論語》一書何以「論語」相稱，歷來爲《論語》學研究無可規避的一個問題。對此，朝亮準以《漢志》，謂「語」即「言語」，先論其語而後纂之，即以名《論語》也。其謂：「《漢書・藝文志》云：『《論語》者，孔子應答弟子時人，及弟子相與言而接聞於夫子之語也。當時弟子各有所記。夫子既卒，門人相與輯而論纂，故謂之《論語》。』《皇疏・敍》云：『此書，門人必先詳論，其以論居語先，示非率爾也。』《邢疏》略同。《史記年表序》言魯君子左丘明，於七十子口受《春秋》者，亦云『具論其語』，斯可旁通也。若諸子

〔註45〕　需要指出的是，自《集注》出現，特別是定爲官學文本後，人們對它的研究便因著群眾性的鍾愛而熱烈起來，這其中補注考證類作品亦不乏見，若元代金履祥的《論語集注考證》便即簡氏《述疏》的前代先聲。許謙序稱：「子朱子深求聖心，貫綜百氏，作爲《集注》，竭生平之力，始集大成，誠萬世之絕學也。然其立言渾然，辭約意廣，往往讀之者或得其粗而不能悉究其義，或一得之致，自以爲意出物表，曾不知初未離其範圍。凡世之詆訾混亂，務新奇以求名者，於弊正坐此，此考證所以不可無也。」「是書，或隱括其說，或演繹其簡妙，或攄其幽、發其粹，或補其古今名物之略，或引群言以證之，大而道德性命之精微，細而訓詁名義之弗可知者，本隱以之顯，求易而得難。吁！盡在此矣。」（許《序》見中華書局1985北京新一版《叢書集成初編・論語集注考證（二冊）》）。即以文字訓詁而論，《述疏》以前亦有專門製作，若簡氏同鄉清人潘衍桐（廣東南海人）的《朱子論語集注訓詁考（二卷）》便是。潘氏《敍》文首明朱子重訓詁，繼云爲明《集注》訓詁「因命詁經精舍諸生尋繹。此書詳考義所從出，遍採舊注及群經子史注以著來歷，明非朱子所自造」（該書作爲經部四書類文獻載上海古籍出版社《續修四庫全書》第157冊）云云。

百家，記孔門語者，則未論而多失其實焉。」又云：「《詩毛傳》云：『直言曰言，論難曰語。』《周官鄭注》云：『發端曰言，答述曰語。』《皇疏敘》，據以釋《語》焉，於義未融也。『言語』對文則異、散文則通，記者以『語』爲名，『語』該乎『言』也。《漢志》通之矣。」〔註46〕可見，在朝亮，「語」就是「言」，兩者對文則異、散文相通，「論」即先行討論的意思，所謂《論語》就是門弟子對相關言論經認真討論之後編纂而成的孔門語錄的集合。朝亮學主古文，論學特重《漢志》，其以《漢志》爲準對《論語》名義的分析，當然也有一定的道理。不過，據今人考證：「『語』是一種古老的文類，是古人知識、經驗的結晶和爲人處事的準則，其中蘊含著民族精神，充滿了先民的經驗和智慧，是當時人們的一般知識和共同的思想、話語資源。其體用特徵是『明德』，這一體用特徵是『語』區別於同期其他文類的身份證明。它大致可分爲重在記言和重在敘事的兩類，每類又表現爲散見的或結集、成篇的兩種。」《論語》之名先於其成書而存在，在《論語》編纂之時，視孔門之言說爲「語」，則反映出「輯而論纂」者對於「語」這種既有文類的自覺及其心目中對元儒言說之地位與價值的高度肯定。〔註47〕若此，則朝亮對《論語》名義的解讀離問題的正解可能還有一定的距離。

2、通《易》知《論語》

以《論語集注補正述疏》內容來看，強調通《易》以解《論語》〔註48〕可以說是簡氏治《論語》一個不大不小的特點。舉例來說，如《學而》「三年無改」章，《集注》謂：「父在，子不得自專，而志則可知。父沒，然後其行可見，故觀此足以知其人之善惡。然又必能三年無改於父之道，乃見其孝。不然，則所行雖善，亦不得爲孝矣。尹氏曰：『如其道，雖終身無改，可也；如其非道，何待三年。然則三年無改者，孝子之心有所不忍，故也。』游氏曰：『三年無改，亦謂在所當改，而可以未改者耳。』」於此，朝亮述曰：「……《易·蠱·象》云：『幹父之蠱，有子考无咎』。《象傳》云：『幹父之蠱，意

〔註46〕〔宋〕朱熹集注，簡朝亮述疏：《論語集注補正述疏》，北京圖書館出版社2007年5月版，第4頁。

〔註47〕俞志慧：《語：一種古老的文類》，《文史哲》2007年第1期。

〔註48〕兩漢魏晉之時，以經學與玄學均重《易》，故而援《易》以解《論語》十分流行，宋代、特別是晚近以降，隨著《四書》地位上升、《五經》地位轉降，此種取向容或隨之減弱，故而簡氏才會特爲強調。漢晉間援《易》以解《論語》參閏春新《漢晉〈論語〉注的援〈易〉解經特色》（《周易研究》2007年第1期）。

承考也。』《漢志》引《京房易傳》云，『子三年不改父道，思慕不皇，亦重見先人之非』，斯誤矣。《易‧序卦》云：『蠱者，事也。』《雜卦》云：『蠱則飭也。』事壞則飭之，此改父事也，實幹父事也。其事非承考矣，其意則承考焉。《漢書‧顏注》云：『言父有不善，當速改之，若惟思慕而已，是顯先人之非也。』其斯知干蠱而无咎歟？⋯⋯故釋此經者，必通易而言」。〔註 49〕朝亮借對「三年無改」章《集注》所給出的多層意蘊的疏解證明指出，要解釋《論語》必須與《易經》結合起來方能見出其經文章句的全部意蘊，否則，若不能通之以《易》，終難盡知其美。對《易‧蠱》的徵引，並見於上文已經給出的《述而》篇「子以四教」章的疏解，而這無疑更有助於進一步坐實我們的判斷。他如《子路》「欲速則不達」章、「言必信、行必果」章、「人而無恒」章，《憲問》「問管仲」章、「子路問成人」章、「晉文公譎而不正」章、「君子上達，小人下達」章、「君子思不出其位」章、「君子恥其言而過其行」章、「不怨天，不尤人」章、「作者七人」章、「果哉？末之難也」章，《衛靈公》「問陣於孔子」章、「予一以貫之」章、「無爲而治」章、「行夏之時」章〔註 50〕，等等，皆爲其例。

第三節　綜合評述

　　從晚清民國學術史發展的總體走向來看，我們說《論語集注補正述疏》確是一部很有代表性的作品，稱其爲古文學《論語》研究的殿軍之作並不爲過。

　　其書來看，作者推尊名物考訂和文字訓詁，引《詩》喜稱毛氏，論學獨尊《漢書》（尤其《藝文志》），解釋《論語》包括《集注》文意每衡以《左傳》，

〔註 49〕　〔宋〕朱熹集注，簡朝亮述疏：《論語集注補正述疏》，北京圖書館出版社 2007年 5 月版，第 45～46 頁。

〔註 50〕　〔宋〕朱熹集注，簡朝亮述疏：《論語集注補正述疏》，北京圖書館出版社 2007年 5 月版，第 426、432、434～435、450、452～453、457、470、471、472、477、480～481、482、489、492、493、502 頁。尤其「予一以貫之」章，「或曰，《何注》云『善有元，事有會，天下殊塗而同歸，百慮而一致。知其元，則眾善舉矣，故不待多學而一以知之』，其以《易》通《論語》乎？此勿淸之矣。《易‧繫辭傳》云：『天下何斯何慮？天下同歸而殊塗，一致而百慮。』何氏倒其文而爲之說爾。如其說，則孔子自言好古敏以求之者非也，此何氏以淸譚亂經也」（頁 492）的文字，更可從反面說明，朝亮治《論語》時確是持有一種以《易》通《論語》的觀念在裏面的。

經古文學的特徵非常明顯〔註51〕。不過僅僅這些還夠不上我們稱其爲「殿軍」的理由。

我們講，所以有如上的評判，更主要的一個因由在於《論語集注補正述疏》中可以讓人們看到三百年來經學發展的運動軌跡，或者說其自身縮影了晚近經學的種種因素，有著標誌經學命運的典型意義。分開來看，清代經學漢宋對峙十分明顯，漢則攻宋以空疏，宋則詆漢以繁瑣，於此，我們看到作爲九江高足的朝亮，在《述疏》中能以漢學家的考據工夫揭示作爲理學經典的《論語集注》的種種不足和舛失，此在上文已經論及，於此我們可以看到清季以來漢學對宋學的攻訐；其外，更值得注意的一點在於，作爲漢學家的朝亮又獨能深刻體認朱子學說背後精湛的考據學工夫，並能以漢學家的手段不留情面地指謫前代漢學的偏頗和謬誤，於此我們似又可以觀見清季以降宋學對漢學的鄙棄；再有至晚自《總目》的編撰以來，已經有相當多的清代學者認識到了門戶紛爭、漢宋攻抵對於學術發展的極大害處，於是提倡擯棄門戶之見、調和漢宋之學漸爲學界所重視，雖然具體的情況不盡人意，不過至少在咸同年間確實出現過漢宋調和的趨勢，儘管站在這背後的是國家破敝民族危亡的痛苦史實，但值得慶幸的是，儘管今古文學、漢宋門戶因爲慣性的緣故，在晚近學術史上仍是一種強大的架構，但晚清以降，特別是民國以來調和漢宋確也成了一種學術的潮流，對此我們看到了《述疏》自身在這一方面的絕大努力，其不泥漢注、以漢攻漢和援漢疏宋的種種手段都是這一方面的典型表現〔註52〕；再者，民國以來，經學失去固有的廟堂地位，甚至還遭

〔註51〕 其實站在《集注》的角度，也可以說朝亮的工作其實相當程度上正在發明宋學的考據傳統，疏「君子不重」一章，嘗言「《說文》云：『重，厚也』。朱子《與呂伯恭書》云：『不讀《說文》，訓詁易謬。』故《說文》之義，朱子有採焉」（〔宋〕朱熹集注，簡朝亮述疏：《論語集注補正述疏》，北京圖書館出版社 2007 年 5 月版，第 41 頁。），實爲很好的佐證。一方面，這樣的引用清楚體現了作者的古文學立場，同時，另一方面，也恰好可以見出作者著力發明朱學之考據學傳統的創作性質。

〔註52〕 漢宋以外，朝亮於今古文學的差別也能看破，有言「今古文異流同源，宜通之矣，使取其長。猶今本《論語》，合《古文》、《齊》、《魯》之長也」（簡朝亮《尚書集注述疏・卷首・序》，上海古籍出版社《續修四庫全書》本。），不能不說是一種卓識。另：事實上，除主動的漢宋調和與溝通上的嘗試以外，一般漢學家的作品於宋學亦每有採錄，即以《論語》之學而言，若古文學家劉寶楠的《論語正義》（此參勞悅強《劉寶楠〈論語正義〉中所見的宋學》，載彭林主編《清代經學與文化》，北京大學出版社 2005 年版第 193～212 頁。）、今文學集大成者康有爲的《論語注》均是此一方面的例子（康氏《論語注・

逢了廢經的苦厄，說起來這也是經學發展中一次不大不小的災難，此種情境下，傳統的經學陣營雖有一些轉務新學，但還是有不少能固守陣地並奮起抵制，這些，我們在《述疏》當中也能發現它的影子，而且，事實上，大約此也正是促成《述疏》的某種因素。講《論語集注補正述疏》算得上經古文學《論語》研究的殿軍之作，正是因為其在古文學立場以外更有如上的一些足以標示近代經學命運的種種因素存在。

　　《述疏》對朱子學說的補正前已論及，但對其不泥漢學、以漢破漢一面尚未專門闡述，不妨略舉一例用明其事。《學而》「賢賢易色」章，朝亮在解釋內中「與朋友交，言而有信」中「朋」字的意思時，講到：「或曰，《鄭〈論語〉注》云『同門曰朋，同志曰友』。申鄭者，以為朋者，門閭之名，凡曰朋黨，則黨塾也，曰朋比，則鄉比也，古者士大夫教於里門，此鄭義也。將以釋何者乎？此於『曾子三省』者，而釋其言『朋友』也，可矣，而孰謂其可執邪？孔子無常師者也，而有朋友之饋焉。子夏所言，則未學者也，而有朋友之交焉，其同門之朋，皆安在乎？《說文》，『朋』，古文『鳳』。說之云：『鳳飛，群鳥從之以萬數，故以為朋黨字。』夫字者，以孶生為引申也。既因本義而引申之，則不復牽其本義矣。如朋類，必為同門也，將燕朋，亦如鳳邪？斯以文害辭矣。燕朋者，《學記》之所絕也。故朋友而通言之，則朋，亦同志焉。《常（刻本作此，當為棠）棣》之詩，既曰『良朋』，又曰『友生』，所謂朋友也。」〔註53〕清代以來，漢學家於鄭《注》每每寶愛有加、推尊甚重，若《論語正義》謂「漢人注者，惟康成最善言禮，又其說就《魯論》兼考《齊》、《古》而為之注，知其所擇善矣」〔註54〕，「《鄭注》久佚，近時惠氏棟、陳氏鱣、臧氏鏞、宋氏翔鳳咸有輯本，於《集解》外徵引頗多。雖拾殘補闕，聯綴之跡，非其本真，而捨是則無可依據，今悉詳載」〔註55〕，便是其例；

序》謂「有宋朱子，後千載而發明之，其為意至精勤，其誦於學官至久遠，蓋千年以來，實為曾、朱二聖之範圍焉」，「僻陋在夷，無從博徵，以包、周為今學，多採錄之以存其舊，朱子循文衍說，無須改作者，亦復錄之」云云。康有為著、樓宇烈整理《論語注》，中華書局1984年版，《序》第4頁。）。

〔註53〕〔宋〕朱熹集注，簡朝亮述疏：《論語集注補正述疏》，北京圖書館出版社2007年5月版，第39～40頁。

〔註54〕劉寶楠：《論語正義・後敘》（國學整理社輯，諸子集成本），中華書局據世界書局原版重印，1954年版，第434頁。

〔註55〕劉寶楠：《論語正義・凡例》（國學整理社輯，諸子集成本），中華書局據世界書局原版重印，1954年版，第1頁。

即至民國仍有如楊樹達專集漢注之《論語古注》一類。上引之外，其對漢學家的批判更見於對「禮之用，和爲貴」章、「爲政以德」章、「五十而知天命」章、曾子釋「一貫」章〔註56〕，等處的疏解，不再一一舉例。

當然，《述疏》也有他的缺點，若繁瑣，如釋《子路篇》「『既富矣，又何加焉？』曰：『教之』」十字及於四萬言〔註57〕，不免冗長；若枝節，許多問題與《論語》文句和《集注》內容相去頗遠，並存書中顯得枝節太過。當然此亦漢學家舊病。整體而言，我們講，在民國廢止讀經的背景下，簡氏費十年之工纂成的《論語集注補正述疏》，可謂用力精勤，算得上經古文學《論語》研究的殿軍之作。

〔註56〕 〔宋〕朱熹集注，簡朝亮述疏：《論語集注補正述疏》，北京圖書館出版社 2007 年 5 月版，第 48、58、63、123 頁。

〔註57〕 〔宋〕朱熹集注，簡朝亮述疏：《論語集注補正述疏》，北京圖書館出版社 2007 年 5 月版，第 380～421 頁。

第二章　馬一浮的《論語大義》

馬一浮所講撰的《論語大義》是 20 世紀中國從心性義理學方面研究《論語》的一部傑作。

第一節　作者及成書

馬一浮（1883～1967），浙江紹興人，幼名福田，後改名爲浮，字一浮，另號湛翁，晚年自署蠲戲老人，簡稱蠲叟，其外還曾先後用過披褐、太淵、宛委山人、服休、聖湖野老、夕可老人等筆名和別號。馬一浮清光緒九年（1883）二月二十五日生於四川成都，六歲時隨親出川返浙，寄寓杭州。據稱父馬廷培精於義理之學，母何氏擅長文學，兼之馬一浮天資卓異、聰穎過人，故而自幼即飽讀詩書的他少年之時便已才名動鄉里。光緒二十四年（1898）只有 16 歲的馬一浮參加會稽縣試即考取案首。能在與包括周作人、周樹人兄弟等諸多少年才俊的競爭中脫穎而出，確也體現了少年馬一浮紮實的基礎和過人的才氣。其後更以此被湯壽潛招爲快婿。惟是早年馬一浮非常不幸，十一歲喪母的他，到了十九歲上又痛失慈父，接著第二年再失嬌妻，尚在弱冠之年便已盡嘗人間悲苦。種種悲苦蓋即後來馬一浮深入釋家之學的上緣所繫。馬一浮妻喪後親朋多勸其再娶，不爲所動。

戊戌變法以後，備受詬病的科舉之學漸趨衰廢，與此同時經過數年的輸入，作爲新興學問的西學漸行漸盛。期以習受新學故，馬一浮乃與湯壽潛的授業弟子謝无量齊赴上海學習外語，更發奮與謝无量、馬君武創立了《二十世紀翻譯世界》月刊以翻譯介紹西方學術成就。雖僅出六期，但青年馬一浮的愛國熱情和豪邁心胸於此可見一斑。1903 年 6 月，屢遭至痛的馬一浮遠遊

美利堅留學，而後 04 年，自美歸國不久的他繼赴日本學習，05 年回國。居外期間，馬一浮得以粗覽西方學術之大概，並搜羅百餘家西人文字攜歸，這對此後其站在時代學術的大背景下探研本土學術、思索種種問題幫助頗大。期間，自美回國的他還攜回英文、德文本《資本論》各一部，是爲馬克思的此一名著進入中國的第一次。論及西人製作，嘗謂其「推本人生之詣，陳上治之要，玄思幽邈，出入道家。其平實者，亦與儒家爲近。文草高者，儗於周末諸子，下不失呂覽淮南之列」〔註1〕。1905 年歸國後，馬一浮住鎮江焦山海西庵，繼續研究西學。1906 年起寄居杭州外西湖廣化寺的他得讀文瀾閣四庫，治學取向亦由西轉中。1907 年致舅父何稚逸的信中有「甥雖不敏，竊有志於二《宗》。欲爲《儒宗》，著秦漢以來學術之流派；爲《文宗》，紀羲畫以降文藝之盛衰。將以匯納眾流昭蘇群惑，懸藝海之北辰，示儒術之總龜，振斯道於陵夷，繼危言於將絕」〔註2〕，以及「綜會諸家國別代次，導源竟委，爲《西方學林》輔吾儒宗，以竢來者」〔註3〕的文字，足爲說明。而外青年馬一浮已有並馭中西貫通今古的治學氣象亦可由此見出〔註4〕。

大約也就在 1907 年，前後於此曾一度躬身訓詁考據的馬一浮決心以天性所近的緣故折入義理學的探求，致舅父書所言「性好幽眇閎闊之思。知不爲世資，冀垂空文以自見，私其所守而不化，安於困詘而不悔」〔註5〕，即其表現。此後，馬一浮深入鑽研宋儒著作，理學修養漸深。1910 年致友人書，有「儒家之言，至二程而極其醇，至晦庵而極其密，此百世之師也。學道不師程朱，是謂出不由戶」，「儒者窮理盡性之學，須是於斯道認得端的，粹然循

〔註1〕劉夢溪主編、馬鏡泉編校：《中國現代學術經典·馬一浮卷》，河北教育出版社 1996 年 8 月版，第 710～711 頁。

〔註2〕劉夢溪主編、馬鏡泉編校：《中國現代學術經典·馬一浮卷》，河北教育出版社 1996 年 8 月版，第 709～710 頁。另按：馬一浮治學博通淹貫，走筆行文往往兼及經史子集、儒佛禪道，出於講通道理的需要隨興之所之拈出種種經子文句、公案掌故是其通例，由此也就給相應的編校工作帶來了不小的麻煩。嗣後引用馬一浮文字遇有與引書不同的句讀即爲與原書編校理解有異所致，特爲注出，其後不再一一說明。

〔註3〕劉夢溪主編、馬鏡泉編校：《中國現代學術經典·馬一浮卷》，河北教育出版社 1996 年 8 月版，第 711 頁。

〔註4〕時年 25 歲。同信「愚不自量，妄有刪述之志，所業浩博，白首莫殫」的文字即是自道。

〔註5〕劉夢溪主編、馬鏡泉編校：《中國現代學術經典·馬一浮卷》，河北教育出版社 1996 年 8 月版，第 711 頁。

乎天性之自然，非有迫而爲之也」〔註6〕的文字，可爲佐證。三年後的 1913年，31 歲的馬一浮受湯壽潛委託編訂《舜水遺書》並爲作序，第二年與好友葉左文共學《論語》及伊洛之學，凡三月，時年 32 歲。

　　約在 35 歲以後，馬一浮與佛學的緣分日深，佛學造詣也因之日趨於精湛。1916 年，也便是在給好友葉左文的信札中，馬一浮撰文說：「舊於釋氏書不廢涉覽，以爲此亦窮理之事，程子所謂大亂眞者，庶由此可求而得之。吉縟繹稍廣，乃知先儒所辟，或有似乎一往之談，蓋實有考之未晰者。彼其論心性之要，微妙玄通，較之濂洛諸師，所持未始有異。所不同者，化儀之跡耳。」〔註7〕這一年馬一浮 36 歲。嘗與李叔同研究佛學，與蔣再堂討論儒佛同異問題。1920 年的馬一浮應雲雷居士請，爲撰《印光法師文鈔序》，同年撰《老子道德經注》，因病成六十二章而中輟；1921 年梁漱溟訪馬一浮於杭州寓所，彼此結交；1922 年應杭州湖墅香積寺肇安法師請爲撰《重修祥峰禪師塔銘》；1923 年撰《重修紹興文廟記》；1925 年應了悟和尚請撰《虎跑定慧寺五百應眞造像石刻後記》；1927 年爲豐子愷作《漫畫兒童相書後》，應智慧法師請撰《楞嚴開蒙小引》；1928 年應黃岩周子敍請撰《皇漢醫學序》，應月臂法師請，爲豐子愷作《獲生畫集序》；1929 年應沈�民請爲撰《周易易解跋》，同年熊十力持《新唯識論》求教，彼此結交。由上面所提到的文字來看，進入 20 世紀 20 年代，馬一浮同釋家的緣分確是日趨深密，外緣之下佛學修爲日臻精湛自不待言。〔註8〕

〔註6〕劉夢溪主編、馬鏡泉編校：《中國現代學術經典・馬一浮卷》，河北教育出版社 1996 年 8 月版，第 712 頁。

〔註7〕劉夢溪主編、馬鏡泉編校：《中國現代學術經典・馬一浮卷》，河北教育出版社 1996 年 8 月版，第 714 頁。

〔註8〕此據馬鏡泉：《馬一浮先生學術年表》，載劉夢溪主編、馬鏡泉編校《中國現代學術經典・馬一浮卷》，河北教育出版社 1996 年 8 月版，第 745～754 頁。1931 年馬一浮與熊十力論學，謂：「意識不爲境縛，須是灑落。始得灑落，乃是情不附物，始成解脫，有自由分。若云展拓，似是行將擴大，如何得轉化去？儒家只說誠意是著，一毫虛妄不得，所謂『復則无妄』，『不習无不利』，非同『五位無心』。蓋意識雖現起而無障礙，乃是舉妄全眞，諸心所法，盡成妙用。堯舜性之，湯武反之，顏子性其情，皆是這個消息：其初須是刊落一番。故慈湖提持『絕四』之教，濂溪說『誠精故明，神應故妙，幾微故幽』，更不必立心心所法。大抵儒家簡要，學者難於湊泊，釋氏詳密，末流又費分疏。聖凡心行差別，只是一由性，一由習而已。」（同書，第 723 頁。「意識」、「五位無心」、「心心所法」爲法相用語，可參《成唯識論》。）近人皆知熊氏長於唯識之學，馬一浮與之論學能辨其瑕疵並以儒佛同異，足見所造之深。

　　由於請益求學者絡繹不絕，甚至還包括不少成名已久的學林達者，於是近於隱居的馬一浮開始聲名遠播，自然也就開始有人求賢若渴。1930 年的時候，馬一浮 48 歲，多年潛修的他在一年的時間裏先後接到了國內兩所院校出山講學的邀請，一所是家鄉的浙江大學，一所是久負盛名的北京大學。尤其後者，先是陳大齊邀請，被拒後又通過馬敘倫、鄧伯成、鄧叔存等先後勸說，足見盛意拳拳、眞心招賢，不過同對浙大一樣，一浮並未應請。其覆陳大齊書函謂：「方今學子務求多聞，則義理非所尙；急於世用，則心性非所先。平生粗究終始，未盡玄微，恥爲一往之談，貴通天下之志。亦知語默道同，物我無間，酬機赴感，教所由興。但恐無裨任賢屬學之心，不副髦俊研幾之望，是以未敢遂承，匪欲自隱其陋也。」〔註9〕以上世紀 30 年代的群趨功利之學的中國來看，馬一浮的聖人之教確是與之頗有捍格，此處所言雖亦託詞，不過實也道出了緣由之一二。此外同年覆陳大齊第二書、覆王子餘書有「徒以衰年久習疏放，倦於行旅」〔註 10〕以及「講論欲極自由，久暫亦無限制，乃可奉命」〔註 11〕的文字，蓋一浮不赴北大之約還有厭於長途跋涉以及不願受學校講論形式限制的原因在。

　　不過當日本侵華戰爭全面打響的時候，馬一浮終是難以精心讀書安心論學了。1938 年初，以戰事日緊，去年自杭州遷桐廬的馬一浮，先是自桐廬遷開化，後又自開化遷江西泰和。其時浙江大學也輾轉遷來此地，馬一浮乃應校長竺可楨之請，以大師名義主講「特約講座」，爲浙大學子講授國學。後學校再遷廣西宜山，馬一浮亦同遷，兩地講學的講稿先後輯爲《泰和會語》和《宜山會語》。1939 年教育部長陳立夫奉蔣介石之命請其去四川講學，後爲成立復性書院，其後至 20 世紀 40 年代末，馬一浮的絕大部分時間均爲書院之事，若講學，若刻書，所佔據。期間講稿先後輯爲《復性書院講錄》六卷。馬一浮還親自主持刊刻儒門典籍二三十種。

　　1950 年，68 歲的馬一浮應弟子蔣蘇庵之請移居花港蔣莊，此後至於 1967 年均在此地安心修養。1957 年將歷年收藏的外文典籍以及智林圖書館八十四

〔註 9〕劉夢溪主編、馬鏡泉編校：《中國現代學術經典・馬一浮卷》，河北教育出版社 1996 年 8 月版，第 720 頁。

〔註 10〕劉夢溪主編、馬鏡泉編校：《中國現代學術經典・馬一浮卷》，河北教育出版社 1996 年 8 月版，第 721 頁。

〔註 11〕劉夢溪主編、馬鏡泉編校：《中國現代學術經典・馬一浮卷》，河北教育出版社 1996 年 8 月版，第 722 頁。

箱一萬七千八百餘冊藏書捐贈中國科學院廣州分院，時年 75 歲。後 1963 年，81 歲的他又將歷年所作書法精品 357 件（冊）全部獻給國家，由第一歷史檔案館收藏。1967 年 85 歲的馬一浮與世長辭。病重期間吟下《擬告別諸親友》詩一首：「乘化吾安適，虛空任所之。形神隨聚散，視聽總希夷。漚滅全歸海，花開整滿枝。臨崖揮手罷，落日下崦嵫。」

　　在現代中國學術史上，馬一浮是少有的通家，並深於佛的熊十力謂其「道高識遠」〔註12〕，同志於儒的梁漱溟贊其「一代儒宗」〔註13〕，其學之精深自此可見。

　　馬一浮一生志行高潔〔註14〕、氣象剛大〔註15〕，篤學樂道〔註16〕、勇毅力行，性情淡泊、不尚著述，所留文字大多為戰起後泰和、宜興以及樂山復性書院講稿的綴輯，本文所要介紹的《論語大義》即其在復性書院所講內容之一。

第二節　思想及理論

一、圓融心學與理學

　　言及現代儒學，人們習以理學大師論馬一浮，此論有其道理。雖於傳統學問近於靡所不窺，但以職志及特點而言，在現代中國學術史上，馬一浮的主要成就和貢獻仍在於發揚宋明群賢的心性義理之學。對於承繼著數百年考據學傳統、更遭遇了西學東漸及其勃興和興盛的現代中國學術而言，馬一浮

〔註12〕 熊十力：《十力語要・卷二：與賀昌群》，中華書局 1996 年版，第 201 頁。

〔註13〕 據梁培寬《先父梁漱溟與馬一浮先生》，載畢養賽主編：《中國當代理學大師馬一浮》，上海人民出版社 1992 年版。引文見第 112 頁。

〔註14〕 馬一浮有《自題墓辭》一文，自云「老而安其煢獨兮，將無欲以忘憂」，「道不可為苟悅兮，生不可以幸求」，「雖篤志而寡聞兮，固沒齒而無怨尤」，「惟適性以盡命兮，如久客之歸休」，「身與名其俱泯兮，又何有夫去留？」（劉夢溪主編、馬鏡泉編校：《中國現代學術經典・馬一浮卷》，河北教育出版社 1996 年 8 月版，第 701 頁。）

〔註15〕 馬一浮嘗謂：「凡有志於學者，須開拓萬古之心胸，不為一世所汩沒，方具剛大氣分，可與入德。」（劉夢溪主編、馬鏡泉編校：《中國現代學術經典・馬一浮卷》，河北教育出版社 1996 年 8 月版，第 645 頁。）「曾子剛大，能任重致遠，死而後已，是謂順生歿寧。」（同書第 579 頁）

〔註16〕 馬一浮有言：「『知之者不如好之者，好之者不如樂之者。』到得『樂之者』地位，則如四時行、百物生，通身是道，與之為一。出之無盡不為多，一字不形不為少，莫非性分內所有也。」（劉夢溪主編、馬鏡泉編校：《中國現代學術經典・馬一浮卷》，河北教育出版社 1996 年 8 月版，第 491～492 頁。）

獨能於戰亂頻仍、物欲橫行、世風凋敝、浮躁功利的社會中高唱去欲明理、
知能合一的內修之學，可以說很是難得。作爲宋明理學的餘緒，踵繼前賢的
馬一浮，能夠兼取程朱與陸王，薈萃眾善、取長補短，從而在程朱的心學化
改造和陸王的理學式加工中，完成了對傳統學術中心性義理學的深刻總結。

在本體層面，馬一浮視仁爲本體。力言心攝萬有，統性情，合理氣，認
爲克去俗情私欲所證見的本心之仁，即是理，仁心闊然大公即是天理流行，
仁心即天理，天理即王道。嘗說：「是故一切法皆心也。是心能出一切法，
是心遍攝一切法，是心即是一切法。聖賢千言萬語，只明此義。說性命之理，
乃是顯此心之本體；說三才之道，乃是顯此心之大用。」〔註17〕「與天地
萬物一體，乃心之本然。」〔註18〕「心統性情，合理氣。」〔註19〕「仁是

〔註17〕 劉夢溪主編、馬鏡泉編校：《中國現代學術經典・馬一浮卷》，河北教育出版
社 1996 年 8 月版，第 430～431 頁。「聖賢千言萬語，只明此義。說性命之理，
乃是顯此心之本體；說三才之道，乃是顯此心之大用」一段，實可作一浮的
夫子自道看。

〔註18〕 劉夢溪主編、馬鏡泉編校：《中國現代學術經典・馬一浮卷》，河北教育出版
社 1996 年 8 月版，第 565 頁。陽明謂：「夫人者，天地之心。天地萬物，本
吾一體者也。」（《傳習錄・卷中・答聶文蔚（一）》）「人心與天地一體，故『上
下與天地同流』。」「蓋天地萬物與人原是一體，其發竅最精處，是人心一點
靈明。」（《傳習錄・卷下・黃省曾錄》）

〔註19〕 劉夢溪主編、馬鏡泉編校：《中國現代學術經典・馬一浮卷》，河北教育出版
社 1996 年 8 月版，第 523 頁。陽明說：「都只在此心，心即理也。此心無私
欲之蔽，即是天理，不須外面添一分。以此純乎天理之心，發之事父便是孝，
發之事君便是忠，發之交友、治民便是信與仁。只在此心去人欲、存天理上
用功便是。」「性是心之體，天是性之原，盡心即是盡性。」「人心天理渾然，
聖賢筆之書，如寫眞傳神，不過示人以形狀大略，使之因此而討求其眞耳。」
（《傳習錄・卷上・徐愛錄》）「虛靈不昧，眾理具而萬事出。心外無理，心外
無事。」（《傳習錄・卷上・陸澄錄》）「心之體，性也，性即理也。故有孝親
之心，即有孝之理；無孝親之心，即無孝之理矣。有忠君之心，即有忠之理；
無忠君之心，即無忠之理矣。理豈外於吾心邪？」「吾心之良知，即所謂天理
也。致吾心良知之天理於事事物物，則事事物物皆得其理矣。致吾心之良知，
致知也。事事物物皆得其理，格物也。是合心與理而爲一者也。」「心即理也。
學者，學此心也。求者，求此心也。」（《傳習錄・卷中・答顧東橋書》）「性
善之端，須在氣上始見得，若無氣亦無可見矣。」「若見得自性明白時，氣即
是性，性即是氣，原無性氣之可分也。」（《傳習錄・卷中・答周道通書》）小
程有謂：「心一也，有指體而言者，有指用而言也，惟觀其所見何如耳。」（《近
思錄（卷一・道體）》）張載有「心統性情」說，謂：「性者理也。性是體，情
是用，性情皆出於心，故心能統之。統如統兵之統，言有以主之也。且如仁
義禮智是性也，孟子曰『仁義禮智根於心』，惻隱、羞惡、辭讓、是非本是情

性德之全，體仁是德，行仁是道。」「天理即自性所具之理，離自性豈別有天理邪。」〔註20〕說：「仁者，心之全德。人心須是無一毫私繫時，斯能感而遂通，無不得其正。即此便是天理之發現流行，無乎不在，全體是仁。」〔註21〕「自私已將一切蔽攝盡，不自私即無蔽矣。」〔註22〕「人心無私欲繫累時，即天理流行。」〔註23〕又說：「惻隱，是此心天理發動處。若無惻隱，向下辭讓、羞惡、是非，俱無從發出來，便是麻木不仁。」〔註24〕謂：「仁是性德，人所同具。聖人教人，亦只示人以求仁之方，行仁之道而已。」〔註25〕「一日克己復禮，天下歸仁。只是盡卻私吝，別無他道。」〔註26〕謂：「性即心之體，情乃心之用。離體無用故離性無情。情之有不善者，乃是用上差忒也。若用處不差，當體即是性。」〔註27〕又謂：「仁是天理，亦是人性。人之性，

也，孟子曰『惻隱之心，羞惡之心，辭讓之心，是非之心』：以此言之，則見得心可以統性情。一心之中自有動靜，靜者性也，動者情也。」（《張子語錄·後錄下》。見章錫琛點校中華書局 1978 年 8 月版《張載集》第 339 頁。）

〔註20〕劉夢溪主編、馬鏡泉編校：《中國現代學術經典·馬一浮卷》，河北教育出版社 1996 年 8 月版，第 473 頁。行文自注：「體仁者，以仁為體，即全體是仁。猶『體物而不可移』之體，非體會之體。」陽明謂：「至善是心之本體，只是明明德到至精至一處便是。」「至善只是此心純乎天理之極便是」。（《傳習錄·卷上·徐愛錄》）「善念存時，即是天理。」（《傳習錄·卷上·陸澄錄》）

〔註21〕劉夢溪主編、馬鏡泉編校：《中國現代學術經典·馬一浮卷》，河北教育出版社 1996 年 8 月版，第 239 頁。朱子說：「仁者，本心之全德。克，勝也。己，謂身之私欲也。復，反也。禮者，天理之節文也。為仁者，所以全其心之德也。蓋心之全德，莫非天理，而亦不能不壞於人欲。故為仁者必有以勝私欲而復於禮，則事皆天理，而本心之德全於我矣。」（《論語集注·顏淵第十二》）大程說：「人之情各有所蔽，故不能適道，大率患在於自私而用智。自私則不能以有為為應跡，用智則不能以明覺為自然。」（《近思錄（卷二）·為學》）

〔註22〕劉夢溪主編、馬鏡泉編校：《中國現代學術經典·馬一浮卷》，河北教育出版社 1996 年 8 月版，第 557 頁。陽明說：「去得人欲，便識天理。」（《傳習錄·卷上·陸澄錄》）

〔註23〕劉夢溪主編、馬鏡泉編校：《中國現代學術經典·馬一浮卷》，河北教育出版社 1996 年 8 月版，第 574 頁。

〔註24〕劉夢溪主編、馬鏡泉編校：《中國現代學術經典·馬一浮卷》，河北教育出版社 1996 年 8 月版，第 522 頁。

〔註25〕劉夢溪主編、馬鏡泉編校：《中國現代學術經典·馬一浮卷》，河北教育出版社 1996 年 8 月版，第 479 頁。

〔註26〕劉夢溪主編、馬鏡泉編校：《中國現代學術經典·馬一浮卷》，河北教育出版社 1996 年 8 月版，第 489 頁。

〔註27〕劉夢溪主編、馬鏡泉編校：《中國現代學術經典·馬一浮卷》，河北教育出版社 1996 年 8 月版，第 508 頁。

即天之理，故曰天人一也。」〔註28〕「此實理者無乎不在，不是離心而別有。所謂總該萬有，不出一心。」〔註29〕即上可見，在本體層面，一浮一方面承繼了朱子斷絕私欲發見天理的學說，一方面又強調本心之仁即理之根本，人心無私繫，闊然而大公，即是天理之流行，換句話說公心之所在即天理之所在，如此則理不在心外，仁心與天理不二，是與陸王「四端者，即此心也。天之所以與我者，即此心也。人皆有是心，心皆具是理，心即理也」〔註30〕、「此心無私欲之蔽，即是天理」〔註31〕的思想實是一脈相承。再從陽明《晚年定論》所舉朱子中年而後外尋到內求的治學轉向來看，我們說，在本體層面，即諸儒學內部來說，馬一浮屬心學一脈（思孟、小程、陸王）。〔註32〕

〔註28〕劉夢溪主編、馬鏡泉編校：《中國現代學術經典·馬一浮卷》，河北教育出版社 1996 年 8 月版，第 540 頁。

〔註29〕劉夢溪主編、馬鏡泉編校：《中國現代學術經典·馬一浮卷》，河北教育出版社 1996 年 8 月版，第 625 頁。

〔註30〕《陸象山全集·卷十一·與李宰（二）》。見中國書店 1992 年 3 月版《陸象山全集》第 95 頁。一浮於「心即理」之說有專門批評，謂「陽明『心即理』說得太快，末流之蔽，便至誤認人欲爲天理」（「心即理」乃象山始道，未知一浮因何屬之陽明。），「言具理則可，言即理則不可」，（劉夢溪主編、馬鏡泉編校：《中國現代學術經典·馬一浮卷》，河北教育出版社 1996 年 8 月版，第 523 頁。）又說「心統性情，即該理氣。理行乎氣中，性行乎情中。但氣有差忒，則理有時而不行；情有流失，則性隱而不現耳。故言心即理，則情字沒安放處」（同書第 586 頁），不過這也只是就具體陳說上的周備與否而言，非是根本否定。就內裏來看，馬一浮的本體觀念正是陸王一系的發展和繼承，若云「陽明語極分曉，豈有單傳密授之說？良知人人具有，但不知致耳。良知便是本體，致便是工夫」、「知此不盡分者，非良知而何？還汝良知，自能盡分」（同書第 566 頁），稱「莊生曰：『聖人無名，神人無功，至人無己。』此非玄言，乃實義也。豈得以聖人爲好名利哉！記陽明《傳習錄》有一段說此甚精。世俗之好名利者，以名利爲可私之於己耳，故名利心即私己心，己私若除，安有名利可好」（同書 580 頁。案：此蓋就《陸澄錄》末後部分而言，內中我們還可以找到「心即理也，無私心即是當理，未當理便是私心。若析心與理言之，恐亦未善」這樣的句子。）一類即是明證。

〔註31〕《傳習錄·卷上·徐愛錄》。

〔註32〕上文所舉專門論述外，馬一浮以仁心爲本體的思想在其與人交往中亦可觀見，所謂「出處語默皆道也」（馬一浮語。劉夢溪主編、馬鏡泉編校：《中國現代學術經典·馬一浮卷》，河北教育出版社 1996 年 8 月版，第 571 頁。）如謂「平生與人交，皆直抒胸臆，不存世故。以是，言語不免忤人。然皆從愛人之心流出，唯恐其有不盡。人皆以我爲不近人情。以是，知忠信之道蓋不能行於今之世」（同書第 492 頁）、「知愛人即是盡己，方許識仁」（同書第 617 頁）一類，便是很好的體現。所謂仁者愛人，愛人之心即仁心也，自愛人之心流出、以愛人爲盡己，即天理流行之表象也。另：一浮書中，特別是與人論學，對朱子之

在工夫層面，馬一浮兼重涵養與察識，尤重涵養，特別是其對「敬」的強調，可以說直接程朱。他說：「學者用力處，只在涵養，涵養熟，自能悟，悟後仍要涵養，故徹頭徹尾只是一個涵養，而察識自在其中。」〔註33〕「學者當知，毋不敬，實爲萬事根本。」〔註34〕「當知未識此理，只緣誠敬工夫欠缺之故。惟誠敬，乃能識得此理。既識得此理以後，仍須以誠敬存之。誠敬工夫，不容間斷。果能誠敬，自不須防檢，不須窮索也。仁是本體，誠敬是工夫。體用一元，即工夫，即本體。」〔註35〕更說：「學者當知，人心之病，莫甚於昏散。《易》所謂『憧憧往來，朋從爾思』起滅不停，若非亂想，即墮無記。《楞嚴》所謂『聚緣內搖，趣外奔逸，昏擾擾相，以爲心性』者是也。散心觀理，其理不明。如水混濁，如鏡蒙垢，影像不現。故智照之體，必於定心中求之。先儒嘗謂『敬是惺惺法』。今謂敬亦是『常寂寂法』。惟其常寂，所以常惺。寂故不散，惺故不昏。當體清明，義理昭著。然後天下之至賾者，始可得而理也；天下之至動者，始可得而正也。無無止之觀，無無定之慧。若其有之，必非正觀，必爲狂慧。故曰未有致知而不在敬者，敬實雙該止觀二法。由此可知，蓋心體本寂，而常照以動亂故昧，惟敬則動亂止息，而復其本然之明。敬只是於一切時都攝六根，住於正念，絕諸馳求勞慮，惟緣義理，即爲正念。」〔註36〕謂：「禮以敬爲本。《說文》忠敬互訓，故曰忠信之

說護持甚急，如有人問《公冶長》「臧文仲居蔡」章朱、范說的是非，馬一浮謂「朱子說較范氏細」（同書第544頁），有人對朱子「君子恥其言而過其行」章的解釋有疑義，其謂「依《論語》本義，則是恥言過其行者。常人行常不及而言每過之，朱子分說亦無害，勿可輕移」（同書第547頁）等等，然此類文字大多是緣於對朱子用功精勤、於具體問題的體究往往遠過常人一面的肯定。

〔註33〕劉夢溪主編、馬鏡泉編校：《中國現代學術經典・馬一浮卷》，河北教育出版社1996年8月版，第537頁。馬一浮力言性修不二，對執性廢修者批評甚急，如謂「理雖本具，亦要學而後明。精義入神，方能致用。所以說性修不二。專言守良心，便是執性廢修」（同書第564頁。此蓋就陽明末流而言）一類。

〔註34〕劉夢溪主編、馬鏡泉編校：《中國現代學術經典・馬一浮卷》，河北教育出版社1996年8月版，第66頁。

〔註35〕劉夢溪主編、馬鏡泉編校：《中國現代學術經典・馬一浮卷》，河北教育出版社1996年8月版，第592頁。

〔註36〕劉夢溪主編、馬鏡泉編校：《中國現代學術經典・馬一浮卷》，河北教育出版社1996年8月版，第72～73頁。「止觀」是天台宗的修證法門。「止，就是止息對一切外部世界和妄念的執著，而貫注於特定的對象；觀，就是用正確的智慧來看這一現象。止觀又稱定慧，即由定生慧。」（朱封鼇《天台宗概說》，巴蜀書社2004年9月版，第73頁。）《摩訶止觀・卷一》說「法性寂然名止，寂而常照名觀」（石峻、樓宇烈等《中國佛教思想資料選編・第二卷・第一冊》，

人可以學禮。無時不敬，則無往而非禮。忠信存乎中，其見於容貌者必莊肅，其見於言語者必安定。」〔註37〕「工夫乃是忠信篤敬」〔註38〕。「視聽言貌思，一有不敬，此心即便放失，隨物而轉。故於義理若存若亡，只緣未有主在。縱有見處，亦是客感客塵也。物欲消盡，則自無此病。對治之法，唯是用敬。不是道得一個敬字便休。」〔註39〕當然，在馬一浮，就其工夫一面來看，實也頗重察識，其與人論答常要人從某處悟入，喜藉禪宗公案說法，及「脫俗須具悟門。詩中實有三昧，古來達道者，多從這裡過。然向上一路，千聖不傳，直須自悟始得」〔註40〕、「總須自證自悟始得」〔註41〕之類文字，即其證據。當然，總體而言，其還是偏重涵養，在他看來「察識而不涵養，只是用智自私」〔註42〕、「察識從涵養得來者，其察識精而持守無失。若離涵養而專

中華書局 1983 年 1 月版，第 4 頁。）。《童蒙止觀》開篇稱：「若夫泥洹之法，入乃多途，論其急要，不出止、觀二法。所以然者，止乃伏結之初門，觀是斷惑之正要；止則愛養心識之善資，觀則策發神解之妙術；止是禪定之勝因，觀是智慧之由藉。若人成就定、慧，斯乃自利利人，法皆具足。」「當知此之二法，如車之雙輪，鳥之兩翼，若偏修習，即墮邪倒。故經云：若偏修禪定福德，不學智慧，名之曰愚；偏學智慧，不修禪定福德，名之曰狂。」（〔隋〕智顗著，李安校釋《童蒙止觀校釋》，中華書局 1988 年 2 月版，第 1 頁。）馬一浮謂止有寂滅、不遷二義，前者就息妄說，後者就顯真說。謂宋儒所謂「人欲淨盡、天理流行」，即「生滅滅已，寂滅為樂」意。（同書第 75 頁。）以「敬」與禪定工夫互照，小程已揭其緒，有謂：「學者先務，固在心志。然有謂欲屏去聞見知思，則是『絕聖棄智』。有欲屏去思慮，患其紛亂，則須坐禪入定。如明鑑在此，萬物必照，是鑑之常，難為使之不照；人心不能不交感萬物，難為使之不思慮。若欲免此，惟是心有主。如何為主？敬而已矣。」（《近思錄（卷四）·存養》）

〔註37〕 劉夢溪主編、馬鏡泉編校：《中國現代學術經典·馬一浮卷》，河北教育出版社 1996 年 8 月版，第 66 頁。
〔註38〕 劉夢溪主編、馬鏡泉編校：《中國現代學術經典·馬一浮卷》，河北教育出版社 1996 年 8 月版，第 504 頁。
〔註39〕 劉夢溪主編、馬鏡泉編校：《中國現代學術經典·馬一浮卷》，河北教育出版社 1996 年 8 月版，第 517 頁。程朱均重持敬之功，二程之論可參《近思錄（卷四）·存養》，朱子之論可參錢穆《朱子新學案（二之四）·朱子論敬》。若「『思無邪』、『毋不敬』，只此二句，循而行之，安得有差？有差者，皆由不敬不正也」、「入道莫如敬，未有能致知而不在敬者」、「敬勝百邪」（上皆二程語據《近思錄（卷四）·存養》）等等皆是其例。
〔註40〕 劉夢溪主編、馬鏡泉編校：《中國現代學術經典·馬一浮卷》，河北教育出版社 1996 年 8 月版，第 495 頁。
〔註41〕 劉夢溪主編、馬鏡泉編校：《中國現代學術經典·馬一浮卷》，河北教育出版社 1996 年 8 月版，第 624 頁。
〔註42〕 劉夢溪主編、馬鏡泉編校：《中國現代學術經典·馬一浮卷》，河北教育出版社 1996 年 8 月版，第 729 頁。

言察識，其察識多疏而不堅者。有之『漸中有頓，頓中有漸』，不可截然分爲二也」〔註43〕。

　　在踐行層面，馬一浮推重陽明的知行合一說，不過在他稱爲「知能合一」。馬一浮說：「人受天地之中以生，凡屬有心，自然皆具知能二事。」「性以理言，修以氣言。知本乎性，能主乎修。性唯是理，修即行事。故知行合一即性修不二，亦即理事變（疑當作圓－筆者）融，亦即全理是氣全氣是理也。」「知是本於理性所現起之觀照，自覺自證境界，亦名爲見地。能是隨其才質，發見於事爲之著者，屬行履邊事，亦名爲行。故知能，即是知行之異名。行是就其施於事者而言，能是據其根於才質而言。」「有是氣必有是理，有是理必有是氣，萬物皆備於我矣。反身而誠，樂莫大焉。易簡之至也。學問之道，亦盡其知能而已矣。博學，審問，愼思，明辨，篤行，弗能弗措，弗知弗措，弗得弗措，弗明弗措，弗篤弗措，人一能之，己百之，人十能之，己千之，盡知盡能之術也。盡其知能，可期於盛德大業矣。」〔註44〕較諸「知行合一」，「知能合一」的提法進一步彰顯了主體的核心意義，也更易爲人所理解和接受。即諸引文來看，此論的提出更捎帶泄露了一浮本體思想的主觀唯心主義傾向，所謂「萬物皆備於我」。

　　以仁心爲本體，以涵養爲工夫，以知能合一爲方法，是即馬一浮理學思想的大概。作爲後來者，馬一浮歸理於心，化解了程朱理學向外窮理漫無邊際的苦楚，納定於敬〔註45〕，克服了陸王心學冥心默證走入佛禪的隱憂，同時更以知行合一的方法理論承繼了程朱陸王並重的踐行品格，從而在綜合兩家的基礎上實現了對宋學的某種總結性整合〔註46〕。所云「格致之說，向來

〔註43〕　劉夢溪主編、馬鏡泉編校：《中國現代學術經典・馬一浮卷》，河北教育出版社1996年8月版，第523頁。事實上，在修德工夫上馬一浮推重涵養還有另一個緣由，即非上根之人不足以專從察識入道，嘗說：「禪宗不與人說道理，直下要人截斷情塵意識，故行棒行喝。或以一句無義味語，塞卻人之思路。其方法，實是險迫。然學者遭其逼勒，無伎倆可施，忽然轉過身來，直是廓落自在。非遇上根，決不能受此鉗錘。中跟之人，全不得力，且有因此而發狂者。故儒家不用也。朱子深明此事，料簡禪病，分明不差。」（同書559頁）

〔註44〕　劉夢溪主編、馬鏡泉編校：《中國現代學術經典・馬一浮卷》，河北教育出版社1996年8月版，第35～38頁。

〔註45〕　將察識歸涵養，以敬攝定慧（止觀）。

〔註46〕　樓宇烈先生在多年前的一篇舊作中稱：「馬一浮是傳統程朱理學的繼承者，且觀其所訂之《復性書院學規》：『一曰，主敬爲涵養之要』；『二曰，窮理爲致知之要』；『三曰，博文爲立事之要』；『四曰，篤行爲進德之要』等，洵洵乎

多門，吾自宗朱子。然須識得格物致知，只是一事物。以事言知，以理言理，雖散在萬事，而實具乎一心，豈有內外之別。即物窮理，即由博反約，程子所謂窮理，孟子所謂盡心。物有所未格，知有所未至，即是理有所不行，而心有所不盡也。至於格物知至，則萬物皆備於我，隨在莫非此理之流行矣。學者患在將心與物、事與理，總打成兩橛，故無入頭處」〔註 47〕一類即是其兼採兩家之長的體現。

二、佛學借鑒與「六藝」判教

很明顯，馬一浮的理學思想自佛學中得到很多啓示和幫助。比如本體建構上對法相思想的借助，工夫闡釋中對天台宗、禪宗內容的援引，義理分析時對華嚴理論的借助之類，皆是其例。

法相宗宣揚「萬法唯識」「唯識無境」，認爲世間一切皆爲識所變現。謂「識」就是了別（認識）的意思，稱內識升起時變現出「似我」「似法」，此類我法之相雖爲內識變現，但因內識的分別作用又好像是一些外在的東西，一般人乃以此類「似外境」爲實我與實法，實則皆爲假有，惟內識才是眞有。〔註 48〕馬一浮在架構自己學說的過程中明顯借助了唯識宗的思想和理論。如謂「神一發其智，此神謂識神。此智非眞智，乃情解，亦名識心分別」〔註 49〕；以「轉七識爲平等性智，轉八識爲大圓鏡智，『日新』之謂『盛德』也；轉六識爲妙觀察智，轉五識爲成所作智，『富有』之謂『大業』也」解釋《繫辭》所謂「富有之謂大業，日新之謂盛德」〔註 50〕；借唯識義去人妄想，稱「三

道學家之氣象哉。」（參所作《中國近現代佛教的融和精神及其特點》一文。收宗教文化出版社 2003 年 10 月版氏著《中國佛教與人文精神》一書。引文見第 197 頁。）現在來看此類文字未免有些約簡。

〔註47〕 劉夢溪主編、馬鏡泉編校：《中國現代學術經典・馬一浮卷》，河北教育出版社 1996 年 8 月版，第 728 頁。

〔註48〕 《成唯識論・卷一》。參中華書局 1998 年 9 月韓廷傑校釋本第 7～8 頁。唯識宗將識劃分爲八種，即眼耳鼻舌身意前六識以及第七識末那識、第八識阿賴耶識。

〔註49〕 劉夢溪主編、馬鏡泉編校：《中國現代學術經典・馬一浮卷》，河北教育出版社 1996 年 8 月版，第 386 頁。

〔註50〕 劉夢溪主編、馬鏡泉編校：《中國現代學術經典・馬一浮卷》，河北教育出版社 1996 年 8 月版，第 386 頁。是唯識宗「轉識成智」理論的化用，此是該宗所宣解的成佛法門。唯識宗認爲識是世間法，智才是出世間法，是成就佛果的最高智慧。識有八種，即眼耳鼻舌身意等。智有四種，成所作智、妙觀察智、平等性智和大圓鏡智，依序分別對應前五識、第六識、第七識和第八識。

界唯心，萬法唯識。凡世間所謂鬼神，皆識所變現，非是實有。故有德者鬼神不能侵，何懼之有」〔註51〕；借種子說明志，曰「多刻一板，多印一書，即使天壤間多留此一粒種子」〔註52〕，「不欲令種子斷絕，此天下學者所同然」〔註53〕；等等。凡此之類，皆其表現。

　　天台宗宣揚「一心三觀」「圓融三諦」。馬一浮「敬」的界定中對其「止觀」法門的借助前已提及。當然，其對天台宗思想的吸收和借助並非僅限於此。事實上，對於天台宗，馬一浮援引最多的還是其「四悉檀」〔註54〕說。

《成唯識論・卷十》：「一、大圓鏡智相應心品，謂此心品離諸分別，所緣行相微細難知，不忘不愚一切境相，性相清淨離諸雜染，純淨圓德現種依持，能現能生身土智影，無間無斷窮未來際，如大圓鏡現眾色相；二、平等性智相應心品，謂此心品觀一切法自他有情悉皆平等，大慈悲等恒共相應，隨諸有情所樂示現受用身土影像差別，妙觀察智不共所依，無住涅槃之所建立，一味相續窮未來際；三，妙觀察智相應心品，謂此心品善觀諸法自相共相無礙而轉，攝觀無量總持、定門及所發生功德珍寶，於大眾會能現無邊作用差別皆得自在，雨大法雨，斷一切疑，令諸有情皆獲禮樂；四，成所作智相應心品，謂此心品為欲禮樂諸有情故，普於十方示現種種變化三業，成本願力所應作事。」（引文自前揭韓廷傑校釋本）「日新」與「富有」外，在分疏「天地設位，聖人成能」（《繫辭下》）句時馬一浮謂「成得甚麼能？佛氏轉八識成四智，乃是真成能也」（同書第395頁），強調持敬祛妄時講「起滅不停，全是妄心，敬則住於正念，不為物轉。久久純熟，則六根門頭皆成大用，即是轉六識成妙觀察智，轉前五識成成所作智也。故曰敬用五事是盡己之性也」（同書第517頁），仍是「轉識成智」說的靈活運用。

〔註51〕劉夢溪主編、馬鏡泉編校：《中國現代學術經典・馬一浮卷》，河北教育出版社1996年8月版，第599頁。

〔註52〕劉夢溪主編、馬鏡泉編校：《中國現代學術經典・馬一浮卷》，河北教育出版社1996年8月版，第616頁。

〔註53〕劉夢溪主編、馬鏡泉編校：《中國現代學術經典・馬一浮卷》，河北教育出版社1996年8月版，第722頁。唯識宗將阿賴耶識中含藏的產生色法、心法等現行的功能稱作種子，稱其具「剎那滅」、「果具有」、「恒隨轉」、「性決定」、「待眾緣」、「引自果」六義，阿賴耶識所以能變現出宇宙萬有即因其含藏著具備這六個條件的種子。

〔註54〕悉檀是梵語 Siddhānta 的意譯，古釋為宗，即對法或對教辨明宗要；或釋作成，即所說義理無有；或釋作理，即諸法的理趣。後者智者大師依慧思所說，謂「悉是此言，檀是梵語，悉之言遍，檀翻為施。佛以四法遍施眾生，故言悉檀」（《法華經玄義》卷一下）。依《大智度論》四悉檀即世界悉檀，各各為人悉檀，對治悉檀，第一義悉檀。世界悉檀是隨順眾生所樂欲，令生喜悅，即因為我及眾生的存在，依世間一般的認識而立言。各各為人悉檀是隨順眾生的機宜，令發起正信，增長善根。對治悉檀是以種種法藥遍施眾生，令除遣貪嗔癡等惡病。第一義悉檀是令悟入諸法實相的妙理，懂得「一切法性、一切議論語

如論程朱陸王修證法門的同異，云：「程朱陸王，豈有二道？見性是同，垂語稍別者，乃爲人悉檀建化邊事耳。禪語謂之雲月是同，溪山各異。程門下，有龜山、上蔡兩派。龜山重函養，上蔡重察識。象山陽明天資絕人，自己從察識得力，其教人亦偏重察識。朱子早年學禪，亦從察識來。後依延平，承龜山一派。及與南軒交，盡聞胡氏之說，則上蔡之緒也。晚年舉伊川『涵養須用敬，進學在致知』二語教學者，實兼楊謝二家法乳」〔註55〕，馬一浮爲了說明進學上涵養與察識並非天然懸隔不可容攝乃取「人悉檀」一詞爲用，言取涵養還是察識抑或兼採只是隨順人的機宜罷了。謂「以德報怨章」「朱子以君父之讎爲說者疑是對治悉檀，爲南宋君臣忘徽、欽北狩之辱者言之」〔註56〕，即借對治悉檀義論學的例子。再如一浮謂其「《洪範約義》末篇結尾，會通六藝一段文字，多先儒未發之旨。一一具四悉檀，此爲運用義學之要，卻可作後來說經規範」〔註57〕，充分說明其對一己學說的自信，更反映出以四悉檀義有助於解經實爲其讀書治學的重要心得。

　　華嚴宗宣揚「十玄緣起」、「六相圓融」，其中的許多思想，特別是六相學說，頗受馬一浮青睞。如引《華嚴經》「一切眾生，皆有如來智慧德相。但以妄想執著，故不得證」的話來說明「佛與眾生，一體無殊，所以異者，乃由執著」，進而勸人拋卻「好惡無節」類妄想執著〔註58〕；謂「以四緣說《易》，只在變易一邊。以《華嚴》六相義說，即變易，即不易，於義始爲圓足」〔註59〕；強調「學者須知，此實理者無乎不在，不是離心而別有，所

言、一切是法非法，一一可分別破散；諸佛、辟支佛、阿羅漢所行眞實法，不可破，不可散」，此爲理德兼備、體相圓融的諸法實相境界。智者認爲四悉檀義並非單純的分齊，每一悉檀通有四悉檀義。（參巴蜀書社 2004 年 9 月版朱封鰲《天台宗概說》第 139～143 頁。）

〔註55〕　劉夢溪主編、馬鏡泉編校：《中國現代學術經典·馬一浮卷》，河北教育出版社 1996 年 8 月版，第 482～483 頁。

〔註56〕　劉夢溪主編、馬鏡泉編校：《中國現代學術經典·馬一浮卷》，河北教育出版社 1996 年 8 月版，第 528～529 頁。

〔註57〕　劉夢溪主編、馬鏡泉編校：《中國現代學術經典·馬一浮卷》，河北教育出版社 1996 年 8 月版，第 494 頁。

〔註58〕　劉夢溪主編、馬鏡泉編校：《中國現代學術經典·馬一浮卷》，河北教育出版社 1996 年 8 月版，第 507 頁。

〔註59〕　劉夢溪主編、馬鏡泉編校：《中國現代學術經典·馬一浮卷》，河北教育出版社 1996 年 8 月版，第 514 頁。六相，即總相、別相、同相、異相、成相和壞相。《華嚴金師子章·括六相第八》云：「師子是總相，五根差別是別相；共從一緣起是同相，眼、耳等不相濫是異相；諸跟合會有師子是成相，諸根各

謂總該萬有，不出一心。在《華嚴》以法界緣起不思議爲宗，恰與此相應。太極即法界，陰陽即緣起，生陰生陽乃顯現義」〔註60〕；講「《通書・理性命章》『五殊二實』是異相，『二本則一』是同相，『是萬爲一』是總相，『一實萬分』是別相，『萬一各正』、『小大有定』是成壞二相」〔註61〕；謂「若約《華嚴》六相義說，則五行陰陽各具同異二相。各各相望爲異，共成一總爲同。又陽變陰合爲成，各一其性爲壞。生即成相，緣會而生；一即壞相，各住自位。實則六相一相，緣起成別，攝歸於體，即別是總」〔註62〕，等等均是例證。

　　當然，從馬一浮的文字來看，其最爲熟稔也是最喜徵引的還是禪宗的事理。嘗說「先儒無不會禪，有時拈出，正爲其語實好。若有意避去不用，亦是作意安排耳。但見處自是有別，亦莫向言語邊討」〔註63〕。此雖是就宋明儒說，但恰可作爲一浮自己引禪入儒的自道之語。在他看來「禪家悟處，即是察識」〔註64〕，他引禪家理事爲用實亦要助人解悟，所謂「脫俗須具悟門」〔註65〕的話便是良證。如謂「一句中具三句者，亦即太極一函三之象。所以略舉一例教人致思，不必克定分配。其實，一一句中皆具三句，在人妙會。禪家用的最活者，莫如臨濟，故曰『一句中須具三玄，一玄中須具三要』，從

　　　　住自位是壞相。」方立天釋云：「這是以金獅子爲比喻，說明現象世界的每一個事物，就事物的全體講是總相，就事物的各部分講是別相。事物由各種因緣和合而成是同相，各部分又各不相同是異相。各種因緣和合構成一個事物是成相，各種因緣保持原來的分離狀態是壞相。」（〔唐〕法藏著，方立天校釋：《華嚴金師子章校釋》，中華書局1983年9月版，第153頁。）

〔註60〕劉夢溪主編、馬鏡泉編校：《中國現代學術經典・馬一浮卷》，河北教育出版社1996年8月版，第625頁。「法界緣起即謂法界之事法，無論有爲無爲、色心依正、過去未來等，盡成一大緣起，而無任何單獨存在者，故以一法成一切法，以一切法起一法。」（英武：《華嚴宗簡說》，巴蜀書社2004年9月版，第65～66頁。）

〔註61〕劉夢溪主編、馬鏡泉編校：《中國現代學術經典・馬一浮卷》，河北教育出版社1996年8月版，第626頁。案：第625～626頁所載《太極圖說贅言》文字中一浮還專門對華嚴宗的「四法界」與「六相」說進行了解釋。

〔註62〕劉夢溪主編、馬鏡泉編校：《中國現代學術經典・馬一浮卷》，河北教育出版社1996年8月版，第629頁。

〔註63〕劉夢溪主編、馬鏡泉編校：《中國現代學術經典・馬一浮卷》，河北教育出版社1996年8月版，第511頁。

〔註64〕劉夢溪主編、馬鏡泉編校：《中國現代學術經典・馬一浮卷》，河北教育出版社1996年8月版，第537頁。

〔註65〕劉夢溪主編、馬鏡泉編校：《中國現代學術經典・馬一浮卷》，河北教育出版社1996年8月版，第495頁。

不爲人說破。若要會取，須參臨濟禪始得」〔註 66〕，「孟子曰：『君子所性，雖大行不加焉，雖窮居不損焉，分定故也。君子所性，仁義禮智根於心，其生色也睟然，見於面，盎於背，施於四體，四體不言而喻。』『四體不言而喻』，此與臨濟『無位眞人』語一般。不知分者，由於不知性也。分即是性，離性豈別有分？」〔註 67〕等都是體現。例多不舉。

上述法相、天台、華嚴、禪宗以外，再如律宗，馬一浮也有比較深刻的認知，此由其與弘一大師的交往即可觀見一二。〔註 68〕總之，馬一浮對佛學的接觸比較全面，而這正成爲了其所以能超越前人的重要內緣。此即表現在其能較好的彙融理學和心學上，更表現在其所造的「六藝論」上。其實馬一浮能夠圓融物我、體用、性情、理氣、悟敬，乃至今古文學、心學理學、儒佛禪道等等，相當程度上都可以看作受佛教圓融思想（特別是禪宗「不二」法門）影響的結果，當然前提還是深造自得，自家思想先到。曾說：「須知體用一源，顯微無間。先儒造道之功，莫不由於自得。至其門庭施設各爲當機，言語縱或不同，歸致豈能有二。唯於自心之體用動靜無差，始知先儒之教人圓應無礙。」「格物者格此，致知者致此。一旦豁然，自與程朱陸王把手共行，尚何門戶異同之有哉？」〔註 69〕稱一旦明白了體用一源、顯微無間的道理也就能夠勘破所謂門戶的差異，進而與程朱陸王把手同行了。其中「把手同行」一語實是大可玩味。它從側面反映了馬一浮實不欲單單以承接宋明之儒爲限，而是有意自成體系、直承孔孟之餘，此在其欲借「六藝論」爲聖人說個明白的學術實踐上體現得比較明顯。

〔註66〕劉夢溪主編、馬鏡泉編校：《中國現代學術經典・馬一浮卷》，河北教育出版社 1996 年 8 月版，第 542 頁。

〔註67〕劉夢溪主編、馬鏡泉編校：《中國現代學術經典・馬一浮卷》，河北教育出版社 1996 年 8 月版，第 458 頁。

〔註68〕兩者關於律學的交往從一九二八年五月十日馬一浮致信弘一時所言「去月李榮祥居士見寄尊撰《五戒相經箋要》三十部，已分贈所知，並感垂誘之切，敬謝无量」（三聯書店 2007 年 11 月第 2 版林子青編《弘一法師書信》第 472 頁。）的話中足可察見。弘一圓寂後門徒爲造塔山中，一浮撰銘云：「佛三學，戒爲首。淨意根，及身口。作用是，迷乃否。捨邪執，入正受。少持律，法衰久。唯音公，歎希有。敬其衣，念無垢。孰爲銘？馬蠲叟。」（劉夢溪主編、馬鏡泉編校：《中國現代學術經典・馬一浮卷》，河北教育出版社 1996 年 8 月版，第 698 頁。）此銘即道出了律學的價值，又論定了弘一大師在近世律學史上的地位，而我們也從此一側面窺見了馬一浮對律學的稔熟。

〔註69〕劉夢溪主編、馬鏡泉編校：《中國現代學術經典・馬一浮卷》，河北教育出版社 1996 年 8 月版，第 598～599 頁。

在馬一浮看來，西學進入以後，要給依他起義的所謂「國學」的內涵給出一個可以該攝諸學的界定，「唯六藝足以當之。六藝者，即是《詩》、《書》、《禮》、《樂》、《易》、《春秋》也。此是孔子之教，吾國二千餘年來普遍承認。一切學術之原，皆出於此，其餘都是六藝之支流。故六藝可以該諸學，諸學不能該六藝」〔註70〕，「六藝者，不唯統攝中土一切學術，亦可統攝現在西來一切學術。舉其大概言之，如自然科學，可統於《易》，社會科學（或人文科學）可統於《春秋》。因《易》明天道，凡研究自然界一切現象者，皆屬之。《春秋》明人事，凡研究人類社會一切組織形態者，皆屬之」〔註71〕。將儒家的六藝之學作如此的發揮，馬一浮大概是第一人。稱六藝不但可以該攝傳統經史子集一切學問，即西方學術也在其統攝能力內，則儒家之學自然就有了範圍東西方範圍整個世界的現實威力。如此，則所謂國學質而言之便是儒學，而所謂儒學（當然這裡指馬一浮的「仁」學）也就有了類於宗教的品格（此也是自一浮的意義上說）。其以孔子為教主，立仁心為本體，將涵養作工夫，以釋為術，以儒為學，以知能合一為方法，以六藝之學為判教。正是在這個意義上，也就是欲借助其「六藝論」對儒學進行宗教化〔註72〕改

〔註70〕 劉夢溪主編、馬鏡泉編校：《中國現代學術經典・馬一浮卷》，河北教育出版社 1996 年 8 月版，第 11 頁。

〔註71〕 劉夢溪主編、馬鏡泉編校：《中國現代學術經典・馬一浮卷》，河北教育出版社 1996 年 8 月版，第 19～20 頁。

〔註72〕 這裡的宗教不是別的，就是佛教。比如前文提到的「是故一切法皆心也。是心能出一切法，是心遍攝一切法，是心即是一切法」（劉夢溪主編、馬鏡泉編校：《中國現代學術經典・馬一浮卷》，河北教育出版社 1996 年 8 月版，第 430 頁。）、「與天地萬物一體，乃心之本然」（同書第 565 頁），以及「妄心有生滅，真心無生滅。妄心真心，猶言人心道心也」（同書第 568 頁）一類論述，與《起信論》「心生滅者，依如來藏故有生滅心。所謂不生不滅與生滅和合，非一非異，名為阿黎耶識。此識有二種義，能攝一切法，生一切法」、「心真如者，即是一法界大總相法門體。所謂心性不生不滅。一切諸法唯依妄念而有差別，若離心念，則無一切境界之相。是故一切法從本已來，離言說相，離名字相，離心緣相，畢竟平等，無有變異，不可破壞，唯是一心，故名真如」（文據中華書局 1992 年 4 月版〔梁〕真諦譯、高振農校釋《大乘起信論校釋》第 25、17 頁。）的話實無二致。在這之外，馬一浮《童蒙箴》中「性具萬德，統之以仁。修德用敬，都攝諸根。顏曾所示，道義之門。性修不二，儒佛一真。同得同證，無我無人」（前引《馬一浮卷》第 633 頁）中「性修不二，儒佛一真」的話，於此處所論儒學的宗教化改造（是亦就史實言。在一浮儒佛等是閒名）問題更是很好的說明。案：一浮於《起信論》「一心二門」說援引極多，此論亦是其徵引最多的佛典之一。如謂「樂由天作，禮以地制，

造的意義上，我們說，品其微言，觀其大義，一浮實有超邁前賢直接孔孟的偉志。

《論語大義》正是馬一浮以「六藝論」爲綱領完成的一部獨具特色的大著。

第三節 內容及特點

一、《論語大義》的創作緣起

首先仍是需要對《論語大義》的創作緣起和存在邏輯給出一個更爲清晰地解釋。

自然還是得從「六藝論」說起。界定「六藝」，一浮根據的是《禮記·經解》和《莊子·天下篇》所謂「溫柔敦厚，《詩》教也。疏通知遠，《書》教也。廣博易良，《樂》教也。潔淨精微，《易》教也。恭儉莊敬，《禮》教也。屬辭比事，《春秋》教也」、「《詩》以道志，《書》以道事、《禮》以道行，《樂》以道和，《易》以道陰陽，《春秋》以道名分」的判定。強調：「六藝之道，條理粲然。聖人之知行在是，天下之事理盡是。萬物之聚散，一心之體用，悉具於是。吾人欲究事物當然之極則，盡自心義理之大全，捨是末由也。聖人用是以爲教，吾人依是以爲學。教者教此，學者學此。外乎此者，教之所由廢，學之所由失也。今言判教者，就此條理之粲然者而思繹之，綜會之，其統類自見。非有假於安排造作，實爲吾心自然之分理，萬物同具之根源。特藉言語詮表抉而出之、顯而示之而已耳。豈有他哉！」〔註73〕翻譯一下也就是說「六藝之教」即是本體的呈現（「一心之體用」），是世間萬物的基本存在方式（「萬物之聚散」），非是人爲構設（「實爲吾心自然之分理，萬物同具之根源。特藉言語詮表，抉而出之，顯而示之而已耳」），盡心盡性（「盡自心義理之大全」），析事明理（「吾人欲究事物當然之極則」），均應準此而行。馬一浮對「六藝」的總的看法大體便是如此。

當然，任一思想理念的提出都要給出足夠的證明才能服人。「六藝論」也不例外，必須能夠眞正說清萬物同具之根源確爲儒門所揭之「六藝」方可。

明於天地而後能興禮樂。天地者法象之本。乾知大始，即表心眞如，所謂一大總相法門體也。坤作成物，即表心生滅，出生一切法，能攝一切法也」（同書第 670～671 頁）一類皆是。

〔註73〕 劉夢溪主編、馬鏡泉編校：《中國現代學術經典·馬一浮卷》，河北教育出版社 1996 年 8 月版，第 136～137 頁。

而且，事實上，在推及萬物之前，一個更爲基本的課題在於，馬一浮必須先給出儒門之學說本身即爲「六藝」之表象的充實而豐沛的說明，才能進一步向外推衍。內裏來看，其泰和、宜興以及在復性書院講學所及談孔論儒的種種演說，包括比較成系列的《論語大義》、《孝經大義》、《詩教緒論》、《禮教緒論》、《洪範約義》、《觀象卮言》等，可以講，就是在清理這樣一個課題。如《孝經大義》謂「《孝經》之義，三代之英。大道之行，六藝之宗，無有過於此者。故曰聖人之德，又何以加於孝乎？自漢以來，皆與《論語》並稱。先儒雖有疏釋，其於根本大義，似猶有引而未發、鬱而未宣者。故今繼《論語》之後，略說此經，以爲向上提持之要。使學者知六藝之教，約歸於行。而後於時人誣妄之說，可昭然無惑也」〔註74〕，《詩教緒論》謂「今治六藝之學，爲求仁也。欲爲仁，須從行孝起。欲識仁，須從《詩》入。故今繼《孝經》後，略明《詩》教」〔註75〕，《禮教緒論》謂「六藝之教，莫先於《詩》，莫急於《禮》。詩者，志也；禮者，履也。在心爲志，發言爲詩；在心爲德，行之爲禮。故敦詩說禮，即是蹈德履仁」〔註76〕，《洪範約義》謂「六經總爲德教。而《尚書》道政事，皆原本於德。堯舜禹湯文武所以同人心而出治道者，修德盡性而已矣，離德教則政事無所施，故曰『爲政以德』。此其義具於《洪範》」〔註77〕，《觀象卮言》所謂「天下之道，統於六藝而已。六藝之教，終於《易》而已。學《易》之要，觀象而已」〔註78〕一類，即其明證。當然，一如上面《孝經大義》引文所言「六藝之教，約歸於行」，上述著作也非全是學理的推證，常常也會及於現實生活、天地萬物，一方面這是學術考論的內在要求所致，另一方面也可看作是其將六藝論往外推衍的嘗試。〔註79〕

〔註74〕　劉夢溪主編、馬鏡泉編校：《中國現代學術經典・馬一浮卷》，河北教育出版社1996年8月版，第188～189頁。

〔註75〕　劉夢溪主編、馬鏡泉編校：《中國現代學術經典・馬一浮卷》，河北教育出版社1996年8月版，第239頁。

〔註76〕　劉夢溪主編、馬鏡泉編校：《中國現代學術經典・馬一浮卷》，河北教育出版社1996年8月版，第266頁。

〔註77〕　劉夢溪主編、馬鏡泉編校：《中國現代學術經典・馬一浮卷》，河北教育出版社1996年8月版，第291頁。

〔註78〕　劉夢溪主編、馬鏡泉編校：《中國現代學術經典・馬一浮卷》，河北教育出版社1996年8月版，第373頁。

〔註79〕　當然，在馬一浮可能根本就不存在儒門自證和向外推行的區別，在他兩者可能壓根就是一體不二的。我們這裡作如此的分疏也只是基於一般學術邏輯的解析，爲了讓人們對馬一浮的學術思想和學術實踐能有一個更爲成形的把握和理解而已。

《論語大義》例同如上，也是馬一浮推證其六藝論的一次自我呈示，所謂「今當略舉《論語》大義無往而非六藝之要」〔註80〕者是也。

二、《論語大義》的內容

《論語大義》的主要內容即在由《論語》推見作爲「判教」的「六藝」之教。

1、《論語》與《詩》教

馬一浮認爲詩以感爲體，人無感覺即是不仁，故聖人教人以詩爲先。一切言語足以感人者皆爲詩，而心之所以能感者，即是仁，所以說《詩》教主仁。也所以，《論語》中凡問仁者皆爲《詩》教。其謂「人心若無私繫，直是活鮁鮁地，撥著便轉，觸著便行，所謂感而遂通，才聞彼即曉此，何等俊快！此便是興。若一有私繫，便如隔十重障，聽人言語，木木然不能曉了。只是心地昧略，決不會興起，雖聖人亦無如之何。須是如迷忽覺，如夢忽醒，如僕者之起，如病者之蘇，方是興也。興便有仁的意思，是天理發動處，其機不容已。《詩》教從此流出，即仁心從此顯現。志於學，志於道，志於仁，一也。仁是性德，道是行仁，學是知仁；仁是盡性，道是率性，學是知性。學者第一事便要識仁，故孔門問仁者最多。」〔註81〕又說：「詩人感物起興，言在此而意在彼。故貴乎神解，其味無窮。聖人說《詩》，皆是引申觸類，活鮁鮁地。其言之感人深者，固莫非詩也。天地感而萬物化生，仁之功也；聖人感人心而天下和平，詩之效也。」〔註82〕

在馬一浮看來，顏淵問仁，也即「顏淵問仁。子曰：』克己復禮爲仁。一日克己復禮，天下歸仁焉。爲仁由己，而由人乎哉？』顏淵曰：』請問其目。』子曰：』非禮勿視，非禮勿聽，非禮勿言，非禮勿動。』顏淵曰：』回雖不敏，請事斯語矣。』」一章，「孔子拈出視聽言動一於禮，說仁之親切無過於此。顏淵一力擔荷，此是孔門問仁第一等公案」，能夠真正理解便可以做到盡性。而後又說仲弓問仁，也即「仲弓問仁。子曰：』出門如見大賓，

〔註80〕劉夢溪主編、馬鏡泉編校：《中國現代學術經典‧馬一浮卷》，河北教育出版社 1996 年 8 月版，第 143 頁。

〔註81〕劉夢溪主編、馬鏡泉編校：《中國現代學術經典‧馬一浮卷》，河北教育出版社 1996 年 8 月版，第 145 頁。

〔註82〕劉夢溪主編、馬鏡泉編校：《中國現代學術經典‧馬一浮卷》，河北教育出版社 1996 年 8 月版，第 146 頁。

使民如承大祭。己所不欲，勿施於人。在邦無怨，在家無怨。』仲弓曰：『雍雖不敏，請事斯語矣。』」一章，「孔子告以敬恕，仲弓亦一力擔荷」，此與顏淵問仁一樣「皆是興之榜樣，不如此，不足以爲興也」。〔註83〕

2、《論語》與《書》教

馬一浮認爲《論語》中答問政者皆爲《書》教義。《論語大義二》即專論《論語》中的所見之《書》教。

此節開篇，一浮首揭「政」跡「心」本的觀點，說：「《書》以道政事，堯舜禹湯文武周公所以治天下者，在是焉。孔子祖述堯舜，憲章文武，夢見周公，告顏淵以四代之禮樂，答子張以殷周損益、百世可知，皆明從本垂跡，由跡顯本之大端。政是其跡，心是其本。」而後引蔡沈《書經集傳序》之言爲「政」、「心」關係作說明。蔡氏謂：「精一執中，堯舜禹相授之心法也。建中立極，商湯周武相傳之心法也。曰德，曰仁，曰敬，曰誠，言雖殊而理則一，無非所以明此心之妙也。至於言天，則嚴其心之所自出；言民，則謹其心之所由施。禮樂教化，心之發也；典章文物，心之著也；家齊國治而天下平，心之推也：心之德，其盛矣乎！二帝三王，存此心者也；夏桀商紂，亡此心者也；太甲成王，困而存此心者也。存則治，亡則亂。治亂之分，顧其心之存不存如何耳。後世人主，有志於二帝三王之治，不可不求其道；有志於二帝三王之道，不可不求其心。求心之要，捨是書何以哉？」此說深得一浮之心，因爲後者之學正在獨重此心。恰也以此，一浮盛讚其「自來說《尚書》大義，未有精於此者」。而藉蔡氏之言說明了《書》與「心」之間的密切關係，事實上自然也就佐證了「心」、「政」之間的「本」、「跡」關係，而這當然也就給《論語》「問政」內容的《書》教義給出了足夠的說明。一浮說：「今觀《論語》記孔子論『政』之言，以德爲主，則於本跡之說，可以無疑也。」〔註84〕「以德爲主」自是指向此「心」，所以說以德爲指向的孔子論『政』之言同此「心」之間是跡與本的關係，而這些自也是孔門《書》教義的顯現。

〔註83〕劉夢溪主編、馬鏡泉編校：《中國現代學術經典・馬一浮卷》，河北教育出版社 1996 年 8 月版，第 146 頁。「顏淵問仁」、「仲弓問仁」具見《顏淵篇》。
〔註84〕劉夢溪主編、馬鏡泉編校：《中國現代學術經典・馬一浮卷》，河北教育出版社 1996 年 8 月版，第 147～148 頁。

對於《論語》中的《書》教義，馬一浮指出，「爲政以德」一章所言實爲《書》教要義之所在。又說「『道之以政，齊之以刑，民免而無恥；道之以德，齊之以禮，有恥且格』數語，將一切政治得失判盡。朱子注『政者，爲治之具；刑者，輔治之法。德禮則所以出治之本，而德又禮之本也』數語亦判得分明」〔註85〕。而後，一浮又特別強調了《書》教同禮的關係，謂：「《書》教之旨即是立於禮。孔子曰『道之以德，齊之以禮』，凡一切政典，皆禮之所攝。」〔註86〕

3、《論語》與《禮》《樂》教

《論語大義》第三、四、五部分講的是《論語》與《禮》《樂》教的關係。在馬一浮看來，「禮者，天地之序；樂者，天地之和」〔註87〕，人苟能孝悌則社會自然能有序並諧和，故說孝蘊禮樂義，《論語》當中凡答問孝的地方皆禮樂義。而後其更就《明道先生行狀》中「知盡性致命必本於孝悌，窮神知化由通於禮樂」一語指出：「此以孝悌與禮樂合言，性命與神化並舉。行孝悌，則禮樂由此生，性命由此至，神化由此出；離孝悌，則禮樂無所施，性命無所麗，神化無所行。故知孝悌，則通禮樂矣；盡孝悌，則盡性命矣；盡性命，則窮神化矣。離此而言禮樂，則禮樂爲作僞也；離此而言性命，則性命爲虛誕也；離此而言神化，則神化爲幻妄也。」〔註88〕這樣馬一浮也就爲人們闡明了孝悌同此心之本體與此心之分理之間的關係，所謂「故知孝悌，則通禮樂矣；盡孝悌，則盡性命矣」，孝悌一行上接本體（《學而》所講「孝悌也者，其爲仁之本與」便是明證）下承大義，所以即孝悌闡明《論語》同《禮》《樂》教的關係，實際也就間接地給六藝之中的禮樂教同本體之間的關係給出了說明。其外，馬一浮更借「成身」問題對孝悌同仁心之間的關係做了進一步地說明。謂：「愛人者，本愛親之心以推之，故『不獨親其親，不獨子其子』，『老者安之，朋友信之，少者懷之』，使天下無一物不得其所，然後乃盡此心之量，

〔註85〕 劉夢溪主編、馬鏡泉編校：《中國現代學術經典‧馬一浮卷》，河北教育出版社 1996 年 8 月版，第 148 頁。

〔註86〕 劉夢溪主編、馬鏡泉編校：《中國現代學術經典‧馬一浮卷》，河北教育出版社 1996 年 8 月版，第 150 頁。

〔註87〕 劉夢溪主編、馬鏡泉編校：《中國現代學術經典‧馬一浮卷》，河北教育出版社 1996 年 8 月版，第 151 頁。

〔註88〕 劉夢溪主編、馬鏡泉編校：《中國現代學術經典‧馬一浮卷》，河北教育出版社 1996 年 8 月版，第 152 頁。

是以天地萬物爲一身也。」「身外無物，成物之事即成身之事。成之爲言全也。父母全而生之，子全而歸之，無一毫虧欠，斯謂之全。物亦身也，物有虧欠，則身有虧欠。若以物爲外，則外其身。遺身而惡物與徇物而喪己者，其病是同。以其所謂身者，私己也。私其身者，亦以物爲可私，於是人與我睽，身與物睽。執有身，見有物，見有人，見有我，見則天地萬物皆外矣。孝子之身，則父母之身也；仁人之身，則天地之身也。」〔註89〕說仁心實爲孝心的擴充，孝子之身即父母之身，仁人之身即天地之身，成身即成物，亦即盡己之性、天理流行。所以說孝悌也者實有大用存焉，所謂「孝悌之至，通於神明，光披四表，格於上下」〔註90〕也，如此，《禮》《樂》之教可由中見處也就無甚疑意了。

　　說明了《論語》中問孝處皆《禮》《樂》教之後，馬一浮更引《大雅・文王之什・思齊》「神罔時怨，神罔時恫」以及《孝經》「行滿天下無怨惡」爲證，指出「《論語》中凡言不爭者，皆《禮》教義，凡言無怨者，皆《樂》教義」。這是對孝悌蘊《禮》《樂》義的引申。「故曰：『求仁而得仁，又何怨』、『不念舊惡，怨是用希』、『在邦無怨，在家無怨』、『不怨天，不尤人』，皆本於孝也；『揖讓而升，下而飲，其爭也君子』、『綏之斯來，動之斯和』、『於鄉黨，恂恂如也，似不能言者』，皆本於弟也」〔註91〕，將不爭與無怨折衷於孝悌的闡釋即是其說明。

4、《論語》與《易》教

　　《論語大義》第六、七兩部分談《論語》與《易》教的關係。

　　於此，馬一浮首明《易》教亦是心法之流遞，與仁心之本體相關緊密。強調質實來看，《易》教的內容，包括聖人之學《易》，本質上均爲修德之事。謂「『元亨』是性德，『利貞』是修德。『無過』者，『利貞』也；『從心所欲不逾矩』者，『元亨』也。」「法象莫大乎天地，變通莫大乎四時。皆明聖人修

〔註89〕劉夢溪主編、馬鏡泉編校：《中國現代學術經典・馬一浮卷》，河北教育出版社 1996 年 8 月版，第 157～158 頁。

〔註90〕劉夢溪主編、馬鏡泉編校：《中國現代學術經典・馬一浮卷》，河北教育出版社 1996 年 8 月版，第 161 頁。

〔註91〕劉夢溪主編、馬鏡泉編校：《中國現代學術經典・馬一浮卷》，河北教育出版社 1996 年 8 月版，第 162 頁。引文所及《論語》文字分別見《述而》第十五章、《公冶長》第二十三章、《顏淵》第二章、《憲問》第三十五章、《八佾》第七章、《子張》第二十五章、《鄉黨》第一章。

德之事，故與天地合其德，與四時合其序。豈曰心外有法？」〔註92〕這裡所講的「聖人修德」指的顯然是盡心盡性、成己成物。

其後，馬一浮對《論語》與《易》教的關係進行了分析。指出自《里仁》「朝聞夕死」一章可以見出《易》教之大義。說：「何以舉『朝聞夕死』一章為《易》義？以欲明死生之故，必當求之於《易》。凡民皆以死生為一大事，而不暇致思。求生而惡死，生不能全其理，死亦近於『桎梏』而『非正名』，此謂虛生浪死。唯聞道者，則生順而沒寧，乃是死生之正。孟子所謂『盡其道而死者，正命也』。《易》窮理盡性以至於命，乃此所謂『道』也。」「須知『夕可』，直是涅槃義。見不生滅，見無生死，而後於生死乃能忍『可』。所言可者，尤佛氏所謂『無生法忍』也。」強調「學者須念『朝聞夕死』之說，聖人言之特重，此實《易》教之大義也。」〔註93〕

在馬一浮，《易》教為言，簡括不易、變易、簡易三義，而此在《論語》中亦可觀見，如「川上」章，「即於遷流中見不遷，於變易中見不易」〔註94〕；而「予欲無言」一章即正要「示人簡易」〔註95〕。

當然，《易》教範圍天地，聖人言行亦不能外，於此馬一浮藉《述而》「二三子以我為隱乎？吾無隱乎爾。吾無行而不與二三子者，是丘也」一章為說，指出：「會得此章，便見聖人日用處全體是易，易道亦至顯而非隱也。」〔註96〕

5、《論語》與《春秋》教

《論語大義》第八、第九、第十，三部分講《論語》與《春秋》教的關係。

〔註92〕劉夢溪主編、馬鏡泉編校：《中國現代學術經典・馬一浮卷》，河北教育出版社 1996 年 8 月版，第 164 頁。「無過」指《述而》「加我數年，五十以學《易》，可以無大過矣」一章。

〔註93〕劉夢溪主編、馬鏡泉編校：《中國現代學術經典・馬一浮卷》，河北教育出版社 1996 年 8 月版，第 164～165 頁。

〔註94〕劉夢溪主編、馬鏡泉編校：《中國現代學術經典・馬一浮卷》，河北教育出版社 1996 年 8 月版，第 166 頁。

〔註95〕劉夢溪主編、馬鏡泉編校：《中國現代學術經典・馬一浮卷》，河北教育出版社 1996 年 8 月版，第 168 頁。

〔註96〕劉夢溪主編、馬鏡泉編校：《中國現代學術經典・馬一浮卷》，河北教育出版社 1996 年 8 月版，第 166 頁。

　　同前面的探討一樣，《春秋》教部分的開端同樣是說明此教同仁心本體的關係。馬一浮謂：「《易》本隱以之顯，《春秋》推見至隱；《易》以天道下濟人事，春秋以人事反之。天道實則隱顯不二。天人一理，故《易》與《春秋》者聖人之全體大用也。用處難知，只爲體上不了。故非義精仁熟，不容輕說《春秋》。」復引《孟子》「公都子好辯」一章指出「孔子作《春秋》乃所以繼諸聖。《春秋》之義即諸聖之道也」，而後又引《孟子》中孔子語以明「道二，仁與不仁」而已，仁爲君子道，不仁爲小人道，「諸聖之道」自爲王道。由此也就基本理清了《春秋》之教亦自本體流出的道理。所謂「《春秋》天子之事，即聖人之事」、「公羊家謂《春秋》借事明義，此語得之。猶釋氏所謂託事表法」、「《春秋》者史外傳心之要典」（此引胡文定語）者是也。〔註97〕

　　其後馬一浮從「夷夏進退、文質損益、刑德貴賤、經權予奪」等方面對《論語》中所見《春秋》教進行了論證。其謂如上種種要在正名，而《論語》「『必也正名』一語，實《春秋》之要義」〔註98〕。而後作者分別引《八佾》「夷狄之有君，不如諸夏之亡也」及《春秋》、《孟子》等相關文字，闡明《論語》所見「夷夏進退」之義；引《衛靈公》「顏淵問爲邦。子曰：『行夏之時，乘殷之輅，服周之冕，樂則《韶》、《舞》、放鄭聲，遠佞人。鄭聲淫，佞人殆。』」，《顏淵》「棘子成曰：『君子質而已矣，何以文爲？』子貢曰：『惜乎，夫子之說君子也！駟不及舌。文猶質也，質猶文也。虎豹之鞟猶犬羊之鞟。』」，《雍也》「質勝文則野，文勝質則史。文質彬彬，然後君子」，《八佾》「周監於二代，郁郁乎文哉！吾從周」，等等明《論語》中所見「文質損益」義；引《衛靈公》「衛靈公問陣於孔子。孔子對曰：『俎豆之事，則嘗聞之矣；軍旅之事，未之學也。』」，《顏淵》「子貢問政。子曰：『足食，足兵，民信之矣。』子貢曰：『必不得已而去，於斯三者何先？』曰：『去兵。』」等明《論語》中所見「刑德貴賤」義；引《子罕》「可與共學，未可與適道；可與適道，未可與立；可與立，未可與權」，《衛靈公》「志士仁人，無求生以害仁，有殺身以成仁」，《顏淵》「子曰：「足食，足兵，民信之矣。」子貢曰：「必不得已而去，於斯

〔註97〕　劉夢溪主編、馬鏡泉編校：《中國現代學術經典‧馬一浮卷》，河北教育出版社 1996 年 8 月版，第 169～172 頁。

〔註98〕　劉夢溪主編、馬鏡泉編校：《中國現代學術經典‧馬一浮卷》，河北教育出版社 1996 年 8 月版，第 173 頁。

三者何先?」曰:「去兵。」子貢曰:「必不得已而去,於斯二者何先?」曰:「去食。自古皆有死,民無信不立。」」,《憲問》「管仲相桓公,霸諸侯,一匡天下,民到於今受其賜。微管仲,吾其被髮左衽矣」,《八佾》「子曰:『管仲之器小哉!』或曰:『管仲儉乎?』曰:「管氏有三歸,官事不攝,焉得儉?』『然則管仲知禮乎?』曰:『邦君樹塞門,管氏亦樹塞門。邦君為兩君之好,有反坫,管氏亦有反坫。管氏而知禮,孰不知禮?』」,等等明《論語》中所見「經權予奪」義。

至此,馬一浮分十次先後闡明了《論語》中所見《詩》教、《書》教、《禮》《樂》教、《易》教和《春秋》教。

第四節　綜合評述

文本來看,與同時期的《論語》學著作相比,馬一浮的《論語大義》至少有如下兩個特點:

一是說《論語》以義理為主,自出機杼揉合「心」、「理」,借《論語》談六藝,以六藝見本體。

此是就內容上說。《論語大義》推尊義理之學,屬宋明理心學的一系,就整個民國《論語》學而言,此實為其最大特點之所在。其主旨即在於通過對文義的分疏揭示作為儒門第一書的《論語》亦不外六藝之教,而六藝之教又不過此心之分理,由此也就將《論語》納入了其以仁心為本體的思想與學術體系。如談《論語》與《禮》《樂》教關係,謂:「天地萬物,本是一體,即本此一理,本此一性,本此一命。不知性者,迷己為物,徇物喪己,執有物與己為對。於是有取之心生,而以物為外。以其有外,則物我間隔,不能相通,遂成睽隔之象。此《睽》所以繼《家人》也。唯赤子之心,其愛敬發於天然,視其父母兄弟猶一體,無有能所之分,施報之責。此其情為未睽,以父母之性為性,以父母之命為命,而已無與焉。此謂全身奉父,無一毫私吝於其間,序之至,和之至也。人能保是心,極於《孝經》之五致,是之謂致良知。」〔註99〕便是極好的證明。

〔註99〕劉夢溪主編、馬鏡泉編校:《中國現代學術經典・馬一浮卷》,河北教育出版社1996年8月版,第153~154頁。

二是援佛以說《論語》。

馬一浮治學每援佛釋儒，此在前文已經言明。即諸《論語大義》來看，此一特點同樣十分鮮明。最爲集中的體現在對「四悉檀」義的援引上。馬一浮先是在《論語大義一》談《論語》同《詩》教關係時對四悉檀義進行了界定，其以智者大師的解釋爲據，謂：「四悉檀者，出天台教義。悉言遍，檀言施，華梵兼舉也。」又謂：「一、世界悉檀。世界爲隔別分限之義。人之根器，各有所限，隨宜分別次第爲說，名世界悉檀。二、爲人悉檀。即謂因材施教，專爲此一類機說，令其得入，名爲人悉檀。三、對治悉檀。謂應病與藥，對治其人病痛而說。四、第一義悉檀。即稱理而說也。」〔註100〕在對此進行了交代後，一浮多次援引之對《論語》的相關內容進行了分疏和詮釋，如談《詩》教部分，稱：「樊遲問仁，子曰『愛人』，問知，子曰『知人』，世界悉檀也；答子貢曰『己欲立而立人，己欲達而達人，能近取譬，可謂仁之方也已』，爲人悉檀也；答司馬牛曰『仁者其言也訒』，答樊遲曰『仁者先難而後獲』，對治悉檀也；答顏淵曰『一日克己復禮，天下歸仁焉』，第一義悉檀也。其實，前三不離後一，聖人元無二語，徹上徹下，只是一貫。」〔註101〕論《禮》《樂》教部分，稱：「以四悉檀義配之。答孟懿子曰『無違』，世界悉檀也；答孟武伯曰『父母唯其疾之憂』，爲人悉檀也；答子游曰『不敬，何以別乎？』答子夏曰『色難』，對治悉檀也；答『或問禘之說』曰『『知其說者之於天下也，其如示諸斯乎！』指其掌』，第一義悉檀也。」〔註102〕這些均是其以天台「四悉檀」義分別《論語》內容的例子。

天台而外，《論語大義》中對華嚴、禪宗等亦多所援引。如分析「子在川上」一章兼具變易與不易義，謂「趙州云：『汝等諸人被十二時使，老僧使得十二時。』趙州不必定讀《論語》，卻深得『川上』之旨」〔註103〕，詮解《論

〔註100〕劉夢溪主編、馬鏡泉編校：《中國現代學術經典·馬一浮卷》，河北教育出版社1996年8月版，145頁。

〔註101〕劉夢溪主編、馬鏡泉編校：《中國現代學術經典·馬一浮卷》，河北教育出版社1996年8月版，145～146頁。引文所及文字分別見《論語》《顏淵》第二十二章、《雍也》第三十章、《顏淵》第三章、《雍也》第二十二章、《顏淵》第一章。

〔註102〕劉夢溪主編、馬鏡泉編校：《中國現代學術經典·馬一浮卷》，河北教育出版社1996年8月版，155頁。引文所及文字分別見《論語》《爲政》第五章、第六章、第七章、第八章以及《八佾》第十一章。

〔註103〕劉夢溪主編、馬鏡泉編校：《中國現代學術經典·馬一浮卷》，河北教育出版社1996年8月版，167頁。趙州指趙州從諗，一浮所引《趙州禪師語錄》可見。

語》的內容特點，謂「法從緣起爲出，一入一切也；法界一性爲至，一切入一也。此義當求之華嚴，而實具於《論語》」〔註104〕，等即是其例。

總體來看，馬一浮治學取精用宏、大而化之、淹貫儒釋、主以義理；思想上以孔子爲教主，立仁心爲本體，將涵養作工夫，以釋爲術，以儒爲學，以知能合一爲方法，以六藝之學爲判教；生活中志行高潔、氣象剛大、篤學樂道、勇毅力行、淡泊名利、不尚著述，確爲現代中國學術思想史上少見的大儒。所作《論語大義》正是如上體系中的一環，作者借六藝論爲架構對《論語》一書進行的重新解讀在民國《論語》學史上可以說獨樹一幟〔註105〕。而且「六藝論」質實而言仍是對作者心統性情、兼該理氣的本體思想的呈現，所以《論語大義》一書實爲 20 世紀中國《論語》學中宋明心性義理學派的代表性作品之一。

當然具體來看，馬一浮在學術思想及其文字著述方面也有一些這樣那樣的不足，比如說以仁爲理、理代邏輯〔註106〕，比如說爲證己說曲爲判釋〔註107〕，

〔註104〕劉夢溪主編、馬鏡泉編校：《中國現代學術經典・馬一浮卷》，河北教育出版社 1996 年 8 月版，184 頁。

〔註105〕若徐英《論語會箋》同樣尊崇六藝論，當是受了馬一浮的影響。其謂：「今案《論語》於顯言禮樂詩教外，凡言孝悌言樂悅言讓言不爭，皆《禮》《樂》教義也。言仁者，皆《詩》教義也。《易》、《書》、《春秋》，未嘗顯言。然凡言政者，皆《書》教義也。凡言變易，言性，言命者（原書作『言性命，言命者』，疑係誤刻——筆者注），皆《易》教義也。言損益，論是非，辨王霸，防夷夏，及諸褒貶爭奪之辭，皆《春秋》之教義也。」「六經之教，交通而互流，如脈絡之相貫，而皆見於《論語》。故曰《論語》者，六經之總義也。」（徐英：《論語會箋》，正中書局 1943 年 4 月初版，第 25～26 頁。）熊十力也謂「前見所擬書院草案歸本六藝，吾國諸子百氏之學其源皆出六藝，馬先生所見甚諦」（《十力語要・卷二：與賀昌群》，中華書局 1996 年版，第 201 頁。）云云。

〔註106〕其實在馬一浮仁心之理就是最大的邏輯，從思想的角度來說這自然無可厚非，但執著太過亦不免自陷。如謂「俗以知識技能爲業，末矣。又或以戰勝攻取爲業，則賊仁害道，莫此爲甚。由於不知有德爲業之本也」（劉夢溪主編、馬鏡泉編校：《中國現代學術經典・馬一浮卷》，河北教育出版社 1996 年 8 月版，615 頁。），「切於求己者，必不暇於責人；勇於爲道者，必不安於徇俗」（同書第 609 頁），兩段文字一則不合當時中國之時事，一則不合於辨證邏輯，顯然皆是泥於仁心所致。現在來看抗日殺敵豈非大仁，求己與責人、道與俗又豈是截然兩立？當然，所引第二段文字部分地還與其行文方式有關，一浮自己在給人覆信的時候也曾說「弟前所擬議，只是秀才伎倆，文字雖作得好，爭奈不中程序」（同書第 733 頁），此雖是謙辭，卻也非全無道理，像駢體文一類美則美矣，但形式方面的僵化常常也會鉗制內容的表達。一浮

比如說聖人情結太重〔註108〕，比如說文字訓解上的牽強〔註109〕，等等。

自然也不能外。此類情況在其他地方還有，例多不舉。

〔註107〕如謂《十易》盡爲孔子作，六經皆爲孔子作一類，顯然是爲圓成一家之儒教而曲爲判釋。

〔註108〕馬一浮覆信與人每稱人以「賢」，雖是勸人希賢意，但本人以「聖」相期亦是不爭的事實。一浮熟於佛學，於其圓融教義、不二法門體會頗深，故而能圓融物我、天人、內外、顯隱、心理、體用、性修、知能、悟敬、理事、仁智、權實乃至程朱陸王、儒佛禪道等等，但於公私、聖凡、理欲、眞俗等卻極爲執著，大有不可兩立之勢，觀其文字，見公定須去私、成聖必須去凡、證理要在去欲、求眞端要脫俗，不意公亦只是私的公，聖也只在平凡中，天理本來即人欲，眞俗未必要對峙，所謂對立統一而同一（參龐樸《對立的同一與統一》一文，載上海古籍出版社 2003 年 3 月版氏著《一分爲三論》。）。若理欲不二的觀點在戴震《孟子字義疏證》即可觀見一二。一浮謂戴震之學爲「便辭巧說」（劉夢溪主編、馬鏡泉編校：《中國現代學術經典・馬一浮卷》，河北教育出版社 1996 年 8 月版，695 頁。），或正可從某個角度反證馬一浮對朱子所持理欲辨的執著。

〔註109〕馬一浮早年曾在文字訓詁上下過一番工夫，但此一方面實非其專長所在，而且在義理辨證的過程中牽強附會之處亦常有見。如謂「《說文》『吉，善也』，『凶，惡也，象地穿交陷其中也』。按交字當作爻，即古文五字。凵象地隱形。五陷地中，五行泪矣」（劉夢溪主編、馬鏡泉編校：《中國現代學術經典・馬一浮卷》，河北教育出版社 1996 年 8 月版，351 頁。），顯然即是爲說「五」而進行的曲解。

第三章　程樹德的《論語集釋》

　　在而今的學界，就整個 20 世紀的《論語》學來說，最受推重和歡迎的作品無疑首推程樹德的《論語集釋》。

第一節　作者及成書

　　關於程樹德及《論語集釋》的成書過程，程俊英有專門的說明，謂其父「字郁庭，福建福州人。一八七七年生，一九四四年卒。清末進士，不願居宦，公費留學日本，學習法律。回國後，長期擔任北京大學教授、清華大學兼任教授。七七事變後，隱居著述，貧病交加而終」。「十歲喪母，孤苦無依；但少年有志，勤奮自學，通宵達旦，熟讀經、史，博覽群書。中年致力教學、科研工作，所任課程有《中國法制史》、《比較憲法》、《九朝律考》等科目。於繁重的教學之餘，孜孜寫作。晚年更潛心學術研究，不事教學。一生著述約四百餘萬字」。「一九〇六年二十九歲，第一部著作《國際私法》七卷問世。一九一九年《漢律考》七卷問世。一九二五年出版《九朝律考》」，「一九二五年再版，解放後又重版兩次。該書從古籍中搜羅從公元前二世紀起至公元後七世紀間，歷代已經散失了的法律、科令、格式、刑名和有關的資料，作了綜合的考證與論述。以十年之功，編成《九朝律考》二十卷。參考書籍數百種，約三十餘萬言。內容包括《漢律考》、《魏律考》、《南北朝律考》（梁、陳、後魏、北齊、後周）、《隋律考》等九朝的法律考證。此書解放前在國外已有多種譯本。在國內列入大學叢書，現在仍爲政法高校研究生必讀的參考書，對國內外有廣泛的影響。一九五五年重版時，商務印書館編審部評價說：『該

書作爲社會上層建築的法律史而言，不但可以供研究我國法律變遷沿革的人作參考，而且也是研究我國社會發展的重要資料。』」「一九二八年《中國法制史》出版。這是爲京師法科學生所編的教材。上溯皇帝，下逮有清，以簡括之筆，闡述歷代法令及刑制的發展。一九三一年《比較國際法》出版。一九三三年，《說文稽古編》出版。」恰也在這一年程樹德得了血管硬化症。「七七事變後，北京大學等校南遷，從此〔程樹德〕經濟來源斷絕。舊社會老知識分子處境淒慘，衣食不完。日僞統治時期，病無醫藥，生活無著，子女多而年幼，困窘不堪；病況日漸惡化，終至癱瘓。《論語集釋》四十卷，即成書於此時」。〔註1〕

　　程樹德自己在該書《自序》中也向我們敘及「自癸酉冬患舌強痿痹之疾，足不能行、口不能言者七年」，「而精力之強，不減平昔。意者天恐吾投身禍亂以枉其才，故假疾以阻其進取，又憫其半生志事無所成就，故復假之以精力，使得以著述終其身耶？」〔註2〕云云。即此來看，程氏確是大費生命才纂成此書，期間甘苦誠非身體康健著的一般人所能想像。而且，事實上如此舉動確也早已超越了一般學術創作的範圍，其間更多彰顯著的是作者對本國學術文化的某種篤定而堅卓的信仰。所言「夫文化者國家之生命，思想者人民之傾向，教育者立國之根本，凡愛其國者，未有不愛其國之文化。思想之鵠，教育之程，皆以是爲準。反之，而毀滅其文化，移易其思想，變更其教育，則必不利於其國者也。著者以風燭殘年，不惜汗蒸指皸之勞，窮年矻矻以爲此者，亦欲以發揚吾國固有文化，間執孔子學說不合現代潮流之狂喙，期使國人之捨本逐末、徇人失己者俾廢然知返。余之志如是而已」云者，即爲證明。這段鏗鏘有力的宣言告訴我們，當初已近暮年的程樹德實是懷著十分凝重的保守民族文化的情結來編撰此書的。

第二節　內容與體例

　　就創作旨趣而言，晚年程樹德編撰《集釋》主要是想對《集注》以來宋代及其以後的《論語》學來一個總結。他說：「《論語》注釋，漢時有孔安國、

〔註 1〕 此據程俊英《論語集釋·前言》，載程樹德著，程俊英、蔣見元點校中華書局 1990 年 8 月新編諸子集成本《論語集釋》。

〔註 2〕 程樹德《自序》第 1 頁，載所著程俊英、蔣見元點校中華書局 1990 年 8 月新編諸子集成本《論語集釋》。按：後文再引均爲此版，不再一一標明。

馬融、鄭玄、包咸諸家，魏則陳群、王肅亦有義說。自何晏《集解》行，而鄭、王各注皆廢。自朱子《集注》行，而《集解》及邢、皇二疏又廢。朱子至今又八百餘年，加以明清兩代國家以之取士；清初名儒代出，著述日多，其間訓詁義理多為前人所未及，惜無薈萃貫串之書。茲篇竊本孔氏『述而不作』之旨，將宋以後諸家之說分類采輯，以為研究斯書之助，定名曰《論語集釋》。」〔註3〕對於重病在身的程氏而言，欲以殘病之軀以《集釋》的形式對宋代以後的《論語》學發展情況作出一個全面的學術總結，毫無疑問是一項極其艱苦的工程。不過現在來看，讓人驚訝的是作者不僅最終完成了此一巨大的學術工程，而且，事實上完成得還滿出色。蔣見元說其書「搜羅繁富」、「是《論語》注釋的集大成之作」〔註4〕，確是出言有據。

　　內容上來講，《論語集釋》的主要工作在以分類的方式對宋以前《論語》學專著乃至語錄、札記等等中有關《論語》的文字進行編排整理。同前此的《集解》、《正義》等相比，《集釋》的長處，除了工程量的巨大以外，另外一個重要的貢獻正在其體例上的細緻與完備。據《凡例》，程氏將舊注及其他直接相關的文字共分九類。曰「考異」，「經文有與《石經》及皇本或他書所引不同者，日本、高麗版本文字有異者，均列入此門。其材料則以阮元《論語校勘記》、翟灝《四書考異》、日本山井鼎《七經考文》、葉德輝《天文本論語校勘記》等為主」。曰「音讀」，「字音讀法及句讀有不同者入此門。其材料以陸德明《經典釋文》、武億《經讀考異》為主」。曰「考證」，「自閻若璩撰《四書釋地》，江永著《鄉黨圖考》以後，世人漸知考證名物之重要。故人名、地名、器物、度數之應考證者無論矣，此外如《大戴禮》、《說苑》、《新序》、《春秋繁露》、《韓詩外傳》、《中論》、《論衡》諸書有涉及《論語》之解釋者，以其為漢儒舊說，亦附此門」。曰「集解」，「邢《疏》有可採者亦附入此門」。曰「唐以前古注」，「此門包含最廣，上自漢末，下及於唐，中間南北朝諸家著述為《北堂書抄》、《太平御覽》、《藝文類聚》所引者備列無遺。其材料以皇侃《義疏》、馬國翰《玉函山房輯佚書》為主，計所採者凡三十八家」。曰「集注」，「《集注》文字稍繁，故採擇以內注為主；外注有特別精彩者始行列入。但其中貶抑聖門、標榜門戶者，因有後人之辯論，不能不列入原文，可

〔註3〕程書《凡例》第1頁。
〔註4〕蔣見元：《〈論語集釋〉整理後記》，第1頁。載中華書局1990年8月新編諸子集成本程著《論語集釋》。

分別觀之」。曰「別解」，「《集解》、《集注》以外，如有新穎之說，別爲『別解』一門。其不止一說者，則分爲一二三四以區別之」。曰「餘論」，「清初漢學家立論，時與宋儒相出入，擇其言論純正、無門戶偏見者，爲『餘論』一門。其有宋以後諸家注釋可補《集注》所未備而不屬於考證者，亦附入之」。曰「發明」，「宋學中陸王程朱一派多以禪學詁經，其中不乏確有心得之語。即程朱派中亦間有精確不磨之論。蓋通經原以致用，孔氏之言，可以爲修己處世之準繩、齊家治國之方法者，當復不少；惜無貫串說明之書，僅一《四書反身錄》，尙多未備。因欲後人研究《論語》者發明其中原理原則，故特立此門」。上述以外，「凡《集解》、《集注》、別解諸說不同者，必須有所棄取，別爲按語以附於後。此外，自考異以下間有所見者亦同」，是爲體現程氏自己觀點的「按語」一類。〔註5〕

其實，程氏《凡例》部分的文字，不僅給出了書稿在內容上編排分類的方法和根據，而且還對去取材料的原則給出了說明。這些文字一方面作爲正文之先導有助於人們對其著作的理解和把握，同時也是作者有關《論語》和《論語》學之基本觀點的體現。其謂：「研究《論語》之法，漢儒與宋儒不同。漢儒所重者，名物之訓詁，文字之異同，宋儒則否，一以大義微言爲主。惜程朱一派好排斥異己，且專宣傳孔氏所不言之理學，故所得殊希。陸王派隨無此病，然援儒入墨，其末流入於狂禪，亦非正軌。故《論語》一書，其中未發之覆正多。是書職責，在每章列舉各家之說，不分門戶，期於求一正當解釋，以待後來學者，藉此以發明聖人立言之旨。」此中所言「不分門戶」一句實爲全書要義之所在。他說：「朱子《集注》，元明以來以之取士，幾於人人習之。清初漢學再興，始有持異議者。譽之者尊爲聖經賢傳，一字無敢逾越；詆之者置之不議不論之列。如王闓運所著之《論語訓》，漢魏六朝諸家之說備列無遺，獨於朱《注》一字不及，漢宋門戶，隱若劃一鴻溝。黃式三《論語後案》始以《集解》、《集注》並列，然其旨仍在左祖漢學。實則《集注》雖考證稍疏，然字斟句酌，亦非無一長可取，不能概行抹殺。是書先列《集解》，爲漢學所宗；次《集注》，爲宋學所本；中間增『唐以前古注』一門，搜羅漢魏六朝及唐人《論語》著述，片言隻字，必一一搜剔，不使遺漏，庶幾已佚之書，賴以不墮。其近人著述，有罕見之本，或篇帙無多，恐其日久失傳，往往全部收入，亦本斯旨。」又說：「《論語》一書，言訓詁者則攻

〔註5〕程書《凡例》第1～5頁。

宋儒，言義理者則攻漢學。平心論之，漢儒學有師承，言皆有本，自非宋儒師心自用者所及。《集注》爲朱子一生精力所注，其精細亦斷非漢儒所及。蓋義理而不本於訓詁，則謬說流傳，貽誤後學；訓詁而不求之義理，則書自書，我自我，與不讀同。二者各有所長，不宜偏廢。是書意在詁經，惟求其是，不分宗派，苟有心得，概與採錄。」〔註6〕云云。這些均爲程書力求公允、不落門戶的體現。

　　程氏對宋代而降《論語》學發展中的種種弊端有著清楚地瞭解和把握。說：「宋儒理學爲儒、釋、道混合之一種哲學，本可成一家言，但必以爲直接孔孟心傳道統，則余未敢信。一部《論語》中，何嘗有一個『理』字？而《集注》釋天爲即理也，釋天道爲天理；又遇《論語》凡有『斯』字或『之』字，悉以『理』字塡實之；皆不免強人就我，聖人胸中何嘗有此種理障耶？朱子嘗云：『聖賢議論，本是平易。今推之使高，鑿之使深。』然《集注》釋『子在川上』，釋『曾點言志』，仍不免過高之病。以此立說著書，未嘗不可，但非解經正軌，讀者當分別觀之。」謂：「清初戴東原、毛西河諸家喜攻朱注考證之失，殊不知朱子嘗與人言：『讀書玩理外，考證別是一種工夫，某向來不曾做。』朱子博及群書，並非力不能爲；而其言如此，蓋當時風氣不尚考證。以古人不經意之事，而蹈隙乘暇攻之，不過以其名高耳，然猶曰『是漢學家言也』。至顏、李同爲理學而亦攻朱，則更無謂。蓋漢儒恪守家法，篤信師說，從未敢輕詈古人。至更易經傳，推翻舊說，其風固自宋人開之。《集注》至以樊遲爲粗鄙近利，以子夏、子游爲語有流弊，敢於詈及先賢，更不足爲訓。以朱子之賢，猶有此失。是書力矯此弊，凡意氣詬爭、門戶標榜之詞，概不採錄。」又謂：「《集注》喜貶抑聖門，爲全書最大污點，王船山《讀四書大全說》、毛西河《聖門釋非錄》論之詳矣。是書凡攻朱之語，例不採錄，然對此不能不設例外。昔阮嗣宗口不談人過，人稱其盛德。何況對於古人。子貢方人，孔子以爲不暇。故古來叢謗之深，無如朱子者，雖係無心之過，究屬噴心過重，錄之所以示戒也。」又謂：「孔子之道至大，無所不包，不特釋而已，即道家亦有與之同者，如『無爲而治』一章是也。魏晉諸儒喜以道家言詁經，苟有一得，未嘗不可兼收並蓄。蓋孔子之言有與釋家同者，如『勿意，勿必，勿固，勿我』，與佛家之破除二執，有何區別耶？其與之異者，則不必強爲附會。

〔註6〕程書《凡例》第5～6頁。

陸王一派末流如羅念菴、陳白沙輩，幾於無語不禪，亦是一病。是篇於末流狂禪一派牽強附會之語，概不採錄。」〔註7〕云云。

即上來看，作者的分類工作基本上遵循了由文字訓詁到講明經意，由講明經文到發明義理的邏輯理路；而該書的最大特色即在於能不落門戶、力求漢宋平舉，妥當公允地審視和處理種種《論語》學的相關文字。

當然，所謂「公允」與「平舉」也只是一種程度性描述，事實上很難完全做到。

第三節　思想及特點

其實，到了今天，關於程著《論語集釋》究竟是傾宋還是偏漢依舊是《論語》學研究領域一個比較熱門的話題。要真正解決此一課題，對程著形成比較全面和客觀的認識，就不能不對書中所列大量按語進行專門的分析。

一、按語內容

經筆者初步統計，《論語集釋》39 卷正文當中，計有按語 721 條，內容涉及版本異同、經字訓詁、經義勘定、名物考證、注文補充、注人注本考訂等等。

程氏治學極重版本，每條經文下首列「考異」一門，而後自己又常常以按語的形式對經字異文、傳本同異之類進行比勘論定。如《雍也》「子游為武城宰」一章「女得人焉耳乎」一句皇本作「汝得人焉耳乎哉」，程樹德謂：「焉耳乎三語助連用，已屬不辭，又增『哉』字，更不成文。孔《注》焉耳乎皆辭，是無『哉』字確證也。」《泰伯》首章「考異」門末其謂「民無得而稱」一句：「得、德古通。然《論語後錄》引延篤云：『泰伯三讓，人無德而稱。』是又古本作『德』之一證。蓋古人『得』與『德』通用，猶之『仁』與『人』通，此古書常見之例，不足異也。」〔註8〕《顏淵》「子貢問友」章「不可則止」句，其按：「《後漢書注》引蔡邕《正交論》曰：『惡則忠告善誨之，否則止，無自辱焉。』即用此文，而以『不可』作『否』，知漢人所見本亦作『否』字。」〔註9〕即異文考訂。〔註10〕而《公冶長》「道不行」章「由也好勇過我」

〔註 7〕　程書《凡例》第 7～9 頁。
〔註 8〕　程書第 507 頁。
〔註 9〕　程書第 877 頁。
〔註 10〕　程書第 391 頁。

句程按：「柳宗元《乘桴說》、程伊川《經說》引此並有『也』字，是唐宋人所見均同，似應增入。」〔註 11〕《陽貨》「六言六蔽」章「子曰：『由也！女聞六言六蔽矣乎？』對曰：『未也。』曰：『居！吾語女……』」「考異」門末程按：「下『曰』字皇本有，邢本無。」〔註 12〕「君子有惡」章「惡居下流」句，其於「考異」末按稱：「皇《疏》：『憎惡為人臣下而譭謗其君上。』邢《疏》：『謂人居下位而謗毀在上。』據此，則皇邢二本亦無流字。惠氏棟謂漢以前皆無流字是也。馮氏登府《異文考證》云：『白《六帖》兩引俱無流字。』是唐人所見本尚無流字，其誤當在晚唐以後。」復以蘇東坡《上韓太尉書》引孔子言「惡居下流而訕上，惡訐以為直」按稱：「據此，知北宋本已有流字。」〔註 13〕皆繫傳本比勘。《子罕》篇「顏淵喟然歎」章「考異」末，程氏有謂：「《列子・仲尼篇》、《後漢書・黃憲傳》、漢李尤《蘭臺集・撓銘》、《世說新語注》皆述文作『忽焉』。南軒《論語解》、《四書集編》、《四書纂疏》、《論語集說》、《四書通》諸本，日本天文本、足利本、皇本、唐本、正平本，『然』皆作『焉』。惟陳氏本《拾遺》曰：『瞻之在前，忽然在後，不及也。』作『忽然』。余所見本無作『忽然』者，而翟灝《四書考異》乃廣引以正其誤，是無病而呻，蓋必誤讀坊間誤印之本也。是以讀書當求善本。」〔註 14〕內中「讀書當求善本」一句尤其鮮明地反映了其對版本問題的重視。事實上，僅就《集釋》一書來看，程氏不僅對《論語》本身的版本問題十分看重，即令注本的同異也很重視，常常有所考訂。如《公冶長》「子謂南容：『邦有道不廢，邦無道免於刑戮。』以其兄之子妻之」一章，「集注」門末，程謂「何晏《集解》本分此為二章，朱子合為一章，今從朱子」〔註 15〕，即就章文劃分之同異對《集解》與《集注》本所進行的對校比勘。當然也有注本、經文一起勘校的例子，如《學而》「不患人之不己知，患不知人也」句「集解」門下謂：「王曰：『但患己之無能知也。』按：邢昺《疏》本無此注，皇本有之。據此《注》，知王肅所見本亦無『人』字。」〔註 16〕便是在對邢、皇注本比較基礎上勘定古代傳本情狀的例子。

〔註 11〕　程書第 299 頁。
〔註 12〕　程書第 1210 頁。
〔註 13〕　程書第 1242～1243 頁。
〔註 14〕　程書第 593 頁。
〔註 15〕　程書第 289 頁。
〔註 16〕　程書第 59 頁。

版本校勘而後，程著按語的另一基礎工作是經文訓詁，此亦注疏通例。
程樹德熟於小學，編著《論語集釋》以前，曾於 1933 年出版《說文稽古編》
一書。故而文字訓詁實是駕輕就熟，體現在按語當中即爲分量頗重的經字和
經意訓詁。如《八佾》開篇程按：「《說文》無『佾』字，《肉部》：『肴，振肴
也。從肉，八聲。』疑古止省作『肴』。肴字從八，則凡佾宜皆以八人爲列」
〔註 17〕。《公冶長》「三思而後行」，其謂「下文明出再字，則三應如字讀也。
《集注》讀爲去聲，非」〔註 18〕。《先進》「言志」章子路所云「加之以師旅，
因之以飢饉」句程按：「《說文》：『饑，穀不熟爲饑。從食，幾聲。』『飢，餓
也。從食，幾聲。』此作『饑』爲是。」〔註 19〕《泰伯》「民可使由」章，程
云：「愚謂《孟子・盡心篇》『孟子曰：『行之而不著焉，習矣而不察焉，終身
由之而不知其道者，眾也。』』眾謂庸凡之眾，即此所謂民也，可謂此章確詁。
紛紛異說，俱可不必。」〔註 20〕等等。

此外，就程氏按語來看，《論語》名物考證以及注本注人考訂也居於十分
突出的位置。

名物考證歷爲《論語》學的重要內容，即在理學家亦不能完全撇開，清
代考據學興盛而來更蔚成《論語》研究的大端，程氏以清理宋代而後八百年
《論語》學成就相期，自不能不有涉於此。通觀全書，程氏曾有所考證的《論
語》名物內容上頗爲廣泛，人物事蹟包括門弟子在內如，有若、公冶長（鳥
語問題）、南容、漆雕氏、申棖、伯夷、叔齊、微生高、左丘明、南子、《子
罕》太宰、閔子騫、卞莊子、史魚、柳下惠、顏臾、微子、太師摯八人（亞
飯干、三飯繚、四飯缺、鼓方叔、播鼗武、少師陽、擊磬襄）等等，制度名
物如春秋班祿制度、觚、闕黨、小子、門人、仞等等。《論語》名物以外，程
氏對《論語》注本注人（包括相關性作品）的考訂也頗下工夫，全書來看進
入其考訂視野的注人注本包括包咸、江熙（《集解論語》）、李充（《論語釋》）、
王弼（《論語釋疑》）、張憑（《論語釋》）、不著撰人《四書辨疑》、袁喬（《論
語釋》）、物茂卿（《論語徵》）、蔡謨、顧歡、梁覬（《論語注》）、何邵公（《論
語注》）、沈驎士（《論語訓注》）、僞韓愈《論語注》、孫綽（《集解論語》）、范

〔註 17〕 程書第 138 頁。
〔註 18〕 程書第 338 頁。
〔註 19〕 程書第 799 頁。
〔註 20〕 程書第 532 頁。

甯、郭象（《論語體格》）、衛瓘（《集注論語》）、李光地（《論語札記》）、顏延之、沈峭、繆播（《論語旨序》）、蔡節（《論語集說》）、劉沅（《四書恒解》）、孫應時（《論語說》）、釋惠琳《論語說》、欒肇（《論語釋疑》）、尹焞（《論語解》）、仲堪、張封溪、釋慧林、吳太史叔明（《論語集解》）、周生烈、季彪、繆協、虞喜（《贊鄭玄論語注》）、陸澄、褚仲都（《論語義疏》）、晁說之、穎子嚴、陳群、劉歆、郭象（《論語隱》）、韓李《論語筆解》，等等。〔註 21〕當然晚近著作如宦懋庸《論語徵》、崔適《論語足徵記》、簡朝亮《論語集注補正述疏》等也在程樹德的關注範圍內。平心而論，程氏關於注人和注本的考訂均比較簡約，如在引述惠琳「有君無禮，不如有禮無君」的文字後，程氏補考謂「惠琳秦郡人。宋世沙門，以才學爲太祖所賞愛，見《宋書・顏延之傳》。嘗注《孝經》、《老子》，又作《辨正論》，其人蓋釋而儒者也。其《論語說》，隋唐《志》、陸德明《經典序錄》並不載，僅邢昺、皇侃二《疏》偶引之。此條用意新穎，難於割愛，容再續考。」〔註 22〕考欒肇謂：「肇，《晉書》無傳。陸德明《經典釋文序錄》云：『字永初，泰山人。晉太保掾尙書郎。』皇《疏》列江熙所集十三家，有欒肇字及里爵，與《釋文》敘述同。」〔註 23〕云云。無疑此類文字仍只是十分初步和簡約的考訂。但畢竟此項工作非是《集釋》的重點，而且即令只是此類簡單的考訂事實上也爲後來者的相關工作提供了很大便利。作爲《論語》注釋整理工作的附庸，我們說程氏的注人及注本考訂對後世《論語》學的進一步展拓實是功不可沒。尤以搜集了大量唐以前舊注，故而對魏晉《論語》學的研究助益獨大。

上述而外，程著按語就內容而言還涉及大量的注文補充、經文發明、學術品定等，爲文字計，不再贅述。

二、撰述思想

儘管程氏在開篇的《自序》當中即對自己編撰此書的思想旨趣作了詳盡說明，初看之下確讓人有如飲醇酒的感覺，但問題是這種創作理想在多大程度上可以在編撰的過程中得以貫徹和實現，其實是另一個問題。而且，總體的作文規劃和具體的創作實踐出現某種程度的偏離也是古往今來的常有

〔註21〕 上述考證及考訂內容的排列略依書中出現次序。
〔註22〕 程書第 148 頁。
〔註23〕 程書第 155 頁。

事。所以書中所列七百餘條按語仍是我們考察程氏撰述思想的最爲可靠的根據。

筆者看來，按語所見程氏的撰述思想至少有如下四點需要專門拈出作一分疏。

1、存古注

自《論語》之學出現以來，包括先秦諸子在內隻言片語的詮解或連篇累牘的注釋代有所出、其數甚巨，不過包括自然淘汰、兵禍人災等種種原因所致，迄今爲止流傳下來的古代注本，特別是漢魏古注不足十分之一，著實令人唏噓。對於古代文化和學術研究來說也是一種莫大的損失。程氏專治《論語》之學體會自是更爲深刻。故而其在編撰《集釋》的過程中對漢魏古注，哪怕是片言隻語，都格外珍視，必得存而錄之。很明顯，搜存古注是程書撰述理念的一大要義。

當然，存古之意一方面體現在程氏對漢魏舊注的儘量搜羅上，另一方面更體現在其對漢魏時期古本舊注，特別是漢說漢注的尊信上。前者而言，若《公冶長》首章「唐以前古注」門錄皇《疏》所引范甯語後，按謂：「公冶逸事賴此而傳，雖係雜書，終是漢魏小說，彌可寶貴。邢《疏》以其不經不取，如是則古書之亡佚多矣。此邢《疏》所以不及皇《疏》也。」〔註24〕《季氏》「伯夷叔齊餓於首陽」章「唐以前古注」引皇《疏》文字後按謂：「皇《疏》所載夷、齊事蹟未知出何書，今皆不可考。六朝古籍存者無多，彌可保貴。」〔註25〕《陽貨》「君子義以爲上」章「考證」門下程按：「《金樓子》所載未知出何書，六朝時古籍多今所未見，姑錄之以廣異聞。」〔註26〕後者來看，若《泰伯》「三年學，不至於穀」「唐以前古注」門，先列《釋文》所引鄭注及皇《疏》所引孫綽以穀爲祿的文字，後復按稱：「《隸釋・漢孔彪碑》：『龍德而學，不至於穀。浮遊塵埃之外，瞯焉汜而不俗。郡將嘉其所履，前後聘召，蓋不得已，乃翻爾束帶。』是訓穀爲祿，本漢儒舊說，而邢《疏》了不兼採，以廣其書，甚矣其陋也。」〔註27〕《鄉黨》「必有寢衣」句下「別解一」按謂：「孔《注》『寢衣即今之被』，《周禮・玉府疏》引《論語》鄭《注》曰『今小

〔註24〕 程書第 287 頁。
〔註25〕 程書第 1166 頁。
〔註26〕 程書第 1241 頁。
〔註27〕 程書第 538 頁。此論實就《集注》「穀，祿也」的訓解而發，所以特著一「本」字。

臥被』是也。漢去古未遠，其解經尚有家法，斷非後儒師心自用者所及，觀於此益信云。」〔註28〕《季氏》「不患寡而患不均，不患貧而患不安」句「考證」門下程氏在引俞樾《群經平議》文字後（其文以《春秋繁露・度制篇》所引孔子「不患貧而患不均」之言據以訂正傳本《論語》「不患寡而患不均，不患貧而患不安」的訛誤）按稱：「《魏書・張普惠傳》引孔夫子言亦與董氏同，是漢初善本，至魏猶有存者，益見《繁露》之可信，俞氏之說是也。」〔註29〕《堯曰》篇「予小子履敢用玄牡」句「考證」門下程按：「《白虎通》云：『湯本名履，克夏以後，欲從殷家生子以日為名，故改履名乙，以為殷家法也。』是漢人舊說如此，紛紛異解，均可不必。」〔註30〕等等均是其例。

2、求公允

存古以為後世計外，欲以公平公允的學術態度來審視漢宋而來的諸家注解，進而對其學術價值和地位給出公正客觀的分疏與評定，是為程著的另一大願。現在來看，總體上而言，程氏在考論諸家學說、品定種種注本的時候確是盡力保持了公平公允的態度，就民國《論語》學來看，是亦該書的一大特點所在。此從其對各種注本、各家學說的評論中即可觀見一二。

對鄭《注》，清代考據家多尊崇有加，程氏對之也頗推重，不過卻也能明指其非。如《堯曰》「予小子履敢用玄牡」章「別解」門下程按：「此節鄭《注》現存，望文生義，毫無是處，而後人猶必為之文過飾非，以成其失，亦徒見其無識而已矣。」〔註31〕《為政》「非其鬼而祭之」章，「集解」門錄鄭注云：「鄭曰：人神曰鬼。非其祖考而祭之者，是諂求福也」，「集注」門錄朱注云：「非其鬼，謂非其所當祭之鬼。諂，求媚也」，其後按稱：「鄭《注》專指非其祖先，不若《集注》之義該。以諂為求福，亦不如《集注》之義確。」〔註32〕《八佾》「哀公問社」章「考證」門下程按：「俞氏（俞樾－筆者）之意以松柏栗為社主所用之木，其社樹則各以其土之所宜，不與社主同用一木，其義視鄭為長。」〔註33〕等等即是其借《集注》之言、俞氏所說等明指鄭《注》之失的例子，而頭條所引「望文生義，毫無是處」的話顯然已是十分嚴厲的批評了。

〔註28〕 程書第 675 頁。
〔註29〕 程書第 1138 頁。
〔註30〕 程書第 1351 頁。
〔註31〕 程書第 1357 頁。
〔註32〕 程書第 133 頁。
〔註33〕 程書第 203 頁。

　　其實，對朱子《集注》，程氏一方面確能發見其長處，若上引借《集注》非鄭《注》的例子，《學而》「君子不重則不威」章「別解」門引《論語正義》所載高誘說後按稱「此雖漢人舊說，然不如《集注》義長」〔註34〕，《八佾》「文獻不足」章「集注」門下程按：「包《注》：『徵，成也。』邢《疏》：『徵，成。《釋詁》文。』按今《爾雅》亦無此文。以杞宋之君闇弱不足以成之訓徵字殊晦，未若《集注》之長」〔註35〕，《衛靈公》「不曰『如之何』」章「別解」門下程按「此以『如之何』斷句，本《注》、《疏》之說，不如朱《注》之長」〔註36〕一類，固是申言《集注》是處。不過，另一方面其更加明瞭《集注》的不足。若《為政》孔子自述章「七十而從心所欲不逾矩」句「餘論」下程按「此章乃夫子自述其一生學歷。皇《疏》較為得之，《集注》因用其師說，所言幾毫無是處，不止如李氏（李威－筆者）所云已也。而世多稱為直接孔孟不傳之秘，豈其然乎？」〔註37〕「樊遲御」章「餘論」下程按「無違止是不要違忤之義，從無作背理解者。《集注》因欲宣傳主義，反失聖人立言之旨，殊為無取」〔註38〕，《憲問》「君子恥其言而過其行」章「考異」門下程按：「玩本文語氣，不當為兩事，《集注》失之」〔註39〕，均在力言其失。

　　再如對《論語正義》，程氏極是推崇與尊重，若《為政》「五十而知天命」章「餘論」門下程按「劉氏釋天命最為圓滿，可補諸家所不及，故並著之」〔註40〕，《里仁》「朝聞夕死」章「集解」門首引何晏「言將至死，不聞世之有道也」，後按稱「孫奕《示兒編》：『孔子豈尚未聞道者？苟聞天下之有道，則死亦無遺恨，蓋憂天下如此其急。』此亦本舊注而《集注》不從。劉寶楠云：『《新序‧雜事篇》載楚共王事，《晉書‧皇甫謐傳》載謐語，皆謂聞道為己聞道，非如《注》云『聞世之有道也』。』劉氏疏《集解》者也，而不堅持門戶之見，其見解終非一般漢學家所及」〔註41〕，《公冶長》「夫子之文章可得而聞」章「考證」門下程按「劉氏據《且住庵文稿》，以《詩》、《書》、《禮》、

〔註34〕程書第 36 頁。
〔註35〕程書第 162 頁。
〔註36〕程書第 1099 頁。
〔註37〕程書第 78 頁。
〔註38〕程書第 83 頁。
〔註39〕程書第 1010 頁。
〔註40〕程書第 75 頁。
〔註41〕程書第 244 頁。

《樂》爲文章，以《易》、《春秋》爲言性與天道，其論精確不磨」〔註42〕，等均是其表彰劉說援以勘疑的例子。可以說近世《論語》注本中，程氏於劉氏《正義》最爲看重。不過，細檢全書，可以發現，其實程樹德對劉書亦非了無異議。如《里仁》「君子喻於義」章「別解」門引焦循「欲君子之治小人者知小人喻於利」的解釋後按稱「近代注《論語》者多採此說，如劉逢祿《論語述何》、劉寶楠《論語正義》其一例也，實則尚不如舊說之善」〔註43〕，《公冶長》「聽其言而觀其行」章「考異」門下程按「劉說甚辨。然此節如別爲一章，則不知所指何事，故仍以衍文說爲長」〔註44〕，《顏淵》「君子不憂不懼」章「餘論」門下程按「劉氏之說（即劉氏《正義》所論一筆者）非也。不憂不懼，即孟子所謂不動心。蓋待兄關切是一事，不動心又是一事，各不相蒙。內典以憂即煩惱，爲噁心所之一，無論何時，均不應有。蓋樂雖未必爲善，而憂則無不爲惡者，孔子所以言『君子坦蕩蕩，小人常戚戚』也」〔註45〕，等等即其例證。

　　有清以來漢學勃興，漢儒之學倍受尊崇，漢注搜集大爲流行。進入民國，雖則新學潮湧，但清代考據學的傳統依然濃重，經學研究中人們對漢儒舊說仍是非常看重，程氏也不例外，如《公冶長》「夫子之文章可得而聞」章「考證」門下程按「漢儒去古未遠，各有師承」〔註46〕的話便是明顯的例子。不過這絕不是說其對漢儒就一點也沒有懷疑。其實，程氏對漢儒之學並不迷信。如《里仁》「父母在不遠遊」章「集注」門下程按：「方之訓常，鄭注《檀弓》、《禮器》並同。此外並見《文選・江賦》、《嘯賦》、《演連珠》、《答賓戲》各《注》，蓋漢儒舊說如此。《曲禮》『所遊必有常』是也。《集注》以方向釋之，雖不合古訓，而意較醒豁，即所謂以理解經也。然《玉澡》『親老出不易方，復不過時』，此方字作方向解，似較常訓爲優」〔註47〕，《雍也》「伯牛有疾」章「考證」門下程按：「伯牛患癩，漢儒舊說如此。然余不能無疑者。…伯牛之疾，即多屬也。漢人以癩釋之，失其旨矣」〔註48〕，一類即是作者是《集注》而非漢儒以及借醫理以正漢儒之失的例子。

〔註42〕 程書第 320 頁。

〔註43〕 程書第 268 頁。

〔註44〕 程書第 314 頁。

〔註45〕 程書第 828 頁。若言「樂雖未必爲善，而憂則無不爲惡者」，實亦立言太過。駁人之說反失於辭，終是不美。

〔註46〕 程書第 320 頁。

〔註47〕 程書第 273 頁。

〔註48〕 程書第 384 頁。

與推崇漢儒相關，對於宋學，程氏往往較爲牴觸。《公冶長》「女與回也孰愈」章「發明」下程謂：「格物窮理，知見上事也。以此求豁然貫通，終其身不可得也。而以此爲入道之門，其誰信之？」〔註49〕《子張》「博學而篤志」章「考證」門下程按：「宋儒不明訓詁，往往望文生義」〔註50〕。《述而》「五十以學易」章「考證」門下程按：「好改經傳，此宋儒通病，不可爲訓。」〔註51〕等等，即其表現。不過，在程氏宋學也非是一無可取。《鄉黨》「齋必變食」句「餘論」門引金鶚《求古錄禮說》文字後按稱「誠齋恐人惑於王日三舉之說，恣行殺生，故有此論。葷字從草，絕非不食肉之謂，然其意則固仁人君子之用心也。漢學家能知此意者鮮矣」〔註52〕一句，顯然就是以心性之學補漢學家之不備的例子。

再如對毛氏，程氏雖在《自序》當中極力申明毛氏攻朱行爲的失當，但就正文來看，對西河之學程氏亦有所取。若《里仁》「事君數」章「音讀」下程按「數者，煩瑣之謂。五倫之中，父子兄弟以天合，君臣朋友以人合，夫婦之合人而兼天者也。夫子兄弟夫婦在家庭之間，雖煩瑣而不覺。若君與友，則生厭矣。《爾雅·釋詁》：『數，疾也。』《曾子·立事篇》『行無求數，有名。事無求數，有成』，《注》：『數，猶促速。』所謂君子淡以成，小人甘以壞，即斯義也。不必以進言爲限，毛說得之」〔註53〕，「子使漆雕開仕」章「唐以前古注」門下程按：「《朱子語類》：『漆雕開能自言吾斯之未能信，則其地已高矣。斯有所指而云，若自信得及，則雖欲不如此做不可得矣云云。』是朱子初意原以斯有所指而云，與毛西河之說相同，不知何以最後定稿乃以理字釋斯。然終屬牽率聖言以就己說，非解經正軌也」〔註54〕，即爲以毛說爲是的例子。

宏觀一些來看，我們說程樹德撰《論語集釋》，其於《論語》注本及相關學術還是能持以公允的態度，予之以較爲客觀和全面地分析和判讀，明其是亦知其非，實也難能。

〔註49〕 程書第 273 頁。
〔註50〕 程書第 1311 頁。
〔註51〕 程書第 470 頁。
〔註52〕 程書第 689 頁。
〔註53〕 程書第 282 頁。
〔註54〕 程書第 298 頁。

3、容二氏

同力求公允的學術態度相關，程氏對佛道家學也表現得十分大度，而且時常援佛理以論事。《述而》「默而識之」章「發明」下程按：「讀古人書，胸中先橫有防異端流弊之見，其得古人之意亦僅矣。」〔註55〕此言，或則可以作爲其肯以通達態度對待二氏之學的思想根據來看。具體到文中，如《爲政》「攻乎異端」章「發明」下程按：「程子以佛氏之言當如淫聲美色以遠之，宋儒作僞之言，不可爲訓。聖量至廣，無所不容，彼楊墨之見距，以其爲孟子也。後儒無孔孟之學，竊釋氏之緒餘，而反以闢佛自鳴，以爲直接道統，其無乃太不自量耶！」〔註56〕《里仁》「無適無莫」章「集注」門下程按：「宋儒好苛論人。謝氏於『知者利仁』章貶抑聖門，已屬非是；今又謗及佛老，更不可爲訓。子貢方人，孔子以爲不暇。至詁經之失，猶其小焉者也。」〔註57〕顯然是對宋儒闢二氏的詆斥，而且這種詆斥相當程度上已近於人身攻擊。不過在這種針對宋儒的厲言聲中，我們倒是聽出了其對二氏之學不言而喻的包容態度。而諸如《公冶長》「吾未見能見其過而內自訟者」章「發明」下程按「朱子亦深於佛學者，故知自訟留在心胸之非。非邃於禪理者不能有此見解」〔註58〕，《子罕》「子絕四」章「別解一」下程按「惟聖人乃能並絕其毋。姑以佛學明之，能不起念固是上乘工夫，然以念遣念之念亦念也，並此無之，乃爲無上上乘」〔註59〕，更是明顯地正面肯定佛學之儒門價值的文字。

4、詆《集注》

同對佛道的包容態度相比，程氏對朱子《集注》的態度似乎有些過於嚴格。上文引及的非《集注》的例子外，再如《爲政》「十有五而志於學」句「餘論」門下程按，「『十五入大學』出《白虎通》，《集注》並非毫無根據，方氏（方觀旭－筆者）譏之非也。惟志於學與入大學無涉，不必援以爲證，皇《疏》義較長」〔註60〕，《里仁》「一貫」章「餘論」下程按「朱子說一貫，以爲猶一心應萬事是也。而欲以理貫之，則非也。理者，佛家謂之障，非除去理障

〔註55〕　程書第438頁。
〔註56〕　程書第110頁。
〔註57〕　程書第249頁。
〔註58〕　程書第358頁。
〔註59〕　程書第575頁。
〔註60〕　程書第71頁。

不見眞如，如何貫串得來？」〔註61〕《里仁》「仁者安仁，知者利仁」章「唐以前古注」門下程按：「無所爲而爲之謂之安仁，若有所爲而爲之，是利之也，故止可謂之智，而不可謂之仁。皇《疏》所解語雖稍露骨，而較朱《注》爲勝，故特著之」〔註62〕，等等等均是其例。

程氏對《集注》的詆斥，可以從兩個方面看出。一是行文用字上往往不經意間流露出對《集注》的牴觸態度。《鄉黨》「沽酒市脯不食」句「別解」門下引黃式三文後程按：「此雖可備一說，然沽與下市脯對文，仍當以訓買爲長（《集注》「沽市皆買也」－筆者）。」〔註63〕《先進》「孝哉閔子騫，人不間於其父母昆弟之言」章「別解」門下程按：「《亢倉子‧順道篇》：『閔子人無間其於父母昆弟之言。』是以間作非間解，其源甚古。近人如錢坫、黃式三亦主是說，大抵即陳群說而申之者。於理雖通，然如此解則『孝哉閔子騫』句當作夫子言之，『不』字改作『無』，方合口吻。今考《魯論》既無稱弟子之例，而『不』與『無』明明有別，又不可改竄經文，似當仍從朱《注》爲是。」〔註64〕兩段文字皆爲尊朱之言，但行文中兩個「仍」字，實大可玩味，細品其文隱有以無勝朱《注》者爲憾之意；再輔以「是書力矯前人攻朱之習，然貶抑聖門之罪亦決不輕恕」〔註65〕一類文字，我們說於朱子《集注》，程氏實少兩分敬意，且略有《集釋》成而《集注》竟廢的隱志。

當然，僅憑上引三段文字即得出如此論斷人們不免心生懷疑。不過筆者所以作如是言實是詳檢全書按語進行相關統計並思忖再三後才得出的結論。非有桇實證據焉敢作如此斷語。具體來看，《集釋》全書有按語721條，其中《學而》50條，非朱子及《集注》者8條；《爲政》64條，非朱子及《集注》者13條；《八佾》50條，非朱子及《集注》者4條；《里仁》48條，非朱子及《集注》者13條；《公冶長》46條，非朱子及《集注》者8條；《雍也》40條，非朱子及《集注》者7條；《述而》37條，非朱子及《集注》者4條；《泰伯》30條，非朱子及《集注》者6條；《子罕》34條，非朱子及《集注》者6條；《鄉黨》66條，非朱子及《集注》者18條；《先進》48條，非朱子及《集注》者5條；《顏淵》29條，非朱子及《集注》者7條；《子路》29條，非朱

〔註61〕程書第 261 頁。
〔註62〕程書第 229 頁。
〔註63〕程書第 697 頁。
〔註64〕程書第 748 頁。
〔註65〕程書第 833 頁。

子及《集注》者 8 條；《憲問》33 條，非朱子及《集注》者 5 條；《衛靈公》34 條，非朱子及《集注》者 5 條；《季氏》16 條，非朱子及《集注》者 1 條；《陽貨》25 條，非朱子及《集注》者 5 條；《微子》12 條，非朱子及《集注》者 0 條；《子張》19 條，非朱子及《集注》者 4 條；《堯曰》11 條，非朱子及《集注》者 1 條。將按語總數、非朱《注》條數及所佔章節按語數的比例列表來看：

學而	為政	八佾	里仁	公冶長	雍也	述而	泰伯	子罕	鄉黨	總計
50	64	50	48	46	40	37	30	34	66	按語總計 721 條，非朱《注》者計有 128 條，占總按語數的 17.8%。
8	13	4	13	8	7	4	6	6	18	
0.16	0.20	0.08	0.27	0.174	0.175	0.108	0.2	0.176	0.273	
先進	顏淵	子路	憲問	衛靈公	季氏	陽貨	微子	子張	堯曰	
48	29	29	33	34	16	25	12	19	11	
5	7	8	5	5	1	5	0	4	1	
0.104	0.241	0.275	0.152	0.147	0.06	0.2		0.21	0.09	

可見 20 篇當中《為政》、《里仁》、《泰伯》、《鄉黨》、《顏淵》、《子路》、《陽貨》、《子張》八篇比例在 0.2 以上，即至少每 5 條按語當中就有一條是批駁朱子或是正《集注》之失（實則批駁朱子亦每與指正《集注》有關）的，其中《里仁》、《鄉黨》、《顏淵》、《子路》更都在 0.25 左右，也就是說每 4 條按語就有一條非朱。其外《學而》、《公冶長》、《雍也》、《子罕》、《憲問》、《衛靈公》六篇，除《衛靈公》略低於 0.15 外其他均在 0.15 以上，即至少每 7 條中就有一條是針對朱子及其《集注》的否定性文辭。整體比例約為 0.18，即六分之一強。再考慮到筆者所統計多為明顯有微詞者，其他推尊他注實即非朱者多未計入，故而整體比例應該還要高一些。

　　我們講宋代而降，尤其清代，《論語》著作林林總總不勝其多，且程著全文徵引文獻達 680 種之多，獨於朱子尤其《集注》頻為批駁，即多且巨，謂其詆斥朱《注》顯然屬實。〔註66〕

三、解經方法

　　編撰思想以外，程氏按語更可用以對其解經方法問題的分疏。整體而言，《集釋》所見程樹德的解經方法至少有如下三點值得注意：

────────────

〔註66〕　當然，如前所引，《論語集釋》中也有不少迴護和以《集注》為長的按語。此類筆者一時之間尚未統計，不過就數量來看顯然要較非朱《注》者少出相當之多。

　　一是以經解經。此爲經學研究的正統法門，亦爲程氏所推重。《爲政》「何爲則民服」章「別解」門下程按：「劉氏（劉逢祿）之說是也。以經解經，可與夫子告樊遲舉有天下選於眾，但言舉皋陶，不言錯四凶相證。」〔註67〕《先進》「從我於陳蔡者皆不及門」章「考證」門下程按：「竊謂以經解經，當以《孟子》『君子之厄於陳蔡之間，無上下之交也』爲此章確解。所謂不及門者，即無上下之交之義。謂弟子中無仕陳蔡者，故致斯厄。鄭《注》不及仕進之門，意欠明瞭，故後儒別爲之說。今得劉氏寶楠爲之疏解，則終以古義爲安也。」〔註68〕前者以《顏淵》第二十二章樊遲同孔子及子夏有關「舉直措諸枉，能使枉者直」的對話與《爲政》「何爲則民服」參觀互訓，後者借《盡心下》孟子之言釋孔子語，一爲經內互證，一取他經爲證，即所謂引文所及「以經解經」四字的具體呈示。

　　二是以常情解經。今人俞志慧有謂：「國學作爲一門具有豐厚積累的學問，無疑需要多方面的學術素養，但有一些並不複雜的學術問題往往可以從常識層面得到解決，求之過深或過繁反而可能轉移或懸置問題，甚至有可能出現一些違反常識的現象。」〔註69〕其實俞氏所謂國學相當程度上就是經學。如其所言在經學研究中，常識和常情確有著重要的參考價值，而且常常能有破開迷障直探淵底的強悍解釋力。故而在解經時能夠不時的跳出經籍、反觀常情與常識往往非常必要，即以常情解經。此在《集釋》亦多能觀見，《鄉黨》一篇尤多。《鄉黨》「褻裘長，短右袂」句「考證」門下程按：「孔《注》以短右袂爲便作事。夫人之作事，兩手皆欲其便，豈有單用右手之理？或又謂卷右袂使短，案《弟子職》『凡拚之道，攘袂及肘』，即謂卷袂使短，然無事時仍必舒之，人作事皆是如此，《論語》不應記之。緣情測意，胡夏（胡紹勳、夏炘－筆者）爲長。」〔註70〕《鄉黨》「吉月必朝服而朝」句「考證」門下程按：「今人雖致仕官，元旦尙可隨班朝賀，古猶是也。至此而吉月必朝之義乃始渙然冰釋矣。」〔註71〕《鄉黨》「割不正不食」句「考證」門下程按：「割肉不方正者不食，天下豈有此不近人情事耶？使後世視孔子爲迂腐不通世故

〔註67〕程書第 118 頁。
〔註68〕程書第 741 頁。
〔註69〕俞志慧：《回到常識：關於國學研究的一種方法論的思考》，《國學研究》第十六卷，北京大學出版社 2005 年版。
〔註70〕程書第 673 頁。
〔註71〕程書第 681 頁。

之人者，宋儒之罪也。」〔註72〕《鄉黨》「不撤薑食，不多食」句「餘論」門下程按：「朱子《集注》以明衣變食遷坐爲齋禮，『食不厭精』以下爲禮食常食之節，不但上文『割不正，不食』、『沽酒市脯不食』說不通，並『不撤薑食』亦說不過去。薑性熱，非可常食之物，遇夏令能不撤乎？又皆事理所必無者。」〔註73〕上述對古人著裝、飲食方式的探討，顯然都得益於常情和常識，儘管具體的解釋正確與否或須另論，但作者援手常情的解經路數則是明白如話毋庸置疑的。

　　三是生活說經。常情解經以外，程氏更常常將生活中所知所見與經文內容相比較，借爲經意解釋的幫助，即以生活說經。《里仁》「富貴貧賤」章「發明」下程按：「常人之情，好富貴而惡貧賤。不知富貴貧賤皆外來物，不能自主，君子所以不處不去者，正其達天知命之學。何者？福者禍之基，無故而得非分之位，顚越者其常，幸免者其偶也。無端而得意外之財，常人所喜，君子所懼也。世之得貧賤之道多矣，如不守繩檢，博弈鬥狠，奢侈縱肆，皆所以取貧賤之道。無此等事以致貧賤，是其貧賤生於天命也。君子於此惟有素其位而行，所謂素貧賤行乎貧賤者。稍有怨天尤人之心，或思打破環境，則大禍立至矣。故不處不去，正君子之智，所謂智者利仁也。」〔註74〕《衛靈公》「問陣於孔子」章「考證」門下程按：「章氏《檢論》：周時俎豆具食，漢始有案。《說文》：『豆，古食肉器也。』曰古者，明漢已不用之義。今日本盛食之盤即謂之俎，以木蓋碗盛湯施於俎上以進食，猶古俎豆之遺制。我國惟三代時用之，漢以後改用食案。蓋三代俱獨食，共食之例自漢始也。」〔註75〕《述而》「亡而爲有」句「發明」下程按：「圖好看俗語謂顧面子，『亡而爲有』三句即所謂顧面子也。凡顧面子之人其始不過爲喜作僞之僞君子，其終必流爲無忌彈之眞小人，烏能有恒？」〔註76〕《鄉黨》「必有寢衣」句「別解一」程按：「今日本之被，有領有袖，惟長較常服之衣倍其半，蓋即古寢衣之制。」〔註77〕以生活常有之禍福相倚伏之類事解釋《里仁》「富貴貧賤」章，以日本

〔註72〕程書第 693 頁。
〔註73〕程書第 698 頁。
〔註74〕程書第 234 頁。此條按語非是注文考辨，更非經意考索，若援《老子》以申貧賤富貴相倚伏的道理，本亦三兩語即可，而所以不辭唇舌諄諄訓誡者，蓋經文與自身境遇相涉，乃半對經說、半就己言，說與旁人及自家聽者也。
〔註75〕程書第 1050 頁。
〔註76〕程書第 489 頁。
〔註77〕程書第 675 頁。

人生活所用盛食器、寢被解釋《衛靈公》首章所言的「俎豆」以及《鄉黨》所謂「寢衣」，以生活中常說的面子問題詮釋《述而》「亡而為有」句，是皆通過生活所見人情世故、事事物物來解說經文經意的例子。

第四節　綜合評述

而今來看，在民國《論語》學史上，《論語集釋》確是比較成功的一個本子，至於今日一直廣為稱道。筆者認為，該書所以受人推重，至少有以下幾個方面的因由。

一者，程樹德能在身患重病、生活困頓的情況下堅持治學，不為貧病所折，其學問精神令人肅然起敬。此一精神在其所作按語當中也有體現。《里仁》「惡衣惡食」章「餘論」門下程按：「自來賊污寇盜元兇大憝，其最初原因亦不過恥惡衣食耳。王沂公一生勳業皆自其『不在溫飽』之一言發之也。故士須有子路縕袍不恥之風，而後始足以言道。」〔註78〕所謂「縕袍不恥」，所謂「不處不去」（上引《里仁》「富貴貧賤」章按語），足見程氏心志之堅卓。同篇「朝聞夕死」章「唐以前古注」門下程按：「魏晉時代道家之說盛行，此章之義正可藉以大暢玄風。當時注《論語》者，此等迎合潮流之書當復不少，而何氏皆不採，獨用己說，其見解已非時流所及。皇氏生齊梁之世，老莊之外，雜以佛學，其時著述尤多祖尚玄虛，如王弼之《論語釋疑》、郭象之《論語體格》、太史叔明之《論語集解》，皆出入釋老，亦當代風趨使然也。乃皇氏獨引欒肇以申《注》義，並不兼採以廣其書，其特識尚在宋儒之上。沈埋幾數百年，終能自發其光，晦而復顯，蓋其精神有不可磨滅者在也。」〔註79〕所謂「精神有不可磨滅者在」一語足以見出程氏對學術精魂可穿越時空亙古長存的篤信，亦可隱見程氏期以學術不朽的志向，所以說一定程度上，此段按語實是程氏對自身窮年矻矻潛心撰述之學術精神，他日必能為人表彰發見而得享身後尊榮的，某種包含著對今生來世之深沉自信的明志之語。

二者，該書廣搜博採保存了大量古注（當然，此點相當程度上與清人輯佚工作在魏晉《論語》古注上的收穫不能分開），而且在《論語》學上確也有自家的發見和創獲。《公冶長》「聽其言而觀其行」章「考異」門下程按：「余

〔註78〕程書第 247 頁。
〔註79〕程書第 244～245 頁。

嘗謂一部《論語》中，多二子曰，此章及『唯上知』章是也。少二子曰，『君子去仁』節及『君子篤於親』節是也。能互相移易則善矣。宋儒好談錯簡，大遭後人非難，姑闕所疑焉可矣。」〔註80〕《堯曰》篇末「不知言無以知人」句「餘論」下程按：「《堯曰》一章是《論語》全書後序，古人序文常在篇末，如《莊子》之有《天下篇》，《史記・自序》，不乏先例。」多二「子曰」少二「子曰」，引申宦懋庸氏「續編」說成《堯曰》爲《論語》後序之論，雖未必是，但確是值得注意的程家創獲。另外，若《鄉黨》「必有寢衣」句「別解一」程按「然則衣者，晝之被。被者，夜之衣。固可通用者也」〔註81〕中的夜衣晝被說，《先進》「吾與點」句「集注」門下所按「與點」之言實爲孔子「感慨身世，自傷不遇」〔註82〕說，實也入情入理，令人快意。

　　三者，《集釋》盡力保持了平和的學術態度，對各種注本諸家學說的評點大體均較爲公允。

　　全文來看，程樹德對韓李《筆解》甚爲不滿，但亦非全盤否定，了無所取。《雍也》「齊一變至於魯，魯一變至於道」章「唐以前古注」門引《論語筆解》「韓曰：『道，謂王道，非大道之謂。』李曰：『有王道焉，『吾從周』是也。有霸道焉，『正而不譎』是也。』」程按：「此說較《集解》爲勝，似可從。」〔註83〕即爲一例。

　　程氏推尊漢學略抵《集注》，但同時也深明漢學之不足與《集注》的長處，漢學之短並不迴護，《集注》之長亦不摒棄。《述而》首章「考證」門下程按：「老彭有二人一人之二說，以主一人者較爲多數。然彭祖雖壽，斷無歷唐虞夏商尚存之理，此如堯時有善射者曰羿，而夏有窮之君亦名羿；黃帝時有巫咸，而夏商均有巫咸。蓋古人不嫌重名，壽必稱彭，猶之射必稱羿，巫必稱咸也。包咸注：『老彭，殷賢大夫。』蓋即本之《大戴禮》，最爲有據，故《集注》取之。後來彭祖、老聃諸說解釋愈詳，愈多窒礙，此《集注》之所以不可輕議也。」〔註84〕《鄉黨》「私覿，愉愉如也」句「考異」門下程氏因錢坫《論語後錄》之言按稱：「《說文》雖無『覿』字，然『愉』字下引《論語》曰：『私覿，愉愉如也。』可爲《說文》有『覿』字之證。且『覿』見《爾雅・釋詁》，《左傳》

〔註80〕　程書第 314 頁。
〔註81〕　程書第 675 頁。
〔註82〕　程書第 812 頁。
〔註83〕　程書第 412 頁。
〔註84〕　程書第 434 頁。

亦有『宗婦覬』之文，經典中用此字多矣。今因《說文》偶而闕佚之故，乃多方遷就，改經以從《說文》，此漢學家之蔽也。」〔註85〕即爲證明。

尤其值得注意的是，程樹德能以通達的心態對待二氏之學。《雍也》「立人、達人」章「發明」下程按：「儒家之所謂仁，即佛氏之慈悲。特彼教之布施往往過中，至有捨身以餧虎者。儒家則否，但就耳目之所聞見、心力之所能及者爲之，最爲淺近易行，與上章中庸鮮能之旨相應。朱子以《圓覺經》隨指見月之理解能取譬，是朱子並不諱談禪。後來紛紛闢佛者，皆坐門戶之見太深而信道不篤故也。」〔註86〕《先進》「未知生焉知死」章「發明」引康有爲「孔子之道，無不有死生鬼神，《易》理至詳，而後人以佛言即避去，必大割孔地而後止，千古大愚，無有如此」語後按稱：「鬼神生死之理，聖如孔子，寧有不知？此正所以告子路也。昔有舉輪迴之說問伊川者，伊川不答。所以不答者，以輪迴爲無耶？生死循環之理不可誣也。以爲有耶？與平日闢佛言論相違也。此宋儒作僞之常態。至康氏乃發其覆，此如大地中突聞獅子吼，心爲爽然，洵孔氏之功臣也。」〔註87〕等等皆爲顯證。就後一條按語，特別是結合康有爲《論語注》的內容來看，程氏自孔門尊二氏蓋亦有爲儒家拓地的心志，此與馬一浮正自不異。然一「漢」一「宋」實呈妙趣。蓋在民國《論語》學的傳統陣營，當著新學風行的時代，深探古典、精研舊學，期以一己之學彼孔門慧命賡續，幫儒家開疆拓土，實爲共同志業之所繫。再從儒門自身而言，自宋儒之辟佛到此間之並攝，實亦一大景致，有其學術史上的重大意義。

當然，質實而言，我們說《論語集釋》一書也有些這樣那樣的不足。

一者聖人情結凝重，走筆行文不免對聖人及聖門迴護過甚。《雍也》「犁牛之子」章「考證」門下程按：「仲弓父賤行惡之說，承用雖始於高誘，而其誤實始於《史記》。後儒因犁牛之喻，遂以伯牛爲仲弓父。然農耕非賤者業，癩疾亦非行惡，輾轉附會，至使先賢蒙不白之冤。黃氏本劉台拱《論語駢枝》之說，考其致誤之由，頗爲詳盡，故特著之。」〔註88〕《子張》「子夏之門人問交於子張」章「發明」下程按：「二子論交之說，均出於夫子，不宜有所軒輊，各因其性之所近而師之可也。大抵狷介者宜於子夏，高明者宜於子張，

〔註85〕 程書第 663 頁。
〔註86〕 程書第 430 頁。
〔註87〕 程書第 763 頁。
〔註88〕 程書第 376～377 頁。

其言均百世之師也。」〔註89〕這兩者或則還可以說是正人視聽的尊賢之舉。但若《鄉黨》「寢不屍」句「別解」門下程按「《集注》作不似死人，蓋沿包《注》之誤，不可從。不似死人，何待聖人能之耶？」〔註90〕則顯係迴護太過。再如《子張》「堂堂乎張也」句「別解」門下程按「子張少孔子四十八歲，在諸賢中年最少，他日成就如何雖無可考，而其弟子有公明儀、申詳等，皆賢人也。其學派至列爲八儒之一，非寂寂無聞者也。《集注》喜貶抑聖門，其言固不可信。如舊注之說，子游、曾子皆以子張爲未仁，擯不與友，《魯論》又何必記之？吾人斷不應以後世講朱陸異同之心理推測古人」〔註91〕云云，回護儒門，推尊先賢更是無需深辨，惟是若孔門群賢無異同之心又何來八派之儒？

二者《集釋》雖稱公允，實偏漢而抵宋〔註92〕，對朱子《集注》詆斥尤多，然亦往往因抵朱《注》而生疏失。程氏好抵《集注》此在前文已有專門分析，若《陽貨》「唯上知與下愚不移」章「集注」門下程按「皇《疏》兼採諸說，六朝舊籍，賴以保存。《集注》惟知稱其師，雖有他說，了不兼採。如此章韓子三品之說，原本孔氏，不採者，恐其爭道統也。余向主皇《疏》勝於《集注》，於茲益信」〔註93〕者，等等。總之尊皇《疏》非《集注》是程氏《論語》注本方面的基本觀點。不過，或則是「《集釋》行而《集注》竟廢」〔註94〕的隱志之故，程樹德在分析《集注》之得失，尤其是非抵其不足的時

〔註89〕 程書第 1306～1307 頁。

〔註90〕 程書第 725 頁。

〔註91〕 程書第 1328 頁。

〔註92〕 《顏淵》「克己復禮」章「考證」門下程按：「此章爲漢學宋學之爭點，詳見《漢學商兌》，茲不具述。平心論之，同一『己』字而解釋不同，終覺於義未安，阮氏之說是也。朱《注》爲短，蓋欲伸其天理人欲之說，而不知孔氏言禮不言理也。」（程書 818 頁。）此條按語或則可以作爲程氏偏漢抵宋的經典性注腳。再者，從程氏諷抵宋儒尤其是朱《注》，卻能以展拓儒田的心態容攝二氏之學的對比中亦可清楚觀見其略顯歧宋的心態。正所謂不落門戶又坐門戶。

〔註93〕 程書第 1187 頁。

〔註94〕 《集釋‧凡例》第一條謂：「《論語》注釋，漢時有孔安國、馬融、鄭玄、包咸諸家，魏則陳群、王肅亦有義說。自何晏《集解》行，而鄭、王各注皆廢。自朱子《集注》行，而《集解》及邢、皇二疏又廢。朱子至今又八百餘年，加以明清兩代國家以之取士；清初名儒代出，著述日多，其間訓詁義理多爲前人所未及，惜無薈萃貫串之書。茲篇竊本孔氏『述而不作』之旨，將宋以後諸家之說分類采輯，以爲研究斯書之助，定名曰《論語集釋》。」內中「自

候，常常會出現些不該有的過當言辭。若《鄉黨》「廄焚」「不問馬」句「餘論」門下程按「王（王濂南）陳（疑爲李，指李二曲）二家專攻《集注》，然貴人賤畜，語本《鹽鐵論》，鄭《注》亦用之，不足爲病。今忽無故塞進理字，謂理當如此，遂成語病耳」〔註95〕。此就《集注》「非不愛馬，然恐傷人之意多，故未暇問。蓋貴人賤畜，理當如此」而發。拙見此理作「情理」解本無不可，且滿貼切。程氏鄙理學，逢理不悅，遂有「塞進理字成語病」之論，實則計較太過，斥人理障重者反坐理障中耳〔註96〕。「發明」下程氏復按「若貴人賤畜，庸夫俗子皆知之，何必聖人？」〔註97〕必謂聖人與庸夫俗子異用抵《集注》是亦計較太過，當然也可能是聖人成見深的緣故，不過更有可能是因攻朱《注》而偶失常心所致。畢竟俗子人生，聖人也是人養，若能將「何必聖人」一句改作「聖人豈能外乎」即於情於理通達無失矣。其實聖凡成見本是宋學家痼疾，程氏失於以聖凡差別攻《集注》，是亦在宋而攻宋，深思之下讓人不禁莞爾。究實而論，我們說凡此之類皆因程氏抵朱太屬所致。〔註98〕

三者程氏自生活解經本無不對，但具體行文中卻常常會有某些問題。《雍也》「人之生也直」章「發明」下程按：「皇《疏》引李充云：『人生之道惟其身直。』蓋人皆直立，與禽獸異，故人性直無僞，自生時已然。」〔註99〕以直立爲人性耿直無僞的緣由，爲說如此實已近乎迂腐。當然，或是限於聞見，

何晏《集解》行，而鄭、王各注皆廢。自朱子《集注》行，而《集解》及邢、皇二疏又廢。朱子至今又八百餘年」幾句實大可玩味。既然朱子至今又八百餘年，那麼八百年後著力「將宋以後諸家之說分類采輯，以爲研究斯書之助」的《集釋》會否在《集解》、《集注》而後以相類的名義收到相類的效果呢？其實考慮到《集解》、《集注》、《集釋》三者名義上的相似，作者有否在學術史上若其自家所謂「後者出而前者廢」的比肩二「集」的大志已是一個很讓人期待的問題了。結合前文的分析，我們說，儘管郁庭在按語當中亦有不少地方強調《集注》的價值，但他實有「《集釋》行而《集注》亦廢」的隱志。作者確認《集注》是處的工作同非抵《集注》的部分結合起來正好從正反兩個方面完成了對朱子之書批判繼承的工作。

〔註95〕程書第 714 頁。

〔註96〕其實即事求理本亦人之天性，若文字訓詁，求正經義所出的意義根據，其實相當程度上也是一種求理的工夫。

〔註97〕程書第 715 頁。

〔註98〕事實上若程氏所謂「宋儒解經，每有過深之弊」（程書 523 頁。）誠爲不假。惟程氏自己解經也難逃此弊，論及聖門常有過高之嫌，此在前引其竭力迴護聖門的言辭中有其體現。

〔註99〕程書第 403 頁。

亦不足深訾。而外，程氏以生活解經的文例中還常常能嗅到「殖民文化」的氣息，此尤其體現在其每每以日本生活作為解經的生活判準與依據上。在日寇侵華的歲月裏，為文如此實在不能不讓人生出幾分遐思。前引《鄉黨》「齋，必有明衣」句「集注」門下所按「《集解》、《集注》均以明衣為浴衣，而皇《疏》尤為明顯。今日本國俗，浴時例有浴衣，猶古制也。清初學者不知浴衣之制，於是種種曲說由此而生」〔註100〕，及《衛靈公》「問陣於孔子」章以日本飲食用器詮解夫子所言之「俎」，等等就是明顯的例子。

　　四者程氏對很多問題的考證似也值得商榷。若「管氏有三歸」章、「君子懷德」章、「五十以學易」章、〔註101〕「民可使由之」章、「與命與仁」章、「伯牛有疾」章等等。

　　具體來看，若「民可使由」章程按：「愚謂《孟子‧盡心篇》『孟子曰：『行之而不著焉，習矣而不察焉，終身由之而不知其道者，眾也。』』眾謂庸凡之眾，即此所謂民也，可謂此章確詁。紛紛異說，俱可不必。」今人龐樸結合郭店簡文謂：「簡中有好幾處文字與此有關，最清楚的一處這樣說：『民可使道之，而不可使智之。民可道也，而不可強也。』『道之』就是『導之』，也就是教之，這是沒有問題的。『不可使智之』同位於『不可強也』，也就是『不可勉強也』，這在文句中也清清楚楚，應毋庸議。需要稍加說明的只是，『智』之為德，在儒家學說中，本來便是有著限制的。第 163 頁（指荊門市博物館編文物出版社 1998 年版《郭店楚墓竹簡》－筆者）上說『不欺弗智，信之至也』，『智』與『欺』並列，與『信』反對，這樣的智，就是我們通常所謂的小聰明；其為德也，可不慎歟！孟子也曾這樣說過：『所惡於智者，為其鑿也。如智者亦行其所無事，則智亦大矣。』（《孟子‧離婁下》）鑿者穿鑿附會，把自己意見強加於人之謂。可見不可使智之，說白了，就是不可強加於人；再好的主張，也只能在人民的理解中慢慢推行，強加過去，好事也會變成壞事的。」〔註102〕較之程氏以知為愚的訓解，同樣援引《孟子》的龐氏結合出土文獻所作出的小智小慧、鑿而強人的解釋顯然別開生面，也更令人信服。

〔註100〕程書第 685 頁。

〔註101〕此三處文義分別參張富祥《管仲『三歸』考》（《文史》，2003 年第 3 期），俞志慧《〈論語‧述而〉「加我數年，五十以學易」章疏證》（《孔子研究》2000 年第 3 期）、《〈論語‧里仁〉『君子懷德』章考辨》（《中華文史論叢》2006 年第 3 期）。

〔註102〕龐樸：《初讀郭店楚簡》，文載劉貽群編山東大學出版社 2005 年版《龐樸文集‧第二卷：古墓新知》。引文見第 3～4 頁。

「與命與仁」章程按：「竊謂解此章者多未瞭解言字之義。蓋言者，自言也。記者旁窺已久，知夫子於此三者皆罕自言，非謂以此立教也。說者徒見弟子問答多問仁，遂疑命仁爲夫子所常言，實則皆非此章之義也。《論語》中如『小人喻於利』、『放於利而行』、『君子畏天命』、『不知命無以爲君子』、『我欲仁而仁至』、『當仁不讓於師』之類，出於夫子自言者實屬無幾。大抵言仁者稍多，言命次之，言利最少，故以利承罕言之文，而於命於仁則以兩『與』字次第之。」〔註103〕以「自言」解「罕言」之「言」字，此在《論語》學上或爲新說，但就經文來看著實牽強，此蓋與程氏殘病後境況有關〔註104〕，或亦爲解決言利雖少但言仁甚多的矛盾而曲爲之說的緣故。不過，拙見《集釋》所引陳天祥《四書辨疑》「聖人於三者之中所罕言者，惟利耳，命與仁乃所常言。命猶言之有數，至於言仁，寧可數邪？聖人捨仁義而不言，則其所以爲教爲道，化育斯民，洪濟萬物者，果何事也？」，以「與命與仁」同「言利」分開來說的觀點，顯然較程氏必以「自言」曲爲之說的詮解要好上許多。楊樹達《論語疏證》以「言利」、「與命」、「與仁」各爲一句，《論語批註》以「與命與仁」同「子罕言利」分爲兩句，均可作爲輔證。〔註105〕

略舉兩處明所言不虛。限於文字我們不好再一一評述。

五者程著本身亦有自相牴牾處。此點突出表現在其對簡朝亮《論語集注補正述疏》的態度上。《衛靈公》「君子矜而不爭」章「餘論」引簡朝亮《論語集注補正述疏》之文後按稱：「是書喜以史解經，非詁經之體，故辭煩而寡要。獨此節說漢唐宋明四代以黨亡國之史，頗爲詳盡，足茲鑒戒，故備錄之。」〔註106〕作爲此說，顯見程氏對簡著了不以爲意。不過我們發現，事實上程氏

〔註103〕 程書第 568 頁。

〔註104〕 「伯牛有疾」章謂孔子知醫，執手即切脈。拙見謂孔子知醫或可，必謂執手即切脈，立論著實太猛，且總是孤證不立，此事蓋亦與作者久病成醫的一己特點有關。程氏此論參其書第 385 頁。

〔註105〕 參上海古籍出版社 2006 年 12 月版楊樹達《論語疏證》208～211 頁，以及中華書局 1974 年 11 月版北京大學哲學系一九七〇級工農兵學員《〈論語〉批註》第 185 頁。

〔註106〕 程書第 1106 頁。其實程氏於簡氏之書此處之外另亦有取，如《泰伯》「恭而無禮則勞」章即尊簡氏而別爲兩章。而外，儘管程氏對簡著並不欣賞，其學術立場同前文所及的馬一浮亦相去頗遠，但必須指出的是，作爲民國《論語》學舊派人物的代表，他們還是分享著許多共同的東西。《泰伯》「可以託六尺之孤」章「餘論」門下程按：「託孤寄命，大節不奪，古惟伊尹、周公、諸葛亮之流足以當之。若文天祥、史可法諸君，雖心竭力盡，繼之以死，而終於

對簡著的徵引亦非僅此一處。而且還有明顯參考簡著而未予解釋或注明類事。《公冶長》「伯夷、叔齊不念舊惡」章「別解」門下程按：「《魏書》：『房景伯除清河太守。郡民劉簡虎嘗失禮於景伯，景伯署其子爲四曹掾，論者以爲不念舊惡。』南齊皇甫肅曾勸劉勔殺王廣之。及勔亡，肅反依廣之，而廣之盛相契賞，且啓武帝使爲東海太守。史臣以爲不念舊惡。此舊惡並作夙願解。漢晉以來，舊說如此。較《集注》爲勝。」〔註107〕《論語集注補正述疏》此章下疏文有云：「南齊皇甫肅嘗請劉勔斬王廣之。及勔亡後，肅反依廣之。而廣之盛相賞接。且啓奏武帝使爲東海太守。《南史》以爲不念舊惡。」〔註108〕程氏所言「南齊皇甫肅曾勸劉勔殺王廣之。及勔亡，肅反依廣之，而廣之盛相契賞，且啓武帝使爲東海太守。史臣以爲不念舊惡」與之敘次完全相同，字詞略有添改，顯然與簡著關係緊密（後者成書較前者早20年尚多）。儘管此爲史實又文詞簡略，且非按語之全部，但「君子矜而不爭」所引實亦史實，注與不注之間實有些微妙處。想來此處不注或與所謂「以史詁經，非詁經之體」〔註109〕的學術品定略有相關。

平心而論，儘管書中不免還有這樣那樣的一些瑕疵，但總是無傷大體。而且就民國《論語》學整齊舊注方面的工作講，《論語集釋》確是穩居於頭把交椅。作者能以殘病之軀口述而成煌煌百餘萬言的大著，本身即是學術史上的一樁盛事。且該書體例周密，資料宏富，能以一己之力讓人望見整個兩千餘年《論語》學史的爛漫長景，更能於不少地方有其自家之發明，又能持以相對公允的態度評判注家得失，整體而言實屬不易。當然，同大多數書生相

君亡國破。則雖時數之不齊，而究於可託之義有間矣。聖門論人未嘗不才德並重，朱子非不知之，而其後議論乃重德行而薄事功何也？」（程書第526～527頁）此中所見的經世情懷，正可於簡朝亮氏、馬一浮氏互看。《鄉黨》「吉月必朝服而朝」句「發明」下程按：「自清初改衣胡服後，大漢衣冠，後人不但不知其名，甚至不識其字，況三代冠服之制乎？故錄此，後之言服制者得參考焉。」（程書第684頁。）此處所見程氏的文化保守主義心態，亦與簡朝亮、馬一浮相一致。

〔註107〕程書第346頁。

〔註108〕〔宋〕朱熹集注，簡朝亮述疏：《論語集注補正述疏》，北京圖書館出版社2007年5月版，第147頁。

〔註109〕其實，史即往者之生活，生活目下之歷史也，以史解經與自生活解經本無差別。程氏治學偏漢抵宋，尤抵朱《注》，簡氏之學則自漢護朱，撰爲《述疏》，一抵一護，蓋氏斥《述疏》「煩而寡要」、「以史解經」外另有學術觀念大不相同的緣故在也。

似，兼之是困頓歲月中負病著書，其希望有所成就垂名青史亦為人之常情，不足多議。

第四章　趙紀彬的《古代儒家哲學批判》
（初版《論語新探》）

　　眾所周知，歷史從來都是在新與舊的交織中緩緩前行，舊傳統的延續擋不住新傳統的流行，新公園的出現也遮不盡舊園子的風景。民國時期的《論語》研究也是如此，如果說簡朝亮的《論語集注補正述疏》作為經古文學《論語》研究的殿軍之作足為傳統經學在民國時期頑強存續之證據的話，那麼，我們講，趙紀彬站在唯物主義立場上解讀孔家經典的初版《論語新探》（即《古代儒家哲學批判》）則適為此間新學術陣營《論語》研究的典型。

第一節　作者及成書

　　趙紀彬（1905～1982），原名濟焱，字象離，筆名向林冰、紀玄冰，河南內黃人。父親趙鍾慶是一位晚清秀才。趙紀彬 17 歲時考入大名十一中，讀了不到一年，因學潮被開除，後靠親友資助去北京求學。不久，在北京受到新思潮的影響，開始接受馬克思主義，期間寫有《與人論「孔學」書》，由此開始了他一生的「批孔」生涯。此後，保定一位名叫謝臺岑的教授返鄉創辦了大名七師，趙紀彬赴該校應考，結果名列前茅。1926 年春，趙紀彬在該校教員馮品毅的介紹下加入中國共產黨，隨後即於翌年麥收前參加了「紅槍會」反抗軍閥的鬥爭，並在進攻大名縣城時充任總參謀長。在國民革命運動的高潮中，趙紀彬是當地十分活躍的人物，舉凡響應北伐、改組國民黨、發展共產黨員、開展農民運動等，他都傾力參與。

　　1929 年，時任中共濮陽縣委宣傳部部長的趙紀彬因叛徒出賣而被捕入獄。在獄中，他與人合作寫出《波格達諾夫〈社會意識學大綱〉批判》一書，對當時由脫黨的陳望道、施存統合譯的這部書進行了批判。至 1931 年刑滿，趙紀彬又潛赴西安，任中共陝西省委宣傳部部長，後赴北平參加救亡運動，並參與察綏抗日同盟軍的籌備活動，先後任華北九省民眾抗日代表大會秘書長、察哈爾民眾抗日同盟軍某團政委等。1933 年 9 月，趙紀彬赴北平彙報工作時再次被捕，判刑後被轉送杭州反省院。1934 年，趙紀彬經保釋出獄，此後被迫脫黨，開始以賣文為生。當時，他除了向顧頡剛主持的《禹貢》投稿之外，還撰有《中日關係條約彙釋》、《中日馬關條約集釋》等。1936 年，趙紀彬還參與了《民眾周報》的編輯，又赴南京為日本研究會編書，期間譯有秋澤修二所著《東方哲學史》一書。

　　1937 年 9 月，趙紀彬經中共北方局軍委書記朱瑞介紹，前往延安。行至西安，接受了八路軍辦事處讓其接替鄧穎超恢復「文總」的工作，遂由林伯渠介紹赴國統區活動，並以參加「通俗讀物編刊社」為掩護。1939 年夏，他參加了「新哲學研究會」重慶分會（本會在延安），致力於介紹蘇聯哲學。在「通俗讀物編刊社」工作時，趙紀彬接觸了大量的所謂「通俗讀物」，並且出版了一本《通俗讀物論文集》，由此他對五四以來新文藝的發展有所感觸。於是，1940 年 3 月，趙紀彬以「向林冰」為筆名，在重慶發起了一場「民族形式」問題的辯論。當時他發表的論文被胡風收入《論民族形式問題》一書。

　　「民族形式」問題的討論後，趙紀彬先後在「文化服務社」主編《青年文庫》，又赴川北三臺東北大學任教。1946 年，他被以「異黨分子」的罪名解聘後，赴上海東吳大學任教。不久，侯外廬約趙紀彬、陳家康、杜守素合寫《中國思想通史》。至 1947 年夏，趙紀彬又因參加「大教聯」而被作為教會學校的東吳大學解聘。

　　1948 年末，趙紀彬受到國民黨通緝，只好在中共地下黨的安排下通過封鎖線進入了解放區。1949 年 6 月，青島解放，趙紀彬隨「軍管會」赴山東大學，並擔任文學院院長、校委會副主任。在此前後，後來以「小人物」著稱的李希凡就寄居在他的姐夫趙紀彬家裏。李希凡後來一炮打響，與趙紀彬的教誨不無關係，而當時山東大學的《文史哲》雜誌，就成為李希凡「一鳴驚人」的園地。

　　1950 年，趙紀彬被任命爲當時的平原省政府副秘書長、省政協副主席、平原大學籌備處主任（後任平原大學常務副校長兼黨組書記）。在此期間，經組織審查，趙紀彬重新入黨。1956 年末，趙紀彬被調任開封師範學院院長兼河南歷史研究所所長。1963 年，又調往中央黨校任哲學教研室顧問。

　　1966 年「文革」爆發後，與眾多知識分子一樣，趙紀彬也慘遭迫害，曾長期被隔離、審查。直至 1981 年底，他的所謂「歷史問題」才得到澄清。

　　趙紀彬素以批孔著稱，其文字，包括屬於古籍研究的《論語新探》甚至一度得到毛澤東的賞識〔註1〕。1973 年 9 月，人民出版社出版了趙紀彬的《關於孔子誅少正卯問題》一書。此書被「四人幫」利用，成爲「批林批孔」運動中的一部「名著」。由於此書延續了趙紀彬一貫的「批孔」思路，加之對史料的理解又有不同，於是出版後在海外學界引起了軒然大波。如當時香港《大公報》連載了趙紀彬的這本書，唐君毅讀後氣憤難當，爲了維持孔子及儒學，他先後寫了《孔子誅少正卯傳說之形成》、《孔子誅少正卯問題重辯》等文章，對趙紀彬的觀點加以批駁，並指出此說是出自歷史上「法家」的偽作。然而在當時的中國大陸，這本書卻成了「學術」的典範之作。

　　晚年的趙紀彬健康情況欠佳，肝囊腫且患有糖尿病，兼之受「歷史問題」調查的困擾，精神狀態不好，由此身體狀況越來越差，終至 1982 年 2 月 17 日，病逝於在北京衛戍區醫院。〔註2〕

　　本節標題所揭的《古代儒家哲學批判》一書，即後來所謂《論語新探》的最早版本。據江玢玲回憶，1943 年到 1945 年，趙紀彬在東北大學同時開過四門課，《哲學概論》、《中國哲學史》，另有《邏輯學》和《論語》專題。趙氏當時授課的講義後由中華書局出版了三本書，一爲《哲學要論》，一爲《中國哲學思想》，一爲《古代儒家哲學批判》，再版時改名爲《論語新探》〔註3〕。

〔註 1〕據信江青、康生等知道趙紀彬即是緣於毛澤東對趙著《論語新探》的肯定。據趙紀彬學生江玢玲回憶，1977 年 4 月 27 日江去中央黨校 91 樓拜見恩師的時候，趙曾從一本《論語新探》中檢出一份武葆華 1974 年 11 月 1 日給他的抄件給江看，内容爲：「康生同志：此書（指《論語新探》）有暇可以一閱，有些新的見解。本年九月號《哲學研究》有他的一篇文章，也可以一看。毛澤東一九六五年十月七日」。見江玢玲：《趙紀彬先生六年祭》，載《社會科學戰線》1988 年第 3 期。

〔註 2〕以上内容據散木《哲學家趙紀彬的人生故事》（載《黨史博覽》2007 年 1 期）、江玢玲《趙紀彬先生六年祭》（載《社會科學戰線》1988 年第 3 期）。

〔註 3〕1959 年新版《自序》中作者對此有專門的交代，聲明：「本書在解放前（一九四八年夏）曾由中華書局出版，當時書局顧慮書名太冷，有礙銷路，因改題

關於該書的撰寫，作者在初版《自序》中交代說：「前人研究《論語》之書，指不勝屈；後有作者，甚難盡脫舊說，別創新意。民國三十三年夏，偶與馮沅君先生談起：《論語》中所見『人』、『民』字，就全書歸納，與後世語法有別，係指兩個階級。馮先生因勸著者寫出此意，以竟其說；當時口雖應之，猶以探求字義，非其所學，未必能成文；不意動筆之後，問題愈演愈出，不能自休，歷時四載，竟成此書。此書初稿，曾印發於國立東北大學及私立尊經國專兩校聽講學生；嗣後頗多修改。復員到滬，更加增刪，在雜誌及報章上部分發表。發表後，承讀者及友輩啓迪，又重行改訂。總計前後，講授四遍，更易三次，始得定稿。」〔註4〕這段文字告訴我們，寫作該書作者確實花了不少工夫，四年之間講授四過，三易其稿，最後才交由中華書局刊印。從《自序》末尾「一九四八年六月十日趙紀彬識於青島山大教授公舍」〔註5〕的字樣來看，該書樣稿的編訂還是在當年的老山東大學。

第二節　內容及特點

一、學術背景：中國文化的哲學時代

儘管趙著以「哲學批判」命名是一種個人性的偶然，但從歷史背景來說，

《古代儒家哲學批判》。實則本書意在透過《論語》對於春秋社會性質及孔門哲學思想有所探索，屬於古籍探討，非只批判哲學；今特恢復原名，仍題《論語新探》。」（該《序》見人民出版社 1976 年 2 月第 1 版、1976 年 2 月北京第二新華印刷廠第一次印刷趙著《論語新探》首頁）補注：趙著此書先後經過多次修改補充，可謂煞費心力，從 1976 版卷首所載《自序》、《再版自序》、《三版自序》來看，其自上世紀四十年代末出版後至於七十年代中期的 30 年間至少先後修訂出版了四次，而且，有的版本還不止印刷一次，著實用心良苦。以 1976 年人民出版社的本子來看，2 月份出版時的書號爲「2001‧151」，版權頁題「1976年 2 月第 1 版　1976 年 2 月北京第 1 次印刷」，由北京第二新華印刷廠承印，爲豎排三冊 787×1092 毫米 16 開本，定價 1.8 元，其後到了 3 月竟又出了個「第 3 次印刷」本，版權頁題「1959 年 1 月第 1 版　1976 年 2 月第 3 版　1976 年北京第 3 次印刷」，書號爲「2001‧102」，由六○三廠承印，爲橫排一冊 787×1092毫米 32 開本，定價 0.86 元。個人看來，該書所以被一再重印，一方面跟作者自己的學術和思想進展有關，另一方面，事實上，大約也是由該書需要不斷修改訂正的自身特點所決定。此在後面將進行專門的說明。

〔註 4〕趙紀彬：《古代儒家哲學批判》，中華書局 1950 年 3 月初版。引文見該書《自序》第 1 頁。

〔註 5〕趙紀彬：《古代儒家哲學批判》，中華書局 1950 年 3 月初版。引文見該書《自序》第 3 頁。引文「山大」原書作「大山」。

這實際上深刻觸及了中國文化發展時代性的大問題。這裡面提到的所謂「哲學」，所謂「批判」，對於有著悠久歷史的中國文化來說都是古代未聞的新名詞，而要回答爲什麼會有這樣的名詞、爲什麼作者會取這樣時髦的詞語爲後來改稱原先想叫的《〈論語〉新探》命名一類的問題，就不能不從 20 世紀中國文化發展所處的新時代、從此一新時代的文化特點說起。

當然，說到一時代的文化特點，我們又不能不言及梁啓超對「時代思潮」的論述。他說：「凡文化發展之國，其國民於一時期中，因環境之變遷，與夫心理之感召，不期而思想之進路，同趨於一方向，於是相與呼應洶湧，如潮然。始焉其勢甚微，幾莫之覺；寖假而漲——漲——漲，而達於滿度；過時焉則落，以漸至於衰熄。」「其在我國，自秦以後，確能成爲時代思潮者，則漢之經學，隋唐之佛學，宋及明之理學，清之考證學，四者而已。」〔註6〕從這樣的分析出發，我們認爲，對於充盈著文化衝突與融和的 20 世紀及其以後相當一段時間來說，這一時期中國文化的最大特點在於西方哲學的引入、本土哲學傳統的建構與哲學思想的建樹，以及由此造成的所有文化領域內哲學拷問與哲學探求的流行，20 世紀以來的中國文化遭逢了一個炙熱的哲學時代，而且可以肯定的說，現在的我們仍處在這個時代的起始歲月中。

這裡所謂的「哲學時代」有幾點需要說明。一者，所謂「哲學」首先指的是引入中國的西方哲學思想，這給數千年來浸潤在儒佛道三家思想中的國人，特別是知識精英帶來了新的思想震撼，並迅速席捲傳統中國人文學術的方方面面，而今流行的歷史哲學、教育哲學、社會哲學、政治哲學、外交哲學，乃至生活哲學、交際哲學、死亡哲學一類泛化指稱等等，均是此一情景的眞切反映〔註7〕；二者，此所謂「哲學」強調的是一種致思方式，其最大要

〔註 6〕梁啓超著，朱維錚導讀：《清代學術概論》，上海古籍出版社 1998 年 1 月版，第 1 頁。

〔註 7〕從哲學的角度重新檢討自家文化而出現的所謂儒家哲學、佛教哲學一類學術範疇和治學領域，特別是旨在系統建構或者說回溯本土哲學傳統的「中國哲學史」學科的建立，尤其體現了「哲學」作爲一種思潮之於中國文化衝擊力量的強大。中國哲學史研究的出現對於 20 世紀前半期的中國乃至世界學術而言是一件大事。胡適《中國哲學史大綱（卷上）》、鍾泰《中國哲學史》、馮友蘭《中國哲學史》及《中國哲學簡史》是這一學科發生發展的成果性證明。如馮友蘭先生在《中國哲學史》開篇所言「哲學本一西洋名詞」（馮友蘭：《中國哲學史（上冊）》，華東師範大學出版社 2000 年版，第 3 頁。），所以說，嚴格意義上來看，在古代中國並不存在「哲學」，但有豐富的哲學資源。古代中國文化中存在哲學的歷史確認是隨著中國哲學史研究的興起，因了胡馮等

害在試圖對事物的存在給出系統和根本的說明〔註8〕；三者，所謂「哲學時代」的定位，自晚近文化史來看，相當程度上是在與清代考證學的對照中確立的，因爲樸學時代的最大缺點正在思想的貧弱，而20世紀以來的中國文化則實實在在迎來了一個思想大噴發的時代，這裡所謂的「哲學」相當程度上正是思想理論的代稱〔註9〕；四者，我們這裡講「哲學時代」，從內容上來說包括兩個方面，一是輸入的西方哲學思想，二是因學術與時代因由而成長起來的本土哲學，而後者尤其重要。這有些類於六朝時期佛教典籍的翻譯同本土佛教理論之成長的關係，佛學時代的出現固然由佛學典籍迻譯以及與之相伴的佛教思想的引入肇其端緒，但關鍵的一點還在於要有本土化佛學理論的建構，這裡講的所謂中國文化的「哲學時代」自然也有這個問題，沒有足夠優秀的本土哲學理論的大量湧現，不能在思想上同哲學源出的西方世界相抗衡和並峙，講「哲學時代」對於中華兒女來說終歸只能是底氣不足的清談，前文講到我們還只是處在「哲學時代」的起始處，緣由正在於此。不過考慮到而今中國學界的人們早已習慣和熟悉了哲學的言說，而且，更爲重要的，我們在經濟上也日趨於同西方社會一致，所以，我們有理由相信，對於自來就不乏創造性而且已具頗重哲學傳統的而今的炎黃兒女來說，在蓬勃發展的現代經

先生對於中國傳統文化中哲學資源的體系性梳理而被人接受和認可並最終成爲一種新的學術事實的。這一工作借學術考證的手段對於西方所謂哲學學問的中國存在進行了歷史性的追認，從而成功的將原本爲西方文化專有的「哲學」學科胎印了中國文化的痕跡。「哲學」在經過了中國哲學史研究的再孵化以後，被成功植入了炎黃子孫的文化基因。

〔註8〕 梁啓超稱兩漢經學、隋唐佛學、宋明理學、清代考證學以「時代思潮」，根本的也在於致思方式的不同，若兩漢經學關注綱常倫理，隋唐佛學重視因緣善惡，宋明理學強調心性義理，清代考證學究心於詞源字義，其作爲思潮所以成立的關鍵均在與致思方式的特出與風行上。比較這幾者，強調對事物的存在給出系統和根本的說明應該說算得上作爲西方文化產物之「哲學」的鮮明特點。當然，古代中國的人們，包括現在習稱的儒家、佛教、道教在內，無不試圖對事物的存在給出系統和根本的說明，但是若20世紀因著社會和文化結構轉型以及哲學思想與作品的輸入所激發的如此大規模和寬領域的「存在」追問，在中國文化史上大約還是頭一次，所以我們認爲，說古代中國有哲學容或有其一定的道理，但若言及哲學的時代，則惟20世紀以來的中國才承擔的住。

〔註9〕 站在21世紀的今天，說20世紀是一個思想大噴發的時代大約已經有不少人可以接受，畢竟以百年的量度來看思想專制的年代總是不長，而且，事實上，若馬克思主義、若中國化的馬克思主義的理論，也是我們這裡所講的思想大噴發的內容之一。

濟科技的推動與支撐下，一個以思想興盛爲特點的同時作爲樸學時代自然反動的中國文化的「哲學時代」的興起與到來大約是一個懸念不大的事體。近來所謂儒學的復興，在學術的層面大約最後也要在這樣一個框架內來展開。當然，所謂「哲學時代」並不反對考據，作爲一種久遠的文化傳統，考據之學還會有長期的延續和發展，「思想勃興」局面的出現一方面會從反面提升文獻考據的價值，另一方面更會爲考據學的延續與發展提供現實需要的理據跟機遇，這一點上錢穆所謂「考據乃治學中所有事」〔註10〕的說法倒是很有其道理。

中國文化進入哲學時代在民國時期的表現，首先的自然是西方哲學作品和思想的大規模輸入。以新文化運動時期爲例，期間哲學思想的引入僅就西方現代哲學來看就涵蓋了包括新實在論、唯意志主義、國家主義、生命哲學、馬赫、孔德以及英美的實驗主義、實用主義、德國唯物主義等，諸如康德、尼采、柏格森、杜威、羅素、杜里舒、馬克思等哲學名家的作品和思想都是熱情輸入的重點。〔註11〕尤其是馬克思的唯物史觀，自新文化運動中輸入中國以後，在整個中國社會引起了巨大反響，稍後有本土化馬克思主義的出現，結合中國國情的辨證唯物論和唯物辨證法的到來，所有這些無論就世界文明發展而言也好，還是就中國文化史進程來講也罷，抑或從中國社會面貌的革新來說，都有其載諸史冊、垂諸久遠的意義和價值。這一點前人論述已多。值得注意的是，事實上，馬克思主義哲學的威力並不僅限於社會革命的領域，在民國其在學術文化界也有著一批數量可觀的實實在在的信徒，其輻射力更是及於學術文化的各個領域，連專注於文獻辨僞的顧頡剛也不能逃離唯物主義的衝擊，便是一個很好的例子。

還是說《論語》。講到哲學時代，自然民國時期的《論語》研究也不能外，事實上，還在哲學原理剛剛引進不久的 20 世紀初期，《論語》研究便已不可避免地透溢出了哲學時代的某些特有的氣息。宦應清校注乃父《論語稽》一書爲作《論語不背共和意旨說》一文，內中所謂「民國重民權，『民之所好好之，民之所惡惡之』、『舉直錯枉則民服，舉枉錯直則民不服』非其旨乎」，「民國重選舉，舜選舉皋陶、湯選舉伊尹非其旨乎」，「《論語》一書且無往

〔註10〕　錢穆：《中國學術思想史論叢·8》，安徽教育出版社 2004 年 7 月版，第 316 頁。
〔註11〕　王守常主編：《20 世紀的中國：學術與社會·哲學卷》，山東人民出版社 2001 年 1 月版，第 37 頁。

而不合共和之旨矣」〔註12〕的文字，即是《論語》研究洗染西方政治哲學理論的體現。

實事求是地講，也必須承認，就 20 世紀來說，在中國大地上影響最大的西方哲學思想當然還是首推馬克思主義。上世紀三十年代以來，馬克思主義哲學，特別是辨證唯物論和唯物辨證法開始迅猛地向現代中國人文學術的各個領域滲透，至於新中國成立以後的 20 世紀下半期更是滿山遍野插紅旗、馬列主義誰都使。關於此一情景的成敗得失，我們不想作過多鋪敘，不過有一點則非常清楚，就是《論語》學，作為一門先秦以來即長期存在的傳統學問，在其蜿蜒行過 20 世紀的途中，也不可避免地接受了唯物主義的洗禮。就民國時期來看，趙紀彬的《先秦儒家哲學批判》便是有代表性的一個例子。

二、主要內容及特點

關於書稿內容趙紀彬在《自序》中有逐一介紹，文稱：

定稿八篇，分上下兩部，其間經緯條貫，需加說明：

上部名《歷史證件》。此所謂「證件」，與「論據」不同；乃自《論語》所記「孔子應答時人弟子，及弟子相與言」中，搜求其無意透露關於當時社會性質之資料，藉以確定春秋時代之歷史階段。此等資料，因係出於無意中所透露，故亦無主觀僑託成分；其在史料學上之客觀價值，自亦較有意之「論據」為高。

上部共三篇：其一，《釋人民》篇，分析春秋末葉社會之階級構成，指明「人」與「民」是當時社會之主要兩大階級；其二，《君子小人辨》篇，分析「人」之階級內部之派別分裂，指明「君子」與「小人」是「人」之階級內部，維新與革命兩大對立派別；其三，《原貧富》篇，指明所謂春秋時代，乃財產制度由公有向私有轉化之起點，並在此轉化中，指明「人」、「民」階級構成，及「君子」、「小人」派別對立之經濟基礎。

合此三項證件，首先確定春秋為古代制社會之矛盾暴發時代；其次確定春秋矛盾為亞細亞型古代制社會之特殊性矛盾，其根本義諦在於以私有制之確立為基礎，開始清除西周維新古代所保留之氏

〔註12〕宦應清文見上海古籍出版社《續修四庫全書》第 157 冊宦懋庸《論語稽》《續例》部分。《續四庫》據民國二年（1913 年）四月維新印書館刊本影印。

族遺制；其次確定孔門所代表之古代前期儒家，爲「人」中之「君子」學派，而以繼承西周維新精神，調和春秋矛盾爲自覺之歷史任務；最後比較孔、墨兩家對於「君子」、「小人」及「貧」、「富」之理解與態度，確定墨家爲「人」中之「小人」學派，先秦孔、墨顯學之爭辯，即爲當時「君子」、「小人」派別對立之反映。

與上部《歷史證件》相照應，下部名《儒學究元》。此所謂「究元」，與「分析」不同，乃自運動發展觀點，將《論語》一書作爲古代儒家之原始經典，又作爲先秦諸子思想母體，考察其中所有之眞正哲學範疇與哲學問題，並以此諸範疇及問題爲一最古之出發點，指出其影響於後世哲學之處，及其承藉之環節，與發展之軌跡。

下部五篇：其一，《自然稽求》篇證明孔門只以自然爲比喻不以自然爲研究對象，本質上爲西周維新傳統之賢人作風體系，因而在天道上爲宗教宇宙觀，在邏輯上爲類比推理法；其二，《知能學習論》篇就賢人作風之研究範圍，闡明孔門認識論之二元論色彩；其三，《兩端異端解》篇指明孔門在邏輯思想上已開始運用矛盾律，以爲調和春秋矛盾之工具；其四，《說知探源》篇究明孔門之邏輯推理形式爲由單稱命題推論出全稱命題，而以因己推人之倫理類比爲出發前提，並指明墨子之由見知隱及《墨經》之「說知」，皆對孔門邏輯推理形式加以改造發展而成；其五，《崇仁惡佞解》篇指明孔門因賢人作風約束而陷於泛倫理主義，在泛倫理主義體系中，認識論與邏輯學不僅帶有政治倫理色彩，且受政治倫理桎梏而喪失自由自主之獨立地位，成爲政治倫理之附庸。

合此五篇，完成孔門宇宙觀、認識論及邏輯學之研究。〔註13〕

同樣在《自序》中，趙氏對自己的作品有這樣一段自信的評定，稱：「然所提論題，多舊作所未見；所獲結論，有前人所未發；所用方法，亦與經生傳統之注疏主義大有區別；其不雷同於前人舊作殊爲顯然。」〔註14〕現在來看，趙氏站在第二次國內革命戰爭末段所作的這一段自我論定確無太多的誇大之處，其對所著文稿學術價值的分析並不算過分。

〔註13〕 趙紀彬：《古代儒家哲學批判》，中華書局1950年3月初版。引文見該書《自序》第1〜3頁。

〔註14〕 趙紀彬：《古代儒家哲學批判》，中華書局1950年3月初版。引文見該書《自序》第3頁。

具體來說，以論題來看，趙氏此書中所提出的諸如「人」「民」階級性問題（「總之，『愛人』與『使民』不同，『誨人』與『教民』有別，處處可證『人』的政治地位頗高，『民』為純粹的被支配階級。」〔註 15〕），儒家認識論——即所謂「知」、「能」、「學」、「習」二元論問題（「總之，孔門對於『知』、『能』、『學』、『習』的看法，一方面具有經驗論要素，另方面又具有先驗論要素。其經驗論方面，甚為明顯，其先驗論方面，則在其以政治倫理限制認識的發展。因為用政治倫理限制認識，就是對於認識活動加上一個不能追問理由的先驗前提；因而，不但認識的範圍和內容均限於政治倫理，連認識的性質和方向，也受到了歪曲。這也就是說，孔門的認識論，在本性上已經失去了探求客觀真理，辨別是非同異的功能，而只是其政治倫理主張範圍以內的附屬品。在這樣的認識論體系裏面，政治範疇的禮樂，就成了人類認識活動的先驗前提。……從這種無理由的先驗前提出發，認識論上便沒有所謂『何故』的問題。所以《論語》中凡有『何謂也』之處，孔門的答語，總是武斷的教條的判斷，從未說出所以然的道理。」〔註 16〕），「兩端」、「異端」矛盾說（「兩即異，異端即兩端」〔註 17〕；『『兩』、『貳』、『二』在許多場合，是『兩端』的省語，亦即言『兩』可以涵蘊『兩端』，言『端』則不涵蘊『兩』義；再具體的說來，亦即『端』為極始根源，而『兩端』則是極始根源中的自己矛盾，『端』字為根本概念，而『兩端』則是根本概念的自論相違」〔註 18〕。）等，確是言前人所未及，發前人所未發，稱以首創亦不為過，至於所得結論，尤其從向來少有人觸及的角落所發見的「人」「民」為不同階級的看法，在《論語》學史上更是首次，在當時的學界亦為振聾發聵的驚世之言。

而外，在研究方法上其遍查統計而後作歸納分析的套路實也與傳統注疏之學依《爾雅》、《說文》訓明字義、援經子史藉疏解經文的傳統大異其趣，而這對於古籍研究來說實也有其啟發意義。如《釋『人』、『民』》，「《論語》四百九十二章中，言及『人』、『民』者約一百七十餘章，內『人』字二百一十三見，『民』字三十九見，共二百五十二個『人』、『民』字。我們歸納全書，發見一件頗為有趣而意義亦相當重大的事實，即『人』與『民』在春秋

〔註15〕 趙紀彬：《古代儒家哲學批判》，中華書局 1950 年 3 月初版，第 8 頁。
〔註16〕 趙紀彬：《古代儒家哲學批判》，中華書局 1950 年 3 月初版，第 93 頁。注：引文中著重符為原文所有。下同。
〔註17〕 趙紀彬：《古代儒家哲學批判》，中華書局 1950 年 3 月初版，第 104 頁。
〔註18〕 趙紀彬：《古代儒家哲學批判》，中華書局 1950 年 3 月初版，第 99 頁。

時代是不可混同的兩個階級」〔註19〕，「《論語》中共二百一十三個『人』字，除《八佾篇》『儀封人』,《憲問篇》『行人』,《季氏篇》『夫人』、『君夫人』等爲爵稱，以及《泰伯篇》『婦人』與散見於全書的『門人』(《雍也篇》『門人惑』,《子罕篇》『子路使門人爲臣』,《先進篇》『門人欲厚葬之』、『門人厚葬之』、『門人不敬子路』,《子張篇》『子夏之門人』、『子夏之門人小子』等）各無特殊意義外，其餘『人』字，都明顯的表示出與『民』不同的另一階級」〔註20〕；《君子小人辨》,「據我們統計，《論語》中言『君子』、『小人』者計八十有八章，其中『君子』一〇一見，『小人』二四見，共一二五見。如將《論語》與先秦各書作一比較，則西周文獻，如《周金》、《周書》、《周頌》中，『君子』、『小人』二詞甚少見，惟《無逸篇》『君子』一見，『小人』八見。至《雅》、《風》、《頌》、《南》時代（陸侃如著三百篇的年代，斷爲紀元前八二七至前五一〇年作品），則『君子』（筆者：原文無引號，依例補）觸目皆是，『小人』亦凡四見。但在後於《論語》的書中，如《墨子》『君子』八十八見，『小人』十見，共九十六見；《孟子》『君子』六十四見，『小人』十見，共七十四見；《左傳》『君子』一百三十一見，『小人』三十七見，共一百六十八見；《國語》『君子』三十見，『小人』九見，共三十九見。從『君子』、『小人』字在先秦古籍中出現次數的變遷上，我們似乎可以說：『君子』、『小人』雖是在西周既已出現於歷史中的兩等『人』，但是彼此中間發生歷史性問題，以及其問題的嚴重化，則開始於春秋時代。此亦即是說，從春秋時代起，『君子』與『小人』才開始分裂成兩個對立的重要派別，因而其間所發生的問題，亦成爲當時社會變動中的重要問題」〔註21〕，「《論語》言『士』者凡十章，『士』見於《論語》者凡十有四。綜觀《論語》所謂『士』，似亦有君子『士』與小人『士』之分」〔註22〕；《原貧富（古代前期儒家的社會立場)》,「《論語》直接言『貧』、『富』者計二十有二章，內『貧』字八見，『富』字十五見，共二十三個『貧』、『富』字。此外，其表面雖無『貧』、『富』字樣而所言實與『貧』、『富』問題直接相關者，尚有六十五章。如果就此八十七章的資料加以研究，則『人』、『民』階級對立與『君子』、『小人』派別

〔註19〕趙紀彬：《古代儒家哲學批判》，中華書局 1950 年 3 月初版，第 2 頁。
〔註20〕趙紀彬：《古代儒家哲學批判》，中華書局 1950 年 3 月初版，第 13 頁。補注：原文「泰伯篇」無書名號，當係排誤，依例補。
〔註21〕趙紀彬：《古代儒家哲學批判》，中華書局 1950 年 3 月初版，第 21 頁。
〔註22〕趙紀彬：《古代儒家哲學批判》，中華書局 1950 年 3 月初版，第 27 頁。

分裂的經濟基礎，以及春秋時代的社會性質問題，將可由此獲得相當的解決」〔註23〕；等等，都是明顯的例證。

當然文義分析上的統計歸納方法而外，援引西方哲學以釋經的研究方法和文明比較的思想進路也是《批判》一書值得注意的兩個特點。

以前者來看，前面的引文已經透露了不少這一方面的信息，比如「搜求其無意透露關於當時社會性質之資料，藉以確定春秋時代之歷史階段」的提法，就說明作者是先存了唯物史觀的先驗而後再著手進行《論語》文本之解讀的，此由作者上世紀 20 年代即加入中國共產黨的個人經歷上亦可得到足夠的確證，此外，文稿中習見的諸如「氏族」、「階級」、「私有制」、「貴族」、「自由人」、「奴隸」等詞彙更是無聲的證明。以對「逸民」問題的解釋爲例，趙紀彬說：「關於『逸民』的由來，我們以爲是從殷、周之際，末期氏族聯盟制社會，通過維新道路轉化到古代制社會，其中所保留的氏族遺制，至春秋而急劇瓦解，暴發爲東方古代社會所特有的維新傳統的矛盾，在這一特殊性矛盾中，自然有不少的『人』淪落於『民』的地位，此即所謂『逸民』。至淪落的經過，雖已不甚可考，但依一般社會史的通例推斷，似不外乎破產、犯罪，以及政治鬥爭失敗等等。」〔註24〕引文中「依一般社會史的通例推斷」一句非常關鍵，此言不僅清楚地闡明了作者自己的思考進路，同時更向人們明白揭示了其分析問題的先驗理論基礎就是唯物史觀。依引文來看，作者雖然發現了「逸民」問題，但對其由來實無確鑿的考證，故而只能推測，而推測的理論基點，正是其所謂「一般的社會史的通例」，這個通例，不肖說，顯然就是上世紀 30 年代以來廣爲流行的馬克思主義的社會發展理論。而外，我們也相信，其「兩端」「異端」矛盾說也是在先有了唯物辨證法思想理論的前提下發現的，此一特點在全書大量的矛盾解讀與分析中可以清楚地看到。

再講後者。就二十世紀乃至而今的中國人文學術來看，文明比較可以說是一條貫穿終始的大線索，無論文學、史學、哲學還是傳統深厚的古籍研究，從與西方文明的比較中發現自己的不足、尋找自身的優勢，以取長補短、促進發展，都是不同學科學人無法忽視或者說繞不過去的一種通行的治學進路。《論語》學，作爲中華文化傳統的一門象徵性學術分支，即便在 20 世紀中國文化蜿蜒前行的道路上滿懷委屈，也終是難以避開文明比較之風的侵襲

〔註23〕趙紀彬：《古代儒家哲學批判》，中華書局 1950 年 3 月初版，第 27 頁。
〔註24〕趙紀彬：《古代儒家哲學批判》，中華書局 1950 年 3 月初版，第 13 頁。

或者說衝擊。這一點在梁漱溟賴以成名的《東西文化及其哲學》中即已顯示得相當清楚。以《先秦儒家哲學批判》來看，若謂「孔門的自然知識，不但完全是直觀的原始知識，而且亦有一部分尚未脫離神學的宗教觀念。這一點，不僅直接證明了古代前期儒家的自然認識的貧乏性與落後性，並且也間接證明了春秋時代自然認識的一般水準，比之古代的希臘本來即非常的貧乏與落後」，「孔門雖利用了自然認識而卻絕未以自然認識爲自己的任務。以此與古代希臘的智者氣象相較，則爲一種純粹的賢人作風。但賢人作風在古代希臘，乃是古代社會危機的反映；而孔門爲中國哲學史，乃至一般思想史的開山祖，亦競爲賢人作風的學派，此實大須體會」〔註25〕；謂「直至清代中葉，戴東原（1723～1777）的《原善》中，道德論始漸具獨立研究的科學雛形。這種情形，和古代希臘的柏拉圖與亞里士多德以道德論從屬於政治學，直至霍布士（T. Hobbes.1588～1679）時代才成爲獨立科學，如出一轍」〔註26〕；謂「西洋古代哲學的開山祖，希臘的第一個哲學家塞理斯（Thales.640～550 or 636～546 B.C.）在紀元前六世紀，曾提出宇宙根源問題，並作出解答；則中國古代哲學的開山祖，第一個私家學派（儒家）的創始者孔子，在紀元前五世紀古代制社會矛盾暴發期的春秋末葉，其提出異名同實的範疇，並解答異名同實的問題，自亦是可能之事」〔註27〕，「孔子自稱『無知』，與蘇格拉底（Socrates，469～399B.C.）之不以『智者』自命，頗爲類似；其以『扣其兩端』而『竭』的鄙夫之問，則與蘇格拉底之使用『詰問法』或『產婆術』，尤相符合。可知『兩端』一詞，當爲孔門的認識方法中的重要範疇」〔註28〕；等等，皆爲明顯的說明。

三、趙著疏失條列

上舉種種以外，對於試圖從《論語》之一孔窺見春秋時期社會性質和階段特點的《先秦儒家哲學批判》一書而言，因爲自身信息的有限以及作者主觀的原因而存在一些這樣那樣的疏失，大約也可以說是一個不是特點但又不

〔註25〕　趙紀彬：《古代儒家哲學批判》，中華書局 1950 年 3 月初版，第 74 頁。
〔註26〕　趙紀彬：《古代儒家哲學批判》，中華書局 1950 年 3 月初版，第 76 頁。補注：
　　　　原文戴震生卒年無括號，依例補。
〔註27〕　趙紀彬：《古代儒家哲學批判》，中華書局 1950 年 3 月初版，第 96～97 頁。
〔註28〕　趙紀彬：《古代儒家哲學批判》，中華書局 1950 年 3 月初版，第 97 頁。補注：
　　　　原文蘇格拉底生平年代的「B.C.」作「R.C.」，係排誤，依例改。

能不說的特點。畢竟，詳細檢討舊籍的不足，對於人們眞切地瞭解和把握當時的學術水平，觀察 20 世紀《論語》學研究的層面性，以爲今後學術研究特別是《論語》學提供一定的資鑒還是很有其參考價值。

據筆者的淺薄學識，《批判》一書中存在問題或值得推敲的地方確有一些，舉例來看：

1、書頁第 9：

季康子問政於孔子曰：如殺無道以就有道（「有道」、「無道」即今語「順民」、「叛民」之義。又因「民」即是「兵」，故又與今語「國軍」、「叛軍」同義。），何如？孔子對曰：子爲政，焉用殺？子欲善而民善矣。（《顏淵篇》）

按：前此第 8 頁，作者有謂：「由『善人教民』及『以不教民戰』觀之，可見『民』在春秋時代有應徵打仗的義務，而爲兵源的蓄水池；『人』對於『民』有教練權與指揮權。亦即『人』是『民』的官長，『民』是『人』的兵卒。」指出民有應徵打仗的義務是兵的來源是對的，所謂教民確是教民作戰，而「不教民」的「不教」二字則係限定成分，指的是未經訓練的意思，兩者結合正可見出民爲兵的來源，經過專門訓練的民或者說百姓可以從軍參戰，而未經訓練的百姓則不足以從軍參戰，但若因此就認定「民」即是「兵」顯然不對。《論語・顏淵篇》：「子貢問政。子曰：『足食，足兵，民信之矣。』子貢曰：『必不得已而去，於斯三者何先？』曰：『去兵。』子貢曰：『必不得已而去，於斯二者何先？』曰：『去食。自古皆有死，民無信不立。』」內中「去兵」一語的兵顯然無法用民置換，若然，則民已去，又何從談什麼「民無信不立」呢？趙著第 10 頁引此章，而此處（第 9 頁）竟謂「民」即是「兵」，細究之下顯然不妥。

2、書頁第 17：

在「人」的「自由王國」中，尚有種種爲「民」所不能享受的高貴生活。要而分之，第一，充滿著古代希臘自由人風味的游泳：例如

莫春者，春服既成，冠者五六人，童子六七人，浴乎沂，風乎舞雩，詠而歸。

按：此處的所謂「五六人」、「六七人」的人字顯然是數量詞，並不具有若趙氏所謂的貴族味道。因有一「人」字即採錄其文以證惟「人」才能游泳，顯然荒謬，若海邊河岸的漁民當如何？

3、書頁 17：

第二，歌唱（徒歌、樂歌兼言）。除前引「詠而歸」之外，又如：

子與人歌而善，必使反之，而後和之。(《述而篇》)

子之武城，聞絃歌之聲。(《陽貨篇》)

孺悲欲見孔子，孔子辭以疾。將命者出戶，取瑟而歌，使之聞之。(同篇)

按：即便孔子是「人」階層的代表也不能因孔子歌唱就將此項權利特殊化為「人」階層的專利。若認為所列足以證明作者觀點，那麼《鄉黨篇》言孔子「食」，民豈不得「食」乎？

4、書頁 27：

士志於道，而恥惡衣惡食者，未足與議也。(《里仁篇》)

富而可求也，雖執鞭之士，吾亦為之。如不可求，從吾所好。(《述而篇》)

士而懷居，不足以為士矣。(《憲問篇》)

此所謂「恥惡衣惡食者」，所謂「懷居」，即重視經濟生活，而不相信精神可以戰勝物質；……

按：若言「恥惡衣惡食者」和「懷居」的行為是重視經濟生活或可成立，若強行引申至不相信精神可以戰勝物質未免牽強附會。

5、書頁 29：

我們在《論語》中又看到「君子」、「小人」在世界觀及歷史觀方面的顯明對照：

君子有三畏：畏天命，畏大人，畏聖人之言。小人不知天命而不畏也，狎大人，侮聖人之言。(《季氏篇》)

據此可知，「君子」、「小人」對於西周以來古代維新文化傳統，即宗教迷信的天命觀念，氏族貴族不可侵犯的權威地位以及先王先公的教條等，持有相反的態度與看法；……

第 7～8 頁：

至若例二（即子以四教章──筆者注），既明屬言「教」，又明言「所教」者為「文行忠信」，似應以「人」為對象；然此章前人已疑其為後儒偽託，非《論語》原文（見劉寶楠《論語正義》 筆者：原文無書名號，依例補。）；我們以為此一懷疑，縱令不能成立，然言「教」言「誨」共十一章，決不應以唯一的變例而推翻全體。

按：「君子三畏」章前人亦早有懷疑爲後人僞作者，趙氏於此獨不言及而將有礙論證之「子以四教」章戴上僞作的面具，顯然有失公允。儘管作者有「縱令不能成立」的分析，但行文意在引導讀者對「子以四教」章產生懷疑以利於其後面的論述是不待言的。畢竟孔子沒有整軍經武的愛好（孔子生平及《衛靈公》首章「軍旅之事，未之學也」的話可爲證明），若說教「文行忠信」的對象是所謂兵民著實於理不合，但若該章是僞作自可另當別論。此即《批判》的邏輯。當然，作者在後面又進行了補充，說是縱令不能成立也不應以唯一的變例而推翻全體。不過，即便是這樣也有問題。因爲史籍明言《論語》是門弟子「相與輯而論纂」，是有選擇性的討論選編而成的，如此，又焉知此章是唯一的變數而沒有其他相類的例子呢？不合者「僞之」，合者雖僞取之，著書如此，愚以爲不可。

6、書頁 48：

從郭氏的解說中，我們可以知道：在春秋末年的魯國，「富人」的私田並未徵稅。而私田不徵稅則正是測驗當時政權的「富人性格」的可靠標準。因此，「貧」、「富」的分化，即不僅是經濟生活上的差別，同時亦是政治地位懸殊的尺度。若然，則《論語》所說的「貧」、「富」問題是帶有政治性質的問題，所說的「貧」、「富」對立是具備政治鬥爭意義的對立，灼灼然可觀。

按：講《論語》中所說的貧富問題是帶有政治性質的問題或許還算得上半對（以富的方面來說），說貧富對立是具備政治鬥爭意義的對立，則有些太過牽強和武斷，即便是以郭沫若的論述爲推論前提。《史記·仲尼弟子列傳》載「孔子卒，原憲遂亡在草澤中。子貢相衛，而結駟連騎，排藜藿入窮閻，過謝原憲。憲攝敝衣冠見子貢。子貢恥之，曰：『夫子豈病乎？』原憲曰：『吾聞之，無財者謂之貧，學道而不能行者謂之病。若憲，貧也，非病也。』子貢慚，不懌而去，終身恥其言之過也。」子貢富、原憲貧，但同爲孔門弟子，若依趙氏說《論語》中講到的貧富問題是帶有政治鬥爭性質的問題，則作爲同門的子貢與原憲的交鋒也需以政治鬥爭來看？際眞如此，則子貢終身恥其言之過是否可以作爲貴族階層向下層人民低頭的證據來看呢？《論語》中所說的貧富問題是一種社會視野，既然承認其中所言貧富對立確是帶有政治鬥爭意義的對立，那麼以較諸整個社會小出許多的孔門而言，自然也當合此通例。但若眞依此爲準作如上的關於子貢與原憲的推斷顯然悖於情理和事實。

7、書頁 58：

上引兩段（指頁 57 所引郭沫若《古代研究的自我批評》、《由周代農事討論周代社會》兩文中文字——筆者），皆郭氏用以證明殷周兩代農業奴隸的資料；但我們則以為，《論語》中的「民」字，亦同樣可由此得到確解。即「民」為斯巴達式的農業奴隸，「人」的貧富，由「民」的多少或有無而定其等級。依此而言，我們前面所說貧富只是「人」的問題，而與「民」無關云云，並非說明「民」的地位的超然性，而是恰巧相反的說明著「民」的地位的隸屬性。此正如市民制社會中的工銀勞動者，無所謂「破產」，其原因是他們根本無「產」可「破」。同理，「民」在古代制社會的春秋時代，其本身既為「人」的財富之一部，當然不會發生「貧」、「富」問題，不能參與貧富之爭。

按：作者為了證明「人」、「民」兩「階級」在貧富問題上的差別，講「民」不發生「貧」、「富」問題顯然不對。在同一頁的下文，其為了證明「孔門並不反對私有制，因而亦不抹煞『貧』、『富』現象的歷史價值與意義；其對於不違犯道義的富貴，或以其道而去貧賤等事，依然持有肯定的態度」，引《子路篇》「子適衛，冉有僕」一章為證。文謂：「子適衛，冉有僕。子曰：『庶矣哉！』冉有曰：『既庶矣，又何加焉？』曰：『富之。』曰：『既富矣，又何加焉？』曰：『教之。』」其實僅據這一章文字，依作者自己的邏輯便很容易證明所謂「民無貧富」觀點的牽強。章文說孔子到衛國去，冉有為他趕車。孔子說：「人真多呀！」冉有問：「人多了，又該怎麼辦呢？」孔子說：「使他們富裕起來。」冉有又問：「富裕以後又該怎麼辦呢？」孔子說：「對他們進行教化。」〔註29〕依作者，凡「教」言「民」，那麼此章所言自是對「民」而言，即如作者所言民無謂貧富，那麼孔子所謂「富之」又當作何解呢？若此處指「人」而言，又何來教的問題呢？

8、書頁 61：

再就邏輯上說，惟禮壞樂崩而後始形成貧富現象，是貧富與禮樂本為不能並存的事物。

按：以貧富與禮樂不能並存，顯然大謬。

〔註29〕北京大學哲學系一九七○級工農兵學員：《〈論語〉批註》，中華書局 1974 年 11 月版，第 285 頁。

9、書頁 83：

但是，孔門所以有「惟上知與下愚不移」之言，實為將「人」、「民」階級差別絕對化的反映，在「人」的階級內部，所謂「性相近習相遠」之說，則與「學而知之」相結合，形成了孔門認識起源論的一個根本原理。（書頁 82 引《季氏篇》「孔子曰：『生而知之者上也，學而知之者次也；困而學之，又其次也；困而不學，民斯為下矣。』」與《陽貨篇》「性相近也，習相遠也」、「唯上知與下愚不移」章文。——筆者）

按：說「唯上知與下愚不移」為孔子將階級差別絕對化的反映，有一定道理。但也不可執著太多。今本《論語》「性相近習相遠」章與「惟上知與下愚不移」章，為《陽貨篇》第 2、3 章，前後於此兩章的若第一「陽貨欲見孔子」章、第四「子之武城」章、第五「公山弗擾以費畔」章皆因事記言，與此二章徑書「子曰」不同，又二者緊緊相連並言認識問題，故當屬同一語組，何晏《集解》本並作一章確乎不誤〔註 30〕。本義來看，後者當係對前者的申述與補充。所謂「上智」「下愚」不過是一種假設口氣下的理想化指說，即「最最聰明」、「最最愚蠢」的意思，只有那些最最聰明和最最愚蠢的人是不可改變的，再結合前一句，孔子實即在說「人的本性是很相近的，不過若習慣和影響的不同就會相差很遠，只有那些最最聰明和最最愚蠢的人才是注定不可改變的」，強調的重點仍在性近習遠，說大多數人本性相差不多因為後天學習遂漸趨不同。此與「生而知之」章，以生知為理想化條件鋪陳，而仍是以對學的強調為討論重點是一樣的。今人講話有語氣和重點的問題，古人亦然，即以《論語》來說，若僵化地認為前人所言處處都是重點、到處都是強調，那麼在解經釋文時不免要遭遇許多難以疏通乃至自相矛盾的尷尬。此在趙著亦可觀見。

10、書頁 84：

且《論語》中人物，凡一百四十三名。除並世的顯主賢大夫與從學弟子即辟世隱逸以外，尚有傳說中當作先王聖人的堯舜禹稷，與夫文武周公等理想的聖知化身；孔門對之雖有種種贊詞，而卻從未許任何人為「生而知之者」。可知孔門只以後天的學習為實際的認識起源。

〔註 30〕 《陽貨》「唯上智與下愚不移」章「考異」門下程樹德按稱：「《集解》本此合上（即「性相近習相遠」章——筆者）為一章，朱子分兩章誤，應從《集解》。」見程樹德著，程俊英、蔣見元點校中華書局 1990 年 8 月新編諸子集成本《論語集釋》第 1185 頁。

按：頁 82 說「我們以爲，孔門在認識論上的二元論立場，似乎沒有懷疑餘地」，這裡又說「孔門只以後天的學習爲實際的認識起源」顯然自相矛盾。我們認爲，趙氏所以會在一篇文章相隔很近的地方出現這樣的疏失，正在執於文辭而滯於文義，一方面通過內容的分析認爲孔門實際上是以學習爲認識的起源，另一方面又不能無視「生而知之」的言語，故而也就不能不出現一邊罵孔門在認識論上是明顯的二元論，一邊又補充式地指出其實際上還是以學習爲認識的根本途徑的矛盾局面了。

11、書頁 92：

孔門雖不「懷疑」感覺，而卻「限制」感覺。此所謂「限制」感覺，可以《顏淵篇》「非禮勿視，非禮勿聽，非禮勿言，非禮勿動」等語，取得明證。

按：以視聽言動爲感覺顯然不對，僅此即已說明作者是在牽強立論。而外，作者因「非禮勿」一語即斷定此爲「限制」性訓誡的觀點也十分單薄，畢竟原文強調的是依禮行事，「非禮勿視，非禮勿聽，非禮勿言，非禮勿動」的真正用意是強調要「循禮而視，循禮而聽，循禮而言，循禮而動」，語默靜止都要符合禮的要求。正話反說，若是僅僅聽到反面的意思，那不免會令說話的人很不滿意。不合禮的視聽言動一律杜絕，合禮的行爲要積極鼓勵，趙氏大約沒有仔細去體會「非禮勿」背後筆直挺立的循禮而行的意思。

12、書頁 108：

《論語》全書，是被調和折衷精神所充滿了的典籍，茲擇其最顯著者例舉如次：

質勝文則野，文勝質則史。文質彬彬，然後君子。(《雍也篇》)

中庸之爲德也，其至矣乎！(同篇)

過猶不及。(《先進篇》)

無可無不可。(《微子篇》)

此種「攻乎異端」，或「叩其兩端」的折衷調和精神，亦即矛盾解消主義，在《論語》所說的「和」中，有其充分明確的表現。此所謂「和」，即如劉敞所云：

所謂可而有否焉，所謂否而有可焉，此之謂和。(《七經小傳》卷下)

與「和」字對待者即是「同」字。如前所述，「和」爲折衷可否而泯滅其對立，則「同」即應一反其道，而爲判別可否以強化其區分；「和」爲相對主

義的矛盾調和，則「同」亦應一反其道，而為形而上學的絕對自同。孔門是「和」而非「同」，所以說：

> 君子和而不同，小人同而不和。(《子路篇》)

按：以「和而不同」、「同而不和」中的「和」「同」為「折衷可否而泯滅其對立」「判別可否以強化其區分」顯然不對。綜考舊典可以發現實際上儒家的「和」決非泯滅對立的折衷可否。《中庸》說「君子和而不流」，《論語》謂「知和而和，不以禮節之，亦不可行也」，說明「和」既不是「流蕩忘反」的隨波行徑也非「不以禮節之」的絕對化舉止，強調「不流」就是承認相異。《莊子》上說的更為明白，「是不是，然不然」，此謂「和之以天倪」(《齊物論》)。龐樸援《國語‧鄭語》太史伯與鄭桓公論周幽王所言「今王棄高明昭顯，而好讒慝暗昧；惡角犀豐盈，而近頑童窮固。去和而取同。夫和實生物，同則不繼。以他平他謂之和，故能豐長而物歸之；若以同裨同，盡乃棄矣。故先王以土與金木水火雜，以成百物。是以和五味以調口，更四支以衛體」一段釋「和」「同」，認為「和諧總是由兩相對反、互為他者的元素激蕩而成」此即「以他平他謂之和」。「所謂君子和而不同，就是要求人們互相促進，切勿彼此苟同；所謂小人同而不和，則反是。」〔註31〕其對「兩相對反、互為他者」元素的強調正說明「和而不同」的「和」非是泯滅對立的調和，而是恰恰相反，和的狀態的達成正要以相異事物的存在與相互激蕩為前提和內容，依此而言，趙氏的理解顯然有失周正。其外，以「同」為「判別可否以強化其區分」更是大謬，此不待言。

第三節　綜合評述

所謂瑕不掩瑜，儘管該書在具體的寫作過程中存在一些值得商榷之處，但整體而言仍是頗有價值。總體來看，我們認為，趙著至少有如下兩點值得注意：

一、將馬克思主義學說全面引入《論語》研究，這在近世學術史上有其特殊的意義和價值。事實上，通過上面引用的材料，我們講趙著《古代儒家哲學批判》一書的最大特點已經呈現得非常清楚，作者著力將唯物史觀的社

〔註31〕龐樸：《和諧原理三題》，《新華文摘》2007 年第 15 期。原載 2007 年 5 月 7 日《文匯報》。

會發展理論以及辨證法思想同傳統的經典研究結合起來，藉以探究東周時期所處的社會階段、所呈現的社會性質、所具有的社會結構以及思想觀念方面的種種特徵，這在近世以來的《論語》學史上雖非首例〔註32〕，但就其味道之濃烈而言，在民國時期仍是值得優先關注的本子。如謂「孔門調和貧富矛盾的另一種方法，是對於下層的『人』提倡精神生活，降低物質要求」〔註33〕，「此一主張，是露骨的要求下層的『人』在經濟上的退讓與屈服」〔註34〕一類足為佐證。尤其站在 20 世紀上半期行將結束的路口，我們講，若趙書、若杜著《孔子論語新體系》的出現更無意中揭開了其後幾十年內普遍性地結合時代背景運用馬克思主義研究和解讀《論語》之潮流的序幕。應該說在理學傳統延續數百年，中國學人早已習慣了從心性義理的角度、確切地講是在「心性」「理欲」思想先驗的指導下（考據學派亦鮮能外）來探求《論語》真諦的背景下，推重階級分析、重視經濟因素和環境影響的唯物史觀的到來確是給民國時期的《論語》學帶來了一股清新之風，趙著來看，其所提出的「人」「民」差別、「貧」「富」問題等都是《論語》學史上的新課題，一定意義上（在其合理的層面上）也可以說是新發現。再如 「西周時代已有勤禮勞心的君子，是當時已有精神勞動與肉體勞動的原始性分工。不過，西周的精神勞動者或知識分子，乃是『學在官府』的王官，而春秋的精神勞動者或知識分子，相應於公有制的沒落與私有制的確立，則變成了私家學派或私人講學的智者或哲人。孔子即是中國第一個哲人，孔門即是中國第一個學派；孔子以前，中國只有『官學』的『王官』而無『私學』的『哲人』，孔門以前，中國只有『王官』的『官學』而無『哲人』的『私學』。依此可知，由私家學派織成的中國哲學史，亦與世界哲學史同樣，皆發軔於私有制的確立期。因而，在作為孔門對話集的《論語》中，反映出私有制的存在與發達，亦是歷史理則的必然」〔註35〕等一類自宏觀看微觀的精當分析顯然也是唯物史觀引導下才發現的新

〔註32〕 杜任之《孔子論語新體系》亦能以唯物史觀為指導研究《論語》，據作者自敘其自 1943 年 6 月開始研究《論語》，到次年 6 月完成初稿，返回太原後又繼續研究，前後共費了兩年半的時間，後 1948 年 1 月由復興圖書雜誌出版社出版。而趙著，據其自敘始作是在 1944 年夏，其後約至 1948 年夏 6 月後始交出版社刊印。兩相比較顯然杜氏書要略早。當然，更早一些還有郭沫若的《十批判書》。

〔註33〕 趙紀彬：《古代儒家哲學批判》，中華書局 1950 年 3 月初版，第 59 頁。

〔註34〕 趙紀彬：《古代儒家哲學批判》，中華書局 1950 年 3 月初版，第 60 頁。

〔註35〕 趙紀彬：《古代儒家哲學批判》，中華書局 1950 年 3 月初版，第 45〜46 頁。

海岸。不過，在 20 世紀中國，馬克思主義畢竟不僅僅是一種簡單的理論學說，作為中國共產黨的理論武器，其自五四時期開始便被賦予了鮮明的意識形態氣息，而這自然也就為政治對學術的干預提供了當然的條件和機遇。上引趙著「露骨」一詞所透露的革命氣息以外〔註36〕，嗣後文革期間若《論語批註》類「歷代尊孔派都把孔丘所說的『愛人』吹捧為『愛民』、『愛一切人』。事實上，孔丘對人民一點也不愛，半點也不愛。首先，他把『人』和『民』對立起來，認為『人』是『愛』的對象，『民』只是『使』的對象。可見『愛人』當然不是愛一切人，而只是愛奴隸主階級中的人。其次，『使民以時』也並不是什麼『愛民』。在奴隸社會裏，奴隸們生產出來的東西全部歸奴隸主所有，孔丘要統治者使民不誤農時，完全是為了奴隸主得到更多的利益，為了使奴隸主以及像孔丘這夥奴隸制的衛道士吃的更肥，這哪裏有一點『愛民』的味道？可見，『使民以時』，不過是孔丘為奴隸主貴族提供的統治人民的方法罷了」〔註37〕，乃至「這是孔老二門徒對孔丘的吹捧，也是儒家為統治者提供的統治術。就是說，統治者必須有權勢、有派頭，才能使被統治者望而生畏，不敢反抗；同時又要裝出『溫良』、『安詳』的樣子，使人覺得『和藹可親』，願意為他們賣命。歷來反動統治者都是用這種反革命兩面派手法來維護他們的反動統治的。林彪這個反革命兩面派也善於使用這種反革命伎倆，以正人君子的假象掩蓋他陰謀篡黨奪權、復辟資本主義的反革命真面目」〔註38〕，等激烈言論均是這一問題的集中體現，這些文辭在「批孔」立場乃至某些具體的觀點上與《先秦儒家哲學批判》無疑是前後相承的，而趙著「此次三版，

〔註36〕　事實上，唯物史觀在現當代中國學術中所承載的政治氣息早在郭沫若寫作《中國古代社會研究》時就已暴露無疑，誠如王學典先生所論：「首先突破李大釗的這種『局限』（史學致用觀處在個體解放的層次上，僅具有啟蒙主義的性質——筆者注），把歷史學作為現實政治鬥爭的工具和武器來使用與看待，並把它從為個體解放服務昇華到為階級解放服務高度的，是文化戰士郭沫若。他的《中國古代社會研究》一書，第一次把歷史研究擺到了政治鬥爭的前沿陣地上，使它具有了直接的政治實踐功能。」參氏著《20 世紀中國史學評論》（山東人民出版社 2002 年 3 月第 1 版）一書《從追求致用到嚮往求真——40年代中後期唯物史觀派的動向之二》一文。引文見該書第 109 頁。

〔註37〕　北京大學哲學系一九七〇級工農兵學員：《〈論語〉批註》，中華書局 1974 年 11 月版，第 8 頁《論語・學而》「道千乘之國，敬事而信，節用而愛人，使民以時」章「批判」。

〔註38〕　北京大學哲學系一九七〇級工農兵學員：《〈論語〉批註》，中華書局 1974 年 11 月版，第 168 頁《論語・述而》「子溫而厲，威而不猛，恭而安」章「批判」。

欣逢批林批孔運動蓬勃開展，深受教育和啓發，遂能重加修改」〔註39〕的言論更是此一「相承」的關係某種絕佳的內證。

　　二、新的理論指導開拓了《論語》研究的新天地。

　　對 20 世紀中國史學有著深入研究與全局關懷的學者告訴我們：「唯物史觀參與了現代中國學術史的創造是一個朗如白晝的事實。」〔註40〕現在來看，這裡的現代中國學術當然也應該包括我們所關注的民國《論語》學。其實，世界文明發展的歷史進程早已向我們顯示，無論東方還是西方，每一次大規模的文化交流都會給當時當地的文明發展帶來巨大的衝擊提供嶄新的動力。以中國文化史來看，馬克思主義學說的傳入顯然是近世史上發生在中國的最爲重要的文化交流事件之一，恰以此，我們說此一體系博大、內涵深刻的思想學說的傳入大規模參與了現代中國學術史的創造實在也是理有固然、勢所必至。〔註41〕當然，就具體內容而言，參與現代中國學術史創造的馬克思主

〔註39〕　趙紀彬《三版自序》，載氏著《論語新探》，1959 年 1 月第 1 版、1976 年 2 月第 3 版、1976 年 3 月北京第 3 次印刷 787×1092 毫米 32 開本，卷首第 3 頁。《三版自序》末尾屬文「一九七四年國慶節，趙紀彬識於京郊」。

〔註40〕　王學典：《唯物史觀派史學的學術重塑》，《歷史研究》2007 年第 1 期。

〔註41〕　儘管文化交流有許多層次，但在這其中我們認爲最接近文化內核的還是以典籍迻譯和文獻傳播爲主要途徑的精神層面的交流，其往往對相應地域群體精神內涵的茁壯、豐盈以及由此決定的成長力度、發展方向等產生重要的影響。比如說佛教典籍輸入中土以後漢唐經學向宋明理學的深度轉向，阿拉伯世界所保存的古希臘哲學重新譯回西方世界所促成的歐洲古典文化的再生，中國典籍的輸入對晚近歐洲思想界的強烈震撼等。以後兩者爲例，進入中世紀以後，在歐洲希臘文化遺產特別是古典哲學著作幾乎已喪失殆盡，慶幸的是在穆斯林世界卻保留了不少希臘文明，特別是在曾得到基督教徒、猶太教徒和索羅亞斯德教有力支持的阿拔斯哈里發統治時期，翻譯了大量的古希臘著作，包括希波克拉底、加倫、歐幾里得、托勒密、柏拉圖、亞里士多德的作品等等。「這一活動具有深遠的意義，因爲西歐人對希臘知識已缺乏直接的瞭解，甚至長期不知道它的存在。因此，穆斯林這一學術成就在西歐準備重新恢復他們的研究之前，起到了保存希臘古典著作的作用」(〔美〕斯塔夫里阿諾斯著，吳象嬰、梁赤民譯：《全球通史——1500 年以前的世界》339 頁，上海社會科學院出版社 1999 年 5 月版，第 367 頁。）。學者評價稱：「由於希臘古典哲學著作在中世紀的散失，歐洲人在公元 12 世紀以前，幾乎無人瞭解柏拉圖和亞里士多德。公元 1125～1280 年，西班牙托萊多創辦了一所翻譯學校，當時許多著名學者在這裡進行了大規模的翻譯阿拉伯著作的工作。由於他們的努力，使歐洲人才重新聽到亞里士多德的名字，接觸到真實的希臘古典哲學。希提說：『柏拉圖的學說和亞里士多德的學說，憑藉伊本·西拿（阿維森納）和伊本·魯世德（阿維羅伊）兩人而傳入拉丁世界，從而對於中世紀時代歐洲的哲學研究，發生了決定性的影響』。」(蔡德貴：《阿拉伯哲學史》，

義學說，唯物史觀以外，還有唯物辨證法理論。後者的引入同樣給現代包括當代中國學術史的發展拓開了新的天地。

實際上，對《論語》研究的方法論關注，就民國《論語》學而言也算得上一抹嶄新的景致。較早一些的大約要數楊大膺的《孔子哲學研究》。內容上看，若「政治哲學」、「人生哲學」、「教育哲學」等在他之前人們討論的已經頗多，惟「方法論」一項專談孔門的邏輯，爲當時所少見。該書 1931 年 2 月由中華書局出版，1930 年 8 月蔣維喬《敘》稱「方法論一篇，尤爲發前人所未發，足爲本書之特色也」〔註 42〕云云；作者自己也說「從來研究孔子學說的人雖多；然而卻少有人注（原文誤做法）意過孔子的方法論。縱使有人注意到，如胡適之等，亦僅說孔子的方法只有一層演繹的推理而已，至於其（他——原文漏排）的重要點並未說及。這實在使我們認爲是很缺陷的一回事！因爲孔子的方法論雖然沒有完整，然而就原理上講，實在有可令人尋味處，而在論理學（即邏輯學——筆者）上，佔有一幅最重的歷史」〔註 43〕。楊著就《論語》中相關材料所涉及的類比推理進行了形式邏輯上的分析，指出「合忠恕而言，即搜集親知，求一條理，以推論未知之事，換言之，即由親知以

山東大學出版社 1992 年 9 月版，第 134 頁。）相較之下，中國典籍輸入對近世歐洲思想界的影響同樣也值得注意。研究古代中國科技史的李約瑟先生在 1942 年發表的文章中曾專門談到中國文化對科學人道主義的貢獻問題，謂：「從儒教的經典著作《論語》以及偉大的儒學家孟子的著作中，我們可以認識到，儒家的學說是最富於社會意識和人道主義精神的；這是世界上任何地域的哲學思想所不能比擬的。」「大約在公元 1600 年左右，儒家的經典著作譯成拉丁文之後，所有偉大的法國革命的先驅者，如伏爾泰、盧梭、達朗伯、狄德羅等，是如何如饑似渴的閱讀這些著作。從他們所寫的評論中，我們可以認識到他們當時是如何地深受感動。」（〔英〕李約瑟著，〔英〕李大斐編著，余廷明等譯：《李約瑟遊記》，貴州人民出版社 1999 年 1 月版，第 276～277 頁。）如此來看朱謙之說孔子「變成十八世紀歐洲思想界的目標之一，孔子的哲學理性觀也成爲當時進步思想的來源之一，其影響遂及於法、德、英各國；雖然各國所受影響不同，而要之以異端的孔子作他們反對宗教主張哲學的護身牌，卻是一致的。孔子學說成爲時髦的東西，引起了歐洲一般知識界人士對於孔子著書的興趣，大大聳動了人心」（《朱謙之文集·第七卷》，福建教育出版社 2002 年 9 月版，第 135 頁。）的總結顯然是有所根據切於實際的，而「所謂東西文化接觸是文明世界的強大推動力，以孔子爲例，我們可以得到證明」（《朱謙之文集·第七卷》，福建教育出版社 2002 年 9 月版，第 250 頁。）的引申觀察顯然也非誇大其詞而是合情合理的。

〔註 42〕 蔣維喬：《孔子哲學研究敘》，第 1 頁。載楊大膺《孔子哲學研究》（書名「孔子哲學」，實即《論語》研究）中華書局 1931 年 2 月版卷首。

〔註 43〕 楊大膺：《孔子哲學研究》，中華書局 1931 年 2 月版，第 42～43 頁。

求說知，亦即前所言以經驗作標準，而行推理也，此種方法，與近世歸納的演繹法相似」〔註44〕。這種研究在當時確有相當的新鮮氣息，就《論語》學來說也有著特出的紀念意義。不過形式邏輯以外，近世以來，在西方邏輯體系裏還有一種同樣大爲流行、影響深遠的邏輯，那就是辨證邏輯，其中又尤以馬恩的唯物辨證法流播綦廣、大受歡迎。

趙紀彬在開拓《論語》研究畋域上的貢獻，正在能借唯物辨證法理論分析《論語》中的有關內容，開出《論語》研究的新天地。這集中的體現在其對「兩端」、「異端」的訓解上。若謂「此即是說：在『兩端』的認識方法中，首先就知道每一事物，皆在自身內部，具有矛盾要素，以此內部矛盾要素的生長爲動力，事物在自己發展中又必然使自己否定自己，而轉化爲自己的對立物；黑格爾（G.W.F.Hegel 1770～1831）所說的『事物的自我超出』，意亦同此。其次又知道每一概念，皆建立在自己矛盾的相互規定之上，將任何一面，或由任何方面推至極端，亦必然引出與自己本性完全相反的另一概念；康德（I.kant，1724～1804）所說的『純粹理性的二律背反』，亦即此義」〔註45〕，謂「《論語》中所以有此『二律背反』或『自我超出』的鱗爪，係因春秋時代是氏族制瓦解，古代制矛盾暴發期的社會轉型期。在此偉大的變革時代，實踐領域中的事事物物，都暴露著它的自己否定，或由自己內部孕育出自己的對立物，提供著作爲內部矛盾統一體的無限大量的實體事實，以此實踐中的矛盾暴發爲動力，遂使人類認識中亦有與之相照應的反映」〔註46〕一句，即爲典型的體現。如前所引，作者以「端」爲「極始根源」，以「兩端」爲「極始根源中的自我矛盾」，我們說，若非先有了唯物辨證法的理論武裝顯然是不會有這種兼具時髦與「深刻」之新鮮解讀的。

實事求是地講，無論就後來《論語》研究的發展而言，還是就《先秦儒家哲學批判》本身來說，趙紀彬此一方面的研究都還只是剛剛開始，研究的深度還遠遠不夠〔註47〕，不過闊開視野的努力總是功不可沒。

〔註44〕 楊大膺：《孔子哲學研究》，中華書局 1931 年 2 月版，第 47～48 頁。
〔註45〕 趙紀彬：《古代儒家哲學批判》，中華書局 1950 年 3 月初版，第 100 頁。
〔註46〕 趙紀彬：《古代儒家哲學批判》，中華書局 1950 年 3 月初版，第 105 頁。
〔註47〕 關於「兩」的辨證法解讀可參龐樸《對立與三分》一文，載山東大學出版社 2005 年 1 月 1 版氏著《龐樸文集・第四卷》。對「儒家辨證法」的研究而言，真正就此一課題開掘出一片巍峨殿堂，進而爲 20 世紀的中國哲學史研究添一筆重彩的正是龐樸先生。

　　總之，我們認爲，一方面，《先秦儒家哲學批判》能運用馬克思主義的學說理論來指導《論語》研究推求歷史眞相，此在 20 世紀的《論語》學史上有著特出的表徵意義，另一方面，該書又因種種因素存在著理論運用較爲機械、推理論證不免牽強、走筆行文有失嚴密等方面的缺點和不足〔註 48〕，可謂喜憂參半。

〔註 48〕 王學典先生講馬克思主義本身就存在「政治内容」與「學術内容」兩個區間，故而研究與之相關的學術史問題必須注意作爲「社會理念」的馬克思主義同作爲「學術思想」的馬克思主義之間的區別。（參《歷史研究》2007 年第 1 期《唯物史觀派史學的學術重塑》一文）以趙著的疏失來看，我們認爲其在不小的程度上可能恰也是「社會理念」的馬克思主義在起作用的緣故，畢竟其與「學術思想」意義上的馬克思主義還是有著相當的差別。而就整個 20 世紀的《論語》學史來看，趙書的這一點特別是由此造成的某些疏失尤具某種典型意義。1976 年 2 月 32 開本第 3 版《論語新探》載 1962 年所作《再版自序》謂「對原收各篇中若干根據不充分、闡述不深透、論斷不確切以及筆誤、排誤之處，均竭識力所及，分別給以訂正」，其中「根據不充分、闡述不深透、論斷不確切」當即此處我們所言「疏失」一詞近於自道式的曲折佐證，而《後記》所謂「此次在無産階級文化大革命、批林批孔運動的教育和啓發下進行修改，使我逐步認識到：《論語》全書，只有妄圖恢復西周奴隸制盛世的明文，絕無主張向封建制過渡的章句……經此修改，庶可使孔丘的反動思想，暴露其本來面貌」（書第 438～439 頁）的話，更可爲我們此處所講的「社會理念」層面的「馬克思主義」提供某種參證。我們沒有苛責前輩的意思，不過就書論學，亦無須遮遮掩掩、畏首畏尾，若是在學問的世界裏都沒有眞實，那麼多少年後，我們聽到的一定是文化和歷史的哭泣。

第五章　錢穆的《論語新解》

第一節　背景

（一）舊學

　　近代以來，以經學爲代表的舊有知識體系，因爲不能有效應對表現爲堅船利炮的西學的挑戰，在嚴重民族危機的拷問下，其在國民教育中的壟斷地位，慢慢爲西學知識的傳授所動搖，乃至漸爲後者所取代。1905 年廢科舉，上諭：「學堂本古學校之制，其獎勵出身，又與科舉無異。歷次定章，原以修身讀經爲本，各門科學，又皆切於實用。是在官紳申明宗旨，聞風興起，多建學堂，普及教育，國家既獲樹人之益，即地方亦與有光榮。經此次諭旨，著學務大臣迅速頒發各種教科書，以定指歸而宏造就，並著責成各該督撫實力通籌，嚴飭府、廳、州、縣趕緊於城鄉各處，遍設蒙小學堂，愼選師資，廣開民智。其各認眞舉辦，隨時考查，不得敷衍瞻徇，致滋流弊，務期進德修業，體用兼賅，共副朝廷勸學經人之至意。欽此。」〔註 1〕儘管依舊強調以讀經爲本，但科舉既廢，讀經與功名由至親轉成路人，其在教育中之位置將逐步讓位於「切於日用」的「各門科學」自不待言。其實廢科舉不過是長期以來的官民教育改革，在官方層面水到渠成的體制認定。其後民國成立廢止讀經，仍是這一過程的餘韻流風。當然，完全拋棄祖訓的做法頗有些矯枉過正，所以又有各地、各級、不同時期、不同形式的「尊孔讀經」運動。然

〔註 1〕 袁世凱著，天津圖書館、天津社會科學院歷史研究所編：《袁世凱奏議》，天津古籍出版社 1987 年版，第 1191 頁。

而，流水落花春去也，讀經終究成了大規模的新式學堂教育中的邊緣角色。那些依舊對經書虔敬留戀和信奉的遺老遺少，大多也只能借整理研究託寄舊夢，偶而有陳煥章、唐文治一類欲殫精竭慮、挽回格局，實也無法與時代潮流抗衡。1915 年唐文治撰《論語新讀本》，自謂：「世界何爲而險巇否塞至於此極乎？人心何爲而欺詐迷繆至於此極乎？四書五經束之高閣而不屑讀，舊道德掃除殆盡而於新道德亦茫然無所知……」〔註2〕幼徒桂銘敬又謂：「慨自仕途擾亂，大道淪亡，古書漸就荒蕪，人心日流浮僞，晦盲否塞，於茲爲極」。〔註3〕讀經者終是越來越少，以至後來錢穆在香港開新亞書院，講課講得很有些費力。余英時回憶說：「當時新亞學生很少，而程度則參差不齊。在國學修養方面更是沒有根基，比我還差的也大有人在。因此錢先生教起課來是很吃力的，因爲他必須儘量遷就學生的程度。」〔註4〕

（二）錢穆

錢穆字賓四，江蘇無錫人，筆名公沙、梁隱、藏雲、孤雲，室名未學齋，自號未學齋主，後改思親強學齋、素書樓。1895 年（清光緒二十一年）生。10 歲入鄉間小學，1912 年任小學教師。1921 年任廈門私立集美學校教席。1923 年任江蘇省立無錫第三師範學校教師。1927 年改任蘇州中學教師。1930 年任燕京大學講師。1931 年任北京大學歷史學系副教授。抗日戰爭爆發後，任西南聯大教授，後隨校遷昆明蒙自。1940 年轉成都齊魯大學國學研究所任研究員。1943 年 7 月，被聘爲三民主義青年團第一屆中央團部評議員；同年轉華西大學、四川大學任教授。1946 年轉昆明五華書院兼任雲南大學教授。1948 年轉無錫私立江南大學任教授；同年任中央研究院院士。1949 年赴香港，創辦亞洲文商專科夜校，1950 年改日校，易名新亞書院，任校長。1960 年赴美國耶魯大學講學，獲該校頒予榮譽文學博士學位。1965 年辭新亞書院校長職，轉吉隆坡任馬來亞大學教授。1967 年定居臺灣。著有《先秦諸子繫年考辨》、《中國近三百年學術史》、《中國文化史導論》、《國史大綱》、《史記地名考》、《宋明理學概述》、《兩漢經學今古文平議》等。1990 年 8 月 30 日謝世，骨灰由夫人自臺灣護送至蘇州太湖洞庭西山安葬。

〔註2〕 唐蔚芝：《論語新讀本序》，《交通部上海工業專門學校學生雜誌》，1915 年第1 卷第 2 期，第 1 頁。
〔註3〕 桂銘敬：《唐蔚之先生論語新讀本跋》，《學生》1916 年第 3 卷第 4 期，第 102 頁。
〔註4〕 余英時：《錢穆與中國文化》，上海遠東出版社，1994 年版，第 10 頁。

　　錢穆的一生幾乎與 20 世紀相始終，開始求學時恰值 20 世紀開端，故去之時已是 20 世紀的末頁。關於早年歲月，錢穆說：「鄙人乃一苦學生出身，並無履歷及資格可言。七歲始識字，在私塾三年餘，四子書尚未卒業。後改入新式國民小學堂。不幸早孤失教督，十三歲考取府立中學。至十七歲適辛亥革命，未得應畢業試驗。十八歲起為鄉村小學教師，自是余之教書生涯，乃與中華民國之紀元同開始」。〔註5〕20 世紀成長起來的學人很少有人能再如晚清那樣接受系統的經學教育，因緣際會讀完四書已屬難得。不過，就 20 世紀的教育情形來看，即便這種訓練只有幾年時間、僅以四書為限，也會給認真讀經的童子打下畢生為人為學的根底。錢穆正是如此。余英時回憶說：「他對《論語》『人不知而不慍』那句話，深信不疑，而近於執著。五十年代初他和我閒談時也不知提到了多少次，但他並不是向我說教，不過觸幾及此罷了。」〔註6〕大約《論語》早已深融在錢穆的血脈裏，所以才能在生活中觸幾而及，隨時隨地運用自如，與思維同步共智慧進出。又如 1928 年出生的龐樸先生。提及早年求學，他說：「鬼子來了以後，我和大哥上過一兩年私塾。」「當時我已有小學五年水平，大哥更讀到初一，但我們都要求從《百家姓》、《三字經》、《千字文》讀起，似乎是為了撈個科班出身，老程先生竟也答應了。『百、三、千』完了讀四書，每天只教一小段，背熟了才教新課，而且每隔幾天還要把全部熟課通背一遍，就這樣也沒難倒我們，很快四書也念完了。」「即使沒能讀經，老程先生教給的東西，也讓我終身受用無窮。前不久，某古籍整理工作者來求題字，我忽然想起四書裏有句『寶藏興焉』，用在這裡典雅樸素，妙不可言，遂欣然命筆，來者對我的才思敏捷驚歎不已，他哪裏知道，我曾有過一位老程先生！」〔註7〕二者年齡上相差 33 歲，但都是在民國時期接受的教育，都是念私塾讀四書，都是就四書立根底，而後又都在各自的領域取得了相當成績，這種異時同趨的生命軌跡，就 20 世紀學術史而言，有其表徵意義。

　　四書是民族文化瑰寶，從小讀過四書的錢穆對中國文化和歷史懷有極深的感情。抗戰期間，談到國史教育，錢穆說：「當知無文化便無歷史，無歷史

〔註 5〕道明：《錢穆先生的「苦學回憶」》，《教育短波》1935 年第 26 期，第 12 頁。

〔註 6〕余英時：《錢穆與中國文化》，上海遠東出版社，1994 年版，第 12 頁。

〔註 7〕龐樸著、劉貽群編：《龐樸文集·第三卷：憂樂圓融》，山東大學出版社 2005 年版，第 389 頁。

便無民族，無民族便無力量，無力量便無存在。所謂民族爭存，底裏便是一種文化爭存。所謂民族力量底裏便是一種文化力量。若使我們空喊一個民族，而不知道做民族生命淵源的文化，則皮之不存，毛將焉附。目前的抗戰，便是我民族文化的潛力量依然旺盛的表現，此在一輩知識分子，雖有菲薄民族文化乃至於加以唾棄的，而在全國廣大民眾，則依然沉浸在傳統文化的大洪流裏，所以能出於九死一生之途以爲保證。」〔註 8〕其後 1973 年底的一次演講中他又重申：「歷史文化民族，乃屬三位一體。無此民族，即無此民族之歷史與文化。無此民族之歷史與文化，亦即無此民族之存在」。在他看來，「中國民族長時期歷史文化，乃融攝凝合於孔子之一身」。〔註 9〕欲瞭解中國民族的歷史文化，不能不瞭解孔子，而要瞭解孔子，實不能不瞭解《論語》。古人謂「理會得《論語》，便是孔子」〔註 10〕。所以錢穆常常在各種場合勸人讀《論》，自己更是多年爲學生講授。

　　錢穆確是對《論語》極爲看重，有謂：「論語應該是一部中國人人人必讀的書。不僅中國；將來此書，應成爲世界人類的人人必讀書」〔註 11〕。晚年他雙目失明不能寫字，在夫人幫助下以口說形式撰《晚學盲言》集個人哲思，其中許多問題都是從《論語》開始談起，由引申和發揮《論語》內容而成。比如談到「風氣與潮流」問題，錢穆首先想到的便是《論語》裏「君子之德風，小人之德草。草尙之風必偃」古訓，認爲「風東來，則草西偃。風西來，則草東偃。社會風氣之易成易變有如此」。其後又引「道之以政齊之以刑」章強調「轉移社會風氣，主要不在其上層之政治與刑法」，而在「上位者之德性」〔註 12〕。以「德風」「德草」句明風氣之特點，以「政刑德禮」句論轉移風氣之關鍵，「風氣」問題之有《論語》，可謂善莫大焉。《論語》對於多數治中國學問的學人來說，常常即是學問之根，又是立身之本，「一生爲故國文化招魂」的錢穆正是如此。

　　讀《論》不能無注，種種注書中錢穆最看重的還是《論語集注》。

〔註 8〕 錢穆：《國史教育》，《雍言》1942 年第 2 卷第 1 期，第 51 頁。
〔註 9〕 錢穆：《孔子與論語》，臺灣聯經出版事業公司 1974 年版，第 239～240 頁。
〔註 10〕 〔宋〕黎靖德編：《朱子語類》，中華書局 1986 年版，第 432 頁。
〔註 11〕 錢穆：《孔子與論語》，臺灣聯經出版事業公司 1974 年版，第 1 頁。
〔註 12〕 錢穆：《晚學盲言》，廣西師範大學出版社 2004 年版，第 321 頁。

（三）《集注》

《論語集注》是朱子一生最得意的作品，自信「如秤上稱來無異，不高些，不低些」，「添一字不得，減一字不得」〔註13〕。這種自信不是沒有道理。除了生前便大有一般弟子就相關內容向其問道求解外，身後不久更有人提議將其相關作品頒之太學用為教材。即便學人看淡名利，此就作品而言終究是一種極大的肯定。南宋寧宗嘉定四年（1211）著作郎李道傳奏言：「故侍講朱熹，有《論語、孟子集注》、《大學、中庸章句》、《或問》，學者傳之，所謂擇之精而語之詳者。願陛下詔有司取是四書，頒之太學，使諸生以次誦習，俟其通貫浹洽，然後次第以及諸經，務求所以教育人才，為國家用，且使四方之士，聞其風節，傳其議論，得以慕而傚之。」可惜「會西府中有不喜道學者，未及施行」〔註14〕。第二年「國子司業劉爚，請以朱熹《論語、孟子集注》立學；從之」〔註15〕。《論語集注》列學官，其意義和影響較之當年《張侯論》的廣播不遑多讓。後來為了表彰其包括《論語》在內「羽翼斯文，有補治道」的四書注解，南宋理宗追封朱子為「信國公」（旋改「徽國公」），事在寶慶三年（1227）〔註16〕。自來「君子之德風，小人之德草」，官方的認可和提倡，讓《論語集注》的民間和學界地位急劇提升，士子競相諷誦，學者相與推重，數百年間無人堪與之抗衡。

不過，木秀於林，非議和詰難亦隨之而起。其中最有代表性的要屬清人毛奇齡。毛氏有《論語稽求篇》，又有《四書改錯》，後者對包括《論語集注》在內的朱子四書學的攻擊尤其犀利。其謂朱注「性相近」節：「夫子罕言『性』，至此專下一『性』字。安見便屬『氣質』？宋儒認性不清，唯恐『相近』與孟子『性善』有礙，故將此『性』字推降一等，屬之『氣質』，以補救之。不知『相近』正是善，謂善與善近，雖其中原有差等，堯舜與湯武不必齊一，然相去不遠，故謂之近。若是氣質，則如《禮記》所云剛柔輕重遲速異齊，不待習而先相遠矣。」〔註17〕論「其為人也孝悌」節朱注云：「有子不及程氏

〔註13〕 〔宋〕黎靖德編：《朱子語類》，中華書局1986年版，第437頁。
〔註14〕 〔清〕畢沅編著：《續資治通鑑》，中華書局1957年版，第4309頁。
〔註15〕 〔清〕畢沅編著：《續資治通鑑》，中華書局1957年版，第4316頁。
〔註16〕 〔清〕畢沅編著：《續資治通鑑》，中華書局1957年版，第4458頁。今人唐明貴《論語學史》（中國社會科學出版社2009年版）引此材料，謂自《續資治通鑑長編》卷一四六，書名卷數皆誤。《長編》作者李燾在南宋理宗趙昀登基前早已亡故，如何能載記四十多年後之來日事！
〔註17〕 毛奇齡：《四書改錯》，續修四庫全書本，第183頁。

處，由不識仁義禮智是性，不識性中無孝悌，故所言皆枝葉。實則古無言仁義禮智者，惟《易‧文言》始有仁義禮三字，而無智字；至《孟子》始增一『智』字，名爲四德；是『仁義禮智』之名創自孟子。然而孟子明言孝悌是仁義禮智之本，並未言仁義禮智是孝悌之本。觀其曰『仁之實』、『義之實』、『禮之實』、『智之實』，皆只孝悌，皆只『事親』、『從兄』二者，是『事親』、『從兄』二者爲四德之實。實者本也，根荄也，非枝葉也。今明襲孟子四德之名，亦明言孝悌，而其言本言實則概從反之，曰仁不本孝悌。且不惟反之，又從而決絕其說曰『人性何嘗有孝悌』，是並其良知、良能、孩提親長、堯舜之道孝悌而已，諸所言皆一切悖盡。而《論語》開卷即立此說，是不特程氏勝有子，即孔孟之學亦全與程氏相反、全藉救正。聖門尙有賴與？」〔註18〕毛氏善考據，能以考證訂義理；這之外，其從名物制度上駁正朱注者亦多。不美的是下口太重，稍有失於忠厚。或問朱注「子見南子」章所及禮制，毛謂其「非禮之極，不特誤家、誤國、誤天下，並誤後世」〔註19〕云，訾議如此，已與「文革」批孔無異。

　　進入 20 世紀，科舉制廢除，《集注》地位大不如前，人們對《集注》的熱情漸漸老去。雖然仍有一些學人對其十分尊重乃至崇信不疑，但同科舉時代相比，絕不可同日而語。更多的則是以之爲對象和靶子，或就考證補其不足，或就義理正其疏失，再或者徹底打倒完全「糟粕」之。錢穆屬於第二種。他說：「若論義理闡發，則清儒斷不足以望朱子之項背。乃朱注亦有違失孔孟原旨者，並所違失，盡在大處。」〔註20〕錢穆1963年寫這段文字時《論語新解》剛出版沒多久，雖有些馬後炮，但其對《集注》不足的分析，還是讓我們隱約捕捉到了些許《論語新解》創作動機上的影子。

第二節　編撰

　　錢穆寫《論語新解》並不僅僅是爲了補正《集注》在義理闡發上的違失。他與《論語》的緣分很深，撰寫《論語新解》是其個人學術生命長期積澱自然流淌的結果。

〔註18〕 毛奇齡：《四書改錯》，續修四庫全書本，第 195～196 頁。
〔註19〕 毛奇齡：《四書改錯》，續修四庫全書本，第 225 頁。
〔註20〕 錢穆：《孔子與論語》，臺灣聯經出版事業公司 1974 年版，第 129 頁。

　　除了開蒙讀書便彼此結緣以外，錢穆的第一部著作也是就《論語》內容而寫，謂之《論語文解》。該書出版於 1918 年，當時他正在教高小。1918 年的中國適逢「新文化運動」，晚清以來縈繞國人心間的，中西文化優劣好壞的問題，因運動的到來被稍稍放大，並再次擊中了青年錢穆的心胸。他在《序例》中談到：「蓋今西人質力製造之事，民群平治之局，駸駸皆遠出我。而一探其底，盡若有庖丁之意行其間者。而其教授童蒙之法，尤為循自然之理，使學者可以不竭神智而深入其間，因以得其運用之方，為益有似於莊生之旨也。」以西方啟蒙之方如庖丁解牛，而本土之法容或反之，這樣評價中西教育，不能不說青年錢穆同當時後世許多國人一樣是頗有些崇洋情愫的。不過，寄情於西天取經的他，對自己的創作仍是極為自信，有謂：「文章義、法兼重，《詩》曰：『有物有則。』義者物也，法者則也。然自來多訓詁義物之言，而典章法則者少。或遂譏輕西人文典之書，以為無用。此猶俗人妄論名家，謂：我亦能思，我亦能言，何必講邏輯，乃能言思也。」「吾國之論文法者，首推丹徒馬氏之書。然繼而究之者甚少，故其言猶多失正。又專主句讀，於篇章之理，有所未及。」「私獨以莊生之言，觀於文字，所謂『未嘗見全牛』者，而稍稍告諸學者，學者喜之。退而編為此書，以發其趣。其於大郤大款之處，可謂盡之。學者循之以進，庶乎其可望其無遇全牛，而善葆其刀也。蓋馬氏之書，自詡特創，故亦不能無疵。今茲所稱，意主蒙求，然亦多前人所未及者。」〔註 21〕錢穆將自己的《文解》同馬氏的《文通》類比，必是書成之後撰為《序例》，覽古觀今、四顧茫茫，雄姿英發、義氣飛揚，一副青年英雄誰人能敵的模樣。雖然不免有些託大，但《論語文解》也算得上一部出人意表的奇書。該書借《論語》內容談遣詞造句、起承轉合的作文之法，古往今來或是唯一一部。就《論語》學史來說，其地位或者反較後來廣為流傳的《論語新解》為高。僅從這點來看，錢穆張揚如此也不是沒有道理。青年之善於創造，老年之長於守成，亦可於中觀見。不過老年長於守成往往嚴密，青年善於創造常不免偏疏。《文解》實即如此，所論明體達用起承轉結諸條，極似從八股抽繹而來，只是反謀篇為造句，援《論語》以見其實而已。舊火舊竈臺、土法土雞蛋，非要插一根西學的大旗杆，多少有點讓人汗顏。

　　寫《論語文解》時錢穆還在教小學，後轉入江蘇省立第三師範學校工作，出於上課需要，又寫了《論語要略》。同出版《文解》時的自己相比，出《要

〔註21〕 錢穆：《論語文解》，九州出版社 2011 年版，《序例》第 1～2 頁。

略》時的他謙遜了好多。或與多年講授和學習《論語》不無關係。《弁言》謂：
「余此書爲任《論語》課之講義，已兩度試教，均見效益。竊以《論語》爲
我國極有名之古籍，而孔子又爲我國最偉大之人物。孔子之爲人，既人人所
當知，則《論語》之爲書，自爲人人所必讀。顧其書簡淡高古，玩索非易，
最近先秦子籍，益爲學者重視，而《論語》轉見蕪棄，疑若俗學陋書，更無
足觀，亦由無良好之讀本資之途轍也。朋好知余此編，多承索觀，因以刊布，
公之當世。而述其緣起如此。至於本書編纂體例，已詳於第一章《序說》，茲
不贅。自以掇拾粗疏，謬誤難免，倘承鴻博，指其瑕疵，所樂受也。」文氣
大是謙和，與前引《文解·序例》迥異。內容上《要略》主要是就《論語》
來研究孔子，包括「孔子之事蹟」、「孔子之日常生活」、「孔子人格之概觀」、
「孔子之學說」、「孔子之弟子」六部分。在專門討論孔子之前，開篇第一章
先談了《論語》有關問題，包括「《論語》之編輯者及其年代」，「《論語》之
眞僞」，「《論語》之內容及其價值」，「《論語》之讀法及本《要略》編纂之體
例」，「《論語》之注釋書及本《要略》參考之資料」。後世學者經認眞對勘，
發現談《論語》有關問題一章參考梁啓超《群書概論》所及《論語》部分很
多〔註 22〕，錢穆自己還提到《論語要略》的寫作頗多參考當時同事郭瑞秋書
架上蟹江義丸的《孔子研究》一書，〔註 23〕這樣看來，《弁言》寫的謙和亦非
只是修養上的緣故，或者還有學養方面的問題。不過，孔子「述而不作」，本
是抄襲的祖師，所以子貢有「惡徼以爲知」的隱語。再者，綜合也是創新，《論
語要略》民國期間刊印多次，這對《論語》的傳播，民族精神的存續，自有
其不可磨滅的作用和價值。

　　再後來，至於 1950 年代，同樣是因爲上課，錢穆又開始寫《論語新解》。
關於本書的撰寫，他有詳明的自述：

　　　　我開始寫新解，是在民國四十一年之春末。那時學校在桂林街；
　　我開始講論語一課，講堂上有許多旁聽的，此刻我們圖書館館長沈
　　燕謀老先生也是其中之一。沈先生攜有一本美國新出版某氏的論語
　　譯本做參考。他說：他將逐條筆記下我所講與此譯本不同處，將來
　　彙齊寄與原譯人資其改正。但聽過幾月，沈先生的筆記停了。他說：
　　相異處太多，除非從頭另譯。我爲此，打動了我作新解的念頭。普

〔註 22〕 曹震：《錢穆對梁啓超〈群書概要〉的抄襲與發明》，《書屋》2006 年第 12 期。
〔註 23〕 錢穆：《八十憶雙親·師友雜憶》，三聯書店 2005 年北京第 2 版，第 129 頁。

通的論語，總是讀朱注。但朱子集注成書，距今已過七百年，有些
我們應該用現時代的語言和觀念來為論語作新解，好使人讀了親切
有味，易於體會，此其一。清代漢學盛興，校勘訓詁考據各方面，
超越前代甚遠，朱注誤處經改正的也不少，我們不應仍墨守朱注，
此其二。各家改訂朱注，亦復異說分歧，我們應折中調和以歸一是，
此其三。我立意作新解，主要用心，不外此三點。我刻意想寫一通
俗本，用最淺近的白話來寫，好使初中以上學生人人能讀。為求簡
要，把漢學家繁稱博引的舊格套擺脫了——雖亦博綜諸家，兼採群
說，但只把結論寫出，沒有枝葉煩瑣。我又模倣西方人翻譯新舊約，
把論語各章全用白話翻出，好使讀者看了一目了然，再無疑義。這
是我寫新解的體例。先列論語原文，其次逐字逐句分釋，又其次總
述一章大義，最後是論語本文的白話翻譯。但我寫了些時候便停止
了，一則沒有整段的閒暇供我撰寫，時作時輟，精力浪費，亦甚苦
痛；二則我開始感到此書要力求通俗，也有弊病：遇義理精微處，
定要用通俗白話來寫，勢難簡潔，而且亦勢難恰當；文字冗長，反
不能開人思路，引人入勝；又不能把精微處扼要確切地表達。我想
不如改用平易淺近的文言，收效會更好些。好在能讀論語，其人瞭
解文字之水準，必有相當基礎，我不應在力求通俗上著意。直到民
國四十九年，我有機會去美國，在耶魯講學半年。從三月一日起，
把閱讀西書的計劃全放棄了，來繼續論語新解的撰述。我在三月一
號和二號兩天，打開舊稿，一面讀，一面改，盡兩日夜之力，把此
一百零二章約略改過。三月三日起，正式繼續寫新稿。到五月二十
八日起程去哈佛，我已只剩堯曰一篇，但無論如何是趕不完了。待
哈佛歸來，在六月十三那天，算把堯曰篇也補完了。但我把上論鄉
黨一篇跳過沒有解；十四日起，再補寫鄉黨篇，到十八日竟體完畢。
我在是年十一月，卜居沙田，地僻較閒，到寒假，又把新解全稿拿
出再整理。我此次補訂，先把朱子語類關於《論語》的幾卷，通體
細讀一過。我讀完朱子語類論語之部，將我新解有關各章，再有所
修改外；又將我新解全稿，逐篇逐章細讀一過。覺得我全稿前後文
體尚有不純，尤其是最先完成的一百零二章，在美國只匆匆修改了
兩天，顯與此下文體有不類。而一百零二章以下之最先幾十章，其

文體也和前一百零二章較近。較後則文體較爲簡淨，因此又把全稿的前半部在文字上多加了一番刪潤。據我經驗，著作草創固不易，而成稿後要自己修改則更難。如是我又把新解全稿擱置。

我從日本買回來的三部書，按著三書先後次序，逐章分看，正如把朱注論語下到近代此數百年來中國學術界漢宋之爭的舊公案，從新在心頭溫一遍。我如此般讀過一章之後，在我心中對此一章自然會浮現出一番見解來。然後我再把自己原稿翻出來再讀，有的是我此刻欣賞所浮現的新見解，和原稿見解還是相同，那就算把我原稿通過了；也有的是新舊見解大體相近，只要在字句上稍加增刪便過去；也有時發現我原稿見解，或許因當時參考材料出此三書之外，或許我當時思索較之當前更細密，更周詳，而認爲原稿意見實是勝過了我此刻的意見的，那眞是一番喜悦，而且是喜出意外似的叫我高興；但也有時，我發覺原稿舊見解和我此刻的新見解正處在相反之兩端，那就爲難了，不得不爲此一章從頭再作深思。本來論語盡多異解，我以前是主從甲説的，現在又想從乙説，其間取捨抉擇，煞是不易。有的經過内心私下再三思辨，終於捨棄了舊見解改從新見解了。亦有的經過再三思辨，終於決定仍從舊見解，而放棄了新見解。但也有已從新解，再經幾天思考，又改從舊説的。也有已留舊説，再經幾天思考，又改從新見的。也有幾章，在自己新舊見解衝突，異説分歧，十分難解之際，而忽然悟出一番新意，自謂能超出以往舊見，更有新得的，那又是一番喜出意外的喜悦。……〔註24〕

幾經修改完善，《論語新解》終於在 1963 年付梓，其時上距落筆的 1952 年已有十一個年頭。《新解》的體例是「先原文，次逐字逐句之解釋，又次綜述一章大旨，最後爲《論語》之白話試譯」〔註25〕。以前十篇爲上編，後十篇爲下編，最後附有《孔子年表》。在實際寫作中，有的章沒有逐字逐句的解釋，只有綜述大旨和白話試譯，有的章則沒有綜述大旨，只有解釋和試譯。直觀起見，抄錄一章「新解」內容如下：

子曰：「無爲而治者，其舜也與！夫何爲哉？恭己正南面而已矣。」

〔註24〕 錢穆：《孔子與論語》，臺灣聯經出版事業公司 1974 年版，第 37～44 頁。
〔註25〕 錢穆：《論語新解》，三聯書店 2012 年 7 月北京第 3 版，《序》第 3～4 頁。

　　無爲而治：任官得人，己不親勞於事。

　　恭己正南面：恭以自守，南面莅朝，群賢分職，己只仰成。舜承堯後，又得賢，故尤不見其有爲之跡。

　　孔子屢稱堯舜之治，又屢稱無爲，其後莊、老承儒家義而推之益遠。其言無爲，與儒義自不同，不得謂《論語》言無爲乃承老子。

　　白話試譯：

　　先生說：「能無爲而治的，該是舜了吧！他做些什麼呢？只自己恭恭敬敬，端正地站在南面天子之位就是了。」〔註26〕

　　從 1918 年出版《論語文解》到 1963 年出版《論語新解》，前後經過了 45 年時間；考慮到《論語文解》本身的創作時間，那麼大約從開始專究到後來出版《新解》，其時間間隔容有半個世紀之久；若是上推到開蒙讀四書的童年時期，更有一甲子之漫長。期間作者撰寫了稱譽學林的《兩漢經今古文平議》，撰寫了迄今爲止仍備受推崇的《先秦諸子繫年考辨》，撰寫了與梁啓超比美的《中國近三百年學術史》，撰寫了《國史大綱》、《中國文化史導論》等等一批重要述作，在學養、見識、功力等方面的提高不可以道里計。不過時逢戰亂歲月，謀道謀食，生活實則辛苦。尤其 1949 年以後，錢穆漂泊海外，篳路藍縷開壇講學，居陋室弘斯文，因上課寫教本，種種辛酸斷非飲水後來人所能體會。《論語新解》的最終成書和出版，恰是此一複雜學術與生命征程，曲折前行中結出的一枚青果。

第三節　特色

　　與《論語文解》講作文、《論語要略》說孔子不同，《論語新解》第一次將重點放在了章句訓詁和解釋上。這在錢穆個人的《論語》研究過程中有路數和方向上的轉型意義。如果說《文解》是從文學進路對《論語》進行解讀，《要略》是從歷史層面對孔子進行剖析，那麼《新解》更多是對《論語》內在義理的分梳，偏於哲學體悟。當然，這種哲理呈示借助了經學注疏的形式。眾所周知，注疏之學是中國傳統治學的主流範式；錢穆與《論語》的緣分在經過了一番東張西望（《要略》多參東洋，《文解》崇尚西方）的彷徨後，終於開始向傳統回望，開始回歸到經典的《論語》學著述範式上。

〔註26〕錢穆：《論語新解》，三聯書店 2012 年 7 月北京第 3 版，第 360 頁。

　　大體來看，本書有如下一些特色：

（一）重《論語集注》

　　雖然錢穆有專文討論《新解》對《集注》的修訂和增補，但各種注本當中，他最看重、借鑒最多的還是《論語集注》。至於看重和借鑒到什麼程度，不妨以《泰伯》前幾章爲例取有關內容比對之。

　　8.1 子曰：「泰伯，其可謂至德也已矣！三以天下讓，民無得而稱焉。」

　　《集注》泰伯，周大王之長子。至德，謂德之至極，無以復加者也。

　　《新解》泰伯：周太王之長子。次仲雍，季歷。季歷生……至德：德之至極之稱。

　　8.2 子曰：「恭而無禮則勞，慎而無禮則葸，勇而無禮則亂，直而無禮則絞。君子篤於親，則民興於仁；故舊不遺，則民不偷。」

　　《集注》葸，畏懼貌。絞，急切也。無禮則無節文，故有四者之弊。君子，謂在上之人也。興，起也。偷，薄也。張子曰「人道知所先後，則恭不勞、慎不葸、勇不亂、直不絞，民化而德厚矣。」吳氏曰：「君子以下，當自爲一章，乃曾子之言也。」愚按：此一節與上文不相蒙，而與首篇慎終追遠之意相類，吳說近是。

　　《新解》勞、葸、亂、絞：勞，勞擾不安義。葸，畏懼。亂，犯上。絞，急切。恭慎勇直皆美行，然無禮以爲之節文，則僅見其失。君子篤於親，則民興於仁：此君子指在上者。篤，厚義。興，起義。在上者厚於其親，民聞其風，亦將興於仁。或說：君子以下當別爲一章，惟爲誰何人之言則失之。或說，當出曾子，因與慎終追遠民德歸厚之說相近。然無確據，今不從。故舊不遺，則民不偷：遺，忘棄。偷，薄義。在上者不忘棄其故舊，則民德自歸於厚。

　　8.3 曾子有疾，召門弟子曰：「啟予足！啟予手！詩云『戰戰兢兢，如臨深淵，如履薄冰。』而今而後，吾知免夫！小子！」

　　《集注》戰戰，恐懼。兢兢，戒謹。臨淵，恐墜；履冰，恐陷也。

　　《新解》戰戰，恐懼貌。兢兢，戒慎貌。如臨深淵，如履薄冰：臨淵恐墜，履冰恐陷。

8.5 曾子曰：「以能問於不能，以多問於寡；有若無，實若虛，犯而不校，昔者吾友嘗從事於斯矣。」

《集注》校，計校也。友，馬氏以爲顏淵是也。顏子之心，惟知義理之無窮，不見物我之有間，故能如此。謝氏曰：「不知有餘在己，不足在人；不必得爲在己，失爲在人，非幾於無我者不能也。」

《新解》犯而不校：犯者，人以非禮犯我。校，計較義。然人必先立乎無過之地，不得罪於人，人以非禮相加，方說是犯，始可言校。若先以非禮加人，人以非禮答我，此不爲犯，亦無所謂不校矣。吾友：舊說：吾友指顏子。其心惟知義理之無窮，不見物我之有間，故能爾。孟子橫逆之來可參讀。

8.8 子曰：「興於詩，立於禮。成於樂。」

《集注》興，起也。《詩》本性情，有邪有正，其爲言既易知，而吟詠之間，抑揚反覆，其感人又易入。故學者之初，所以興起其好善惡惡之心，而不能自己者，必於此而得之。禮以恭敬辭遜爲本，而有節文度數之詳，可以固人肌膚之會，筋骸之束。故學者之中，所以能卓然自立，而不爲事物之所搖奪者，必於此而得之。樂有五聲十二律，更唱疊和，以爲歌舞八音之節，可以養人之性情，而蕩滌其邪穢，消融其查滓。故學者之終，所以至於義精仁熟，而自和順於道德者，必於此而得之，是學之成也。〔註27〕

《新解》興於詩：興，起義。詩本性情，其言易知，吟詠之間，抑揚反覆，感人易入。故學者之能起發其心志而不能自己者，每於詩得之。立於禮：禮以恭敬辭讓爲本，而有節文度數之詳。學者之能卓然自立，不爲事物所搖奪者，每於禮得之。成於樂：樂者，更唱疊和以爲歌舞，學其俯仰疾許周旋進退起訖之節，可以勞其筋骨，使不至怠惰廢弛。束其血脈，使不至猛厲僨起。而八音之節，可以養人之性情，而蕩滌其邪穢，消融其渣滓。學者之所以至於義精仁熟而和順於道德者，每於樂得之。是學之成。〔註28〕

即上來看，《新解》雖以「新」名，「注釋」部分承襲朱子者實在不少；直接承襲以外，有的地方也會有引申和發揮。這在上引內容中也可約略觀

〔註27〕〔宋〕朱熹 撰：《四書章句集注》，中華書局1983年版，第102～105頁。
〔註28〕錢穆：《論語新解》，三聯書店2012年7月北京第3版，第181～189頁。

見。《新解》出版後不久，錢穆即在新亞書院講自己的專著，其中提到朱注在考據方面的不足，說：「朱注對論語所牽涉到的實人實事，也有些處考據不及清儒之細密，因此其所闡發的內涵義理也便不免有差失。但清儒說論語，究竟太求在考據上見長，而忽略了論語本文中所涵之義理。因此讀清儒說論語，乃只見有考據，不見有義理，既近買匵還珠之誚，亦陷於歧路亡羊之失。」〔註 29〕明明是朱子的不足，轉來轉去竟又成了考據的流弊，觀此文字，不能不說錢穆對於朱子是很有些偏愛乃至偏祖的。第二年春天，還是在新亞書院，錢穆講演提到「射不主皮」一章的不同注解，說：「程明道以爲射不主皮專以中爲善，朱子未采其說。清人引漢儒古說來推翻朱注，但清儒實並不知明道與朱子間已有不同，而朱注實難推翻。清儒對此章講了許多考據，但於義理上則仍有不通處。」〔註 30〕既然講了很多考據，那自有其考據的價值，但這些都不在錢穆的眼裏，只是說義理上仍有不通，仍是不及朱子。

（二）重理論辨析

錢穆不是哲學家，學術創作更偏重史學，但因爲天資卓異，兼之「其得力最深者莫如宋明儒」（《宋明理學概述・序》），所以其思辨亦十分了得。以《子罕》「子見齊衰者」章來看，錢穆綜述大旨云：「昔宋儒謝良佐，嘗舉此章，及《師冕》章，而曰：『聖人之道，無微顯，無內外，由灑掃應對而上達天道，本末一以貫之。一部《論語》只如此看。』今按：本章又見《鄉黨》篇。聖人心德之盛，愈近愈實，愈細愈密，隨時隨地而流露，有不期然而然者。此誠學者所宜留意。」〔註 31〕比較而言，兩者都在說聖人，但謝氏口中的聖人略顯刻板和拘謹，錢穆心中的孔子則更眞實而自然。受禪宗影響，宋儒喜作高論，此爲學人共知，謝氏此言正是如此。以灑掃應對皆指向天道，極便於學者就灑掃應對來尋其道談其理，但灑掃應對皆能上達天道，卻未必皆欲上達天道，在聖人更未必皆所以求上達天道；倒是謝氏之言頗給人這種暗示，意高辭美，實則不然。若眞如此，事事皆能上達天道，則「試」亦達天道，「藝」亦達天道，何必「吾不試，故藝」（《子罕》）。《新解》偏於義理，錢穆自己早有交代，他說：「我寫新解，雖說是義理考據辭章三方兼顧，主要

〔註 29〕 錢穆：《孔子與論語》，臺灣聯經出版事業公司 1974 年版，第 51～52 頁。
〔註 30〕 錢穆：《孔子與論語》，臺灣聯經出版事業公司 1974 年版，第 63 頁。
〔註 31〕 錢穆：《論語新解》，三聯書店 2012 年 7 月北京第 3 版，第 209 頁。

自以解釋義理爲重。雖說不墨守朱注，主要還是以朱注爲重。」〔註32〕《新解》義理解釋以朱注爲主，這在上引《泰伯》篇「興於詩」章看得非常清楚。當然，對於朱注義理方面偏高偏深的地方，錢穆也試著進行了潤澤修正，正如上文補正謝良佐一樣，而這恰是他頗引爲自豪的。在專文談論自己的大作時，他拿出一整段來說明此事，他說：「從來注論語，善言義理，亦莫過於朱子。但朱注中的剩餘獨立價值仍嫌太豐富。此亦不得怪朱子，因朱子時代，乃是一個理學盛行的時代。朱子之學，近承二程，乃由二程而追溯到孔孟。遇二程立說有與孔孟分歧處，好像朱子總不肯完全拋開二程來直解孔孟；其注論語，如獲罪於天，如性相近，如孝悌爲人之本諸條，本是極平易，而解成極艱深。……我不是說宋代理學無當於孔孟原意，我之作新解，乃是要沖淡宋代理學氣息來直白作解，好讓不研究宋代理學的人也能直白瞭解論語，由此再研究到宋代理學，便可以迎刃而解，更易契悟。」〔註33〕就算朱注有不足，錢穆也不願意說的太勇武，只說是要在理學和孔孟之間爲搭個津梁，方便初學者直達孔孟，亦方便其理解宋儒。其對朱注的溫情與敬意異常清晰。《集注》「孝悌其爲仁之本」章注謂：「仁者，愛之理，心之德也。爲仁，猶曰行仁。」《新解》謂：「仁者，人群相處之大道。……或說以爲仁連讀，訓爲行仁，今不從。」〔註34〕在錢穆看來，仁不過是人群相處之道（此當是從鄭玄的訓詁來），朱子非得生出個「理」來，有失於平易。至於以行仁解爲仁，在他看來實不足取，但也不說朱子注錯。

（三）重方法進路

單就《新解》的創作而言，朱子對錢穆的影響是全方位的。朱注對《新解》的影響不僅表現在後者對朱注的大量吸收和承襲上，更表現在錢穆對朱子注《論語》之學術程序學術精神的模倣和汲取上，像他專文說明自己對舊注的去取，專文講述不斷修改完善的創作過程，便都是在委婉聲明自己的學術路數實際上正是當年朱子注《論語》之儀法和精神的延續。試看他對朱子注《論語》的描述：

> 語類所集，始於朱子四十四歲以後，絕大部分是在其論語集注
> 成書以後，他的學生根據二程及其他人說論語與朱子不同處發問，

〔註32〕錢穆：《孔子與論語》，臺灣聯經出版事業公司 1974 年版，第 41 頁。
〔註33〕錢穆：《孔子與論語》，臺灣聯經出版事業公司 1974 年版，第 51 頁。
〔註34〕錢穆：《論語新解》，三聯書店 2012 年 7 月北京第 3 版，第 6 頁。

見於語類中甚多。我們援據語類，再來查考集注，就知道朱子集注屢有改定。語類各條，多數有年代可考，便可治朱子修改集注某一條在某一年，瞭如指掌。而且朱子所以要改的意義與理由，也在語類中明白說出了。朱子修改集注，有時某一條改了一遍，又改一遍，甚至有改過三遍、四遍的，孟子集注中也有此例。今天這樣說，明天那樣說，而且細處、大處，一樣不苟且，一樣不憚煩。當時陸象山因而看不起朱子，說治學應先「務其大者」，不應該那麼支離。其實，這正是朱子的偉大處。今日格一物，明日格一物，一旦豁然貫通，在許多說孔孟大義的學者中，我們不能不承認只有他說中了最多。〔註35〕

看到這些描述，再對照前面「編撰」部分所引錢穆不憚其煩地敘說自己如何開始、如何中斷、如何繼續、如何修改完善的那些記述，不難發現，錢穆所因循的正是朱子當年那樣一種一絲不苟精益求精的治學套路，只是朱子前後撰寫修改了幾十年，他自己是十一年，朱子通過弟子的紀錄來交待材料觀點採擇取捨的情況，錢穆則是自己撰文來說明。值得一提的是，出於能夠透徹表彰的考慮，錢穆又順便替朱子對陸象山的批評進行了回擊。不能不說在學問上，至少在《論語》注解方面，錢穆實在是太愛朱熹了。自然，愛朱子也就是愛自己。

在這之外，《新解》文字特重讀《論》的方法和進路，這裡也大有朱熹的影子。

一者《集注》本身便特別強調讀《論》的方法。《論語集注・論語序說》引程子言，云：「今人不會讀書。如讀《論語》，未讀時是此等人，讀了後又只是此等人，便是不曾讀。」〔註36〕正是叫人讀書「切己」，所謂「將自家身己入那道理中去」〔註37〕。《新解》出版以後錢穆每以此句題贈持書求字的學生們，而且特別申明《集注・論語序說》所引四條程子語錄實以涉及讀《論》方法和境界的三條更重要，足見其對朱子所推重的程子讀《論》方法的重視。他自己也承認：「究應如何去讀《論語》？我主張當依程尹川語去讀。」〔註38〕《論語序說》後《集注》載有《讀論語孟子法》一節：

〔註35〕 錢穆：《孔子與論語》，臺灣聯經出版事業公司 1974 年版，第 32 頁。
〔註36〕 〔宋〕朱熹 撰：《四書章句集注》，中華書局 1983 年版，第 43 頁。
〔註37〕 〔宋〕黎靖德編：《朱子語類》，中華書局 1986 年版，第 140 頁。
〔註38〕 錢穆：《孔子與論語》，臺灣聯經出版事業公司 1974 年版，第 18 頁。

程子曰：「學者當以《論語》、《孟子》爲本。《論語》、《孟子》既治，則《六經》可不治而明矣。讀書者當觀聖人所以作經之意，與聖人所以用心，聖人之所以至於聖人，而吾之所以未至者，所以未得者。句句而求之，書誦而味之，中夜而思之，平其心，易其氣，闕其疑，則聖人之意可見矣。」

程子曰：「凡看文字，須先曉其文義，然後可以求其意。未有不曉文義而見意者也。」

程子曰：「學者須將《論語》中諸弟子問處便作自己問，聖人答處便作今日耳聞，自然有得。雖孔、孟復生，不過以此教人。若能於《語》、《孟》中深求玩味，將來涵養成甚生氣質！」

程子曰：「凡看《語》、《孟》，且須熟讀玩味。須將聖人言語切己，不可只作一場話說。人只看得此二書切己，終身盡多也。」

程子曰：「《論》、《孟》只剩讀著，便自意足。學者須是玩味。若以語言解著，意便不足。」

或問：「且將《論》、《孟》緊要處看，如何？」程子曰：「固是好，但終是不浹洽耳。」

程子曰：「孔子言語句句是自然，孟子言語句句是事實。」

程子曰：「學者先讀《論語》、《孟子》，如尺度權衡相似，以此去量度事物，自然見得長短輕重。」

程子曰：「讀《論語》、《孟子》而不知道，所謂『雖多，亦奚以爲』。」〔註39〕

此節文字載在清仿宋大字本《四書集注・論語集注》正文前。大約在朱子，讀《論》首在得法，至於自己對《論》《孟》內容的注解反在其次。所以他特別強調「學者工夫，但患不得其要。若是尋究得這個道理，自然頭頭有個著落，貫通浹洽，各有條理。如或不然，則處處窒礙」〔註40〕。

二者，朱子對整體的修身進學之法極重視，善於以生活看問學。像他說：「譬如登山，人多要至高處。不知自低處不理會，終無至高之處之理。」「於顯處平易處見得，則幽微底自在里許。」〔註41〕又說：「天下更有大江大河，不可守個土窟子，謂水專在是。」「若只是握得一個鶻崙底果子，不知裏面是

〔註39〕　〔宋〕朱熹　撰：《四書章句集注》，中華書局 1983 年版，第 44～45 頁。
〔註40〕　〔宋〕黎靖德編：《朱子語類》，中華書局 1986 年版，第 130 頁。
〔註41〕　〔宋〕黎靖德編：《朱子語類》，中華書局 1986 年版，第 142 頁。

酸，是鹹，是苦，是澀。須是與他嚼破，便見滋味。」〔註 42〕不論爬山還是吃水果，無論是大江大河還是小水小波，無不有治學法門；以生活看問學，以問學爲生活，隨時隨地體味和揣摩進學之道，極見朱子對治學方法的重視。錢穆也極重視方法問題。

《論語新解·先進》「過猶不及」章：

今按：本章不當以《中庸》「賢者過之不肖者不及」爲釋。子張既非賢於子夏，子貢亦非視子夏爲不肖，且亦不能謂賢猶不肖。《論語》、《中庸》多有不當合說者，據此章可見。

又按：《禮記》載子張、子夏各除喪見孔子，子張哀痛已竭，彈琴成聲，曰：「不敢不及。」子夏哀痛未忘，彈琴不成聲，曰：「不敢過。」與本章所言若相似而又相背。本章言子張之失常在過之，而《戴記》言其不敢不及。本章言子夏之失常在不及，而《戴記》言其不敢過。若以喪尚哀戚言，則是子夏過之而子張不及矣。故知《戴記》與《論語》亦有不當牽連合說者。讀書貴能會通，然亦貴能分別言之，如此等處皆是。〔註43〕

《子罕》「吾未見好德如好色」章：

本章歎時人之薄於德而厚於色。或說：好色出於誠，人之好德，每不如好色之誠。又說：《史記》：「孔子居衛，靈公與夫人同車，使孔子爲次乘，招搖市過之」，故有此言。今按：孔子此章所歎，古固如此，今亦同然，何必專於衛靈公而發。讀《論語》，貴親從人生實事上體會，不貴多於其他書籍牽說。〔註44〕

所謂「讀《論語》，貴親從人生實事上體會」，與朱熹所講「入門之道，是將自家身己入那道理中去」〔註 45〕等很是相近，實爲讀古書的一種普遍法門。至於強調「讀書貴能會通，然亦貴能分別言之」則是錢穆自家精義。其實還在《論語新解》正式出版之前，他便曾在 1962 年和 1963 年先後兩次在新亞書院大談讀《論語》的方法問題。即著之於書，復傳之於人，其對此一問題的重視不言而喻。

〔註42〕 〔宋〕黎靖德編：《朱子語類》，中華書局 1986 年版，第 144～145 頁。
〔註43〕 錢穆：《論語新解》，三聯書店 2012 年 7 月北京第 3 版，第 262 頁。
〔註44〕 錢穆：《論語新解》，三聯書店 2012 年 7 月北京第 3 版，第 216 頁。
〔註45〕 〔宋〕黎靖德編：《朱子語類》，中華書局 1986 年版，第 446 頁。

（四）重踐行

自來注《論語》說孔子，多重踐行，這一方面與《論語》本身重視實行，所謂「古者言之不出恥恭之不逮也」、「子路有聞未之能行唯恐有聞」有關，另一方面更與《論語》參與塑造的古人學以爲己的治學傳統相聯，古人讀經典常常自覺地與自身行止對照以改過遷善、提升自我，讀《論語》尤其如此。《論語》學中此一傳統的出現可以上溯到孔門弟子和再傳弟子那裡。像子思說：「在上位不陵下，在下位不援上，正己而不求於人，則無怨。上不怨天，下不尤人。故君子居易以俟命，小人行險以徼幸。」（《中庸》）便是對《論語》「不怨天，不尤人，下學而上達」一章出於修身目的的新讀。其後，從孟荀到董仲舒，到兩漢皇室，再到後來的宋元明清，讀《論》修身的傳統一直在延續。戰國紛亂之時「儒術既黜焉，然齊魯之間學者猶弗廢」，秦漢易代之際，「魯中諸儒尚講誦習禮，絃歌之音不絕」，〔註46〕想來弗廢講誦的內容中大約不會沒有《論語》，此所以後來會有所謂《齊論》、《魯論》的版本問題。兩漢之時，特別是武帝以後，《論語》的價值頗爲王孫公卿們所認可，無論是幼歲發蒙，抑或是嗣後執政，往往對《論語》多所倚重。公元前74年霍光奏請以漢宣帝承嗣謂：「禮，人道親親故尊祖，尊祖故敬宗。大宗毋嗣，擇支子孫賢者爲嗣。孝武皇帝曾孫病已，有詔掖庭養視，至今年十八，師受詩、論語、孝經，操行節儉，慈仁愛人，可以嗣孝昭皇帝後，奉承祖宗，子萬姓。」〔註47〕幼讀《論語》正是其所以「操行節儉，慈仁愛人」的原因之一。前67年漢宣帝詔曰：「朕既不逮，導民不明，反側晨興，念慮萬方，不忘元元。唯恐羞先帝聖德，故並舉賢良方正以親萬姓，歷載臻茲，然而俗化闕焉。傳曰：『孝悌也者，其爲仁之本與！』其令郡國舉孝悌有行義聞於鄉里者各一人。」〔註48〕借《論語》「孝悌仁本」之說爲依據舉賢良方正以化民成俗，仍是取《論語》徙義遷善的修身義。又前16年，漢成帝下詔曰：「朕執德不固，謀不盡下，過聽將作大匠萬年言昌陵三年可成。作治五年，中陵、司馬殿門內尚未加功。天下虛耗，百姓罷勞，客土疏惡，終不可成。朕惟其難，怛然傷心。夫『過而不改，是謂過矣。』其罷昌陵，及故陵勿徙吏民，令天下毋有動搖之心。」〔註49〕此是以《論語》「過而不改」句罪己，正是改過遷善的修德之舉。《論語》本是

〔註46〕　〔漢〕班固撰：《漢書》，中華書局1962年版，第3591～3592頁。
〔註47〕　〔漢〕班固撰：《漢書》，中華書局1962年版，第238頁。
〔註48〕　〔漢〕班固撰：《漢書》，中華書局1962年版，第250頁。
〔註49〕　〔漢〕班固撰：《漢書》，中華書局1962年版，第320頁。

一部修齊治平書，所以歷來誦習《論語》研治《論語》多會涉及此類問題，由此也就由內而外的塑造了《論語》學作品每每看重踐行的學術傳統。

錢穆的《新解》也不例外。像《里仁》「不仁者不可以久處約」一章，錢穆認爲其「言若淺而意則深」，倡言「學者當時時體玩，心知有此，而於實際人生中躬修實體之，乃可知其意味之深長」。又：

《爲政》「視其所以」章，錢穆謂：

> 此章孔子教人以觀人之法，必如此多方觀察，其人之人格與心地，將無遁形。然學者亦可以此自省，使己之爲人，如受透視，亦不至於自欺。否則讓自己藏匿了自己，又何以觀於人？ 或説，觀人必就其易見者，若每事必觀其意之所從來，將至於逆詐臆不信，誅心之論，不可必矣。然此章乃由跡以觀心，由事以窺意，未有觀人而可以略其心意於不論者，學者其細闡之。〔註50〕

前一條材料特別強調修身，此處更強調修心，修身也好，修心也好，都是切己讀《論》，持《論》正人。

又《八佾》「關雎樂而不淫」章，作者稱：

> 此章孔子舉關雎之詩以指點人心哀樂之正，讀者當就關雎本詩實例，善爲體會。又貴能就己心哀樂，深切體之。常人每誤認哀樂爲相反之兩事，故喜有樂，懼有哀。孔子乃平舉合言之，如成一事。此中尤具深義，學者更當體玩。孔子言仁常兼言知，言禮常兼言樂，言詩又常兼言禮，兩端並舉，使人容易體悟到一種新境界。亦可謂理智與情感合一，道德與藝術合一，人生與文學合一。此章哀樂並舉，亦可使人體悟到一種性情之正，有超乎哀與樂之上者。凡《論語》中所開示之人生境界，學者能逐一細玩，又能會通合一以返驗諸我心，庶乎所學日進，有欲罷不能之感。〔註51〕

就受眾而言，如果說，前面兩則材料屬於爲大眾立說的話，那麼這一則材料則更像是錢穆的夫子自道；從繼承前人遺產、踐行《論語》智慧的角度來看，如果說前兩則所講是對《論語》所陳原則、方法的具體踐行和繼承，那麼後一則材料則是立足《論語》內容、基於個人體悟的創造性踐行和繼承。錢穆所說的「理智與情感合一，道德與藝術合一，人生與文學合一」的「新

〔註50〕 錢穆：《論語新解》，三聯書店 2012 年 7 月北京第 3 版，第 33 頁。
〔註51〕 錢穆：《論語新解》，三聯書店 2012 年 7 月北京第 3 版，第 68～69 頁。

「境界」顯然不具有大眾性，不是人人可至，亦非人人所欲，若非錢穆寫出，恐怕有多少人能思慮及之都是問題，所以，這定非希冀人人共行的普遍陳述，而更有可能是著書明志的立言之舉。觀《晚學盲言》所論種種範疇關係，可知如此分析實是由來有自。立言存世絕非壞事，著書明志更是慣例。而且，正是此類基於個人經驗的獨特踐行體悟，匯合鎔鑄了豐足厚重的《論語》學的踐行傳統；越是獨到的自家體悟，越能代表此一傳統，越能表徵此一傳統在誦讀研治者行為塑造方面的強勁有力並自身存在的真實不虛。

（五）重持平

在上面所說的具體踐行和創造性踐行之間，錢穆《新解》對研究對象內在優點的師法和繼承，還有一個重要方面，這就是對《論語》內在精神傳統的繼承。此處所謂精神傳統，是對落實於大眾和民族層面的《論語》所及種種德行的指稱。比如仁，在個人為德行，在大眾和民族層面則匯聚為一種群體精神和傳統。所謂精神傳統非是晚近才有，只要有相對恒定的地域、人群、文化，經由一定時間的沉澱和蘊育，便會有屬於此一地域、人群和文化的精神傳統形成。《論語》本身便是先秦時期魯國精神傳統在孔子時代發揮作用的一個成果。這就是所謂「三不朽」中的「立言」傳統。魯人將這一傳統上推至臧文仲。《左傳·襄公二十四年》載叔孫豹之言，謂：「世祿，非不朽也。魯有先大夫曰臧文仲，既沒，其言立，其是之謂乎！豹聞之：『大上有立德，其次有立功，其次有立言。』雖久不廢，此之謂不朽。」〔註52〕這種立言不朽更勝世卿世祿的認識大約叔孫豹之前就已形成，至少就字面來看應當如此。也或者是史傳作者借叔孫豹之口記其當時的群體認知，時間上來看，總不會晚於孔子，因為夫子和左丘明是同時代人物（至於《左傳》的作者是不是左丘明我們姑且不論）。所以，無論在歷時的層面來說，還是就共時的層面來講，孔子在世時「立言不朽」的認識都已形成為魯國人的一種精神傳統，他自己「有德者必有言」的認定，正是此一傳統的知音和見證，至於後來，弟子在其死後編輯生前言論為《論語》一書期以不朽，更是對此一傳統的直接踐行。《論語》成書以後，隨著後世流傳，自身又在很大程度上參與了包括魯國在內的當時許多地方精神傳統的建構和形成過程。再後來，隨著儒學地位的提升，更發展為整個中華民族精神傳統的核心支撐，像仁義孝悌智勇忠

〔註52〕〔清〕阮元：《十三經注疏》，中華書局 1980 年版，第 1979 頁。

恕等皆是。這其中，也包括 20 世紀以來曾經一度飽受詬病的「中庸」精神和傳統。中庸略近於用中，機械的執行用中的原則是後人自己的事，未必便是中庸的題中義。我們認為中庸仍是極有價值，依舊是中華民族可貴精神傳統中最為重要的內容之一。這一精神傳統滲透於民族生活的各個層面，包括學術研究，錢穆的《新解》當然也不例外。《新解》之中庸，具體的表現是好惡得其中、立論尚持平。

所謂好惡得其中，集中體現在錢穆對《集注》的態度上。如前所述，錢穆對《集注》極其推崇，多所迴護。不過多所迴護不是一味迴護，有些地方，錢穆亦能委婉的指謫其不足。像《顏淵》「克己復禮」章，他便對朱子將克己復禮上推至天理的做法表示了異議。他說：「復如言可復也之復，謂踐行。又說：復，反也。如湯武反之之反。禮在外，反之己身而踐之。故克己復禮，即猶云約我以禮。禮者，仁道之節文，無仁即禮不興，無禮則仁道亦不見，故仁道必以復禮為重。宋儒以勝私欲全天理釋此克己復禮四字，大義亦相通。然克己之己，實不指私欲，復禮之禮，亦與天理義蘊不盡洽。宋儒之說，未嘗不可以通《論語》，而多有非《論語》之本義，此章即其一例，亦學者所當細辨。」〔註53〕這裡的宋儒不是說別人，正是朱子。《集注》：「仁者，本心之全德。克，勝也。己，謂身之私欲也。復，反也。禮者，天理之節文也。為仁者，所以全其心之德也。蓋心之全德，莫非天理，而亦不能不壞於人欲。故為仁者必有以勝私欲而復於禮，則事皆天理，而本心之德復全於我矣。」〔註54〕顯然，錢穆「未嘗不可以通」但「多有非《論語》之本義」的話，正是對著《集注》而發的。同樣是《顏淵》篇，「片言折獄」章，錢穆：「宿諾亦有兩解。一說：宿，猶言猶豫。子路守信篤，恐臨時有故，故不事前預諾。一說：子路急於踐言，有諾不留。宿，即留義。今從後說。惟其平日不輕然諾，語出必信，積久人皆信服，故可聽其一語即以折獄。《論語》編者因孔子言而附記及此。」〔註55〕《集注》：「宿，留也，猶宿怨之宿。急於踐言，不留其諾也。記者因夫子之言而記此，以見子路之所以取信於人者，由其養之有素也。」〔註56〕這是對《集注》的發揮。既能弘其義，又能糾其偏，這便是持平。

〔註53〕 錢穆：《論語新解》，三聯書店 2012 年 7 月北京第 3 版，第 273～274 頁。
〔註54〕 〔宋〕朱熹 撰：《四書章句集注》，中華書局 1983 年版，第 131 頁。
〔註55〕 錢穆：《論語新解》，三聯書店 2012 年 7 月北京第 3 版，第 285 頁。
〔註56〕 〔宋〕朱熹 撰：《四書章句集注》，中華書局 1983 年版，第 137 頁。

好惡得其中，自然立論尚持平，這集中表現在《新解》對漢宋學的評判上。《里仁》「吾道一以貫之」章，錢穆論漢宋異同云：

> 解《論語》，異説盡多。尤著者，則爲漢宋之兩壁壘。而此章尤見雙方之歧見。孔子告曾子以一貫之説，曾子是一性格敦篤人，自以其平日盡心謹慎所經驗者體認之，當面一唯，不再發問。《中庸》曰：「忠恕違道不遠。」孔子亦自言之，曰：「一言而可以終身行之者其恕乎？」曾子以忠恕闡釋師道之一貫，可謂雖不中不遠矣。若由孔子自言之，或當別有説。所謂仁者見仁，智者見智。讀者只當認此章乃曾子之闡述其師旨，如此則已。曾子固是孔門一大弟子，但在孔門屬後輩。孔子歿時，曾子年僅二十有九，正值孔子三十而立之階段。孔子又曰：「參也魯」，是曾子資性較鈍，不似後代禪宗所謂頓悟之一派。只看吾日三省吾身章，可見曾子平日爲學，極盡心，極謹慎，極篤實。至其臨死之際，尚猶戰戰兢兢，告其門弟子，謂「我知免夫」。此其平日盡心謹慎之態度可見。此章正是其平日盡心謹慎之所心得。宋儒因受禪宗秘密傳心故事之影響，以之解釋此章，認爲曾子一「唯」，正是他當時值得孔子心傳。此決非本章之正解。但清儒力反宋儒，解貫字爲行事義。一以貫之，曲説成一以行之，其用意只要力避一心字。不知忠恕固屬行事，亦確指心地。必欲避去一心字，則全部《論語》多成不可解。門户之見，乃學問之大戒。本書只就《論語》原文平心解釋，後儒種種歧見，不務多引，偶拈此章爲例。〔註57〕

不泥漢宋門户，正所謂持平。這是清以來學界出現的新傳統，至於20世紀在錢穆等通儒手裏被進一步發揚光大。

（六）重宏通

如果説持平是中國學術發展晚近以來的大傳統，那麼宏通則是錢穆自身學術研究慢慢累積形成的小傳統。持平與宏通義有相近也有分別，持平就態度來言，宏通就視角來説。《論語》本尚宏通，執古御今，綱紀人倫，兼及古今多國，遍涉詩書禮樂，從方法運用到內容側重，從時空範圍到論題論域，無不如此。「古之狂也肆，今之狂也蕩；古之矜也廉，今之矜也忿戾；古之愚

〔註57〕錢穆：《論語新解》，三聯書店2012年7月北京第3版，第90頁。

也直，今之愚也詐」，此是執古御今；「君子篤於親，則民興於仁」，此是綱紀人倫；至若《論語》兼論堯舜禹並及夏商周，兼齊魯晉衛蔡楚並南人北辰九夷，更是人所共知，此是時空範圍和論題論域。錢穆治學正以宏通爲特色，他說「今日國人已在知識上僅尚專門，不知有通才，其他種種病害乃連帶發生。中國古人則必尚通，不求專，身、家、國、天下，一貫相通，其間皆有道。」〔註58〕余英時說他「走出了自己的獨特『以通馭專』的道路」〔註59〕，又說他「反覆致意的」是「研究中國學問的人無論從什麼專業入手都必須上通於文化整體，旁通於其他門戶」〔註60〕。錢穆「重宏通」的治學精神在《論語新解》中表現得極其明顯，「宏通」之論比比：

《學而》開篇第一章

孔子距今已逾二千五百年，今之爲學，自不能盡同於孔子之時。然即在今日，仍有時習，仍有朋來，仍有人不能知之一境。學者內心，仍亦有悅、有樂、有慍、不慍之辨。即再逾兩千五百年，亦當如是。故知孔子之所啓示，乃屬一種通義，不受時限，通於古今，而義無不然，故爲可貴。讀者不可不知。〔註61〕

這是通古今而言，強調孔子思想亙古亙今均有其不可磨滅的價值。

《學而》「道千乘之國」章

本章孔子論政，就在上者之心地言。敬於事，不驕肆，不欺詐，自守以信。不奢侈，節財用，存心愛人。遇有使於民，亦求不妨其生業。所言雖淺近，然政治不外於仁道，故惟具此仁心，乃可在上位，領導群倫。此亦通義，古今不殊。若昧忽於此，而專言法理權術，則非治道。〔註62〕

這是通內外來說，強調貌似外在的政治舉措實亦心德流行，當通內外來看，不當由外觀外，即政言政，而應由內觀外，執內馭外。

《里仁》「君子喻於義」章

或說：此章君子小人以位言。董仲舒有言，「明明求仁義，常恐

〔註58〕錢穆：《晚學盲言》，廣西師範大學出版社2004年版，第389頁。
〔註59〕余英時：《錢穆與中國文化》，上海遠東出版社1994年版，第14頁。
〔註60〕余英時：《錢穆與中國文化》，上海遠東出版社1994年版，第36頁。
〔註61〕錢穆：《論語新解》，三聯書店2012年7月北京第3版，第5頁。
〔註62〕錢穆：《論語新解》，三聯書店2012年7月北京第3版，第9頁。

不能化民者，卿大夫之意也。明明求財利，常恐困乏者，庶人之事也。」乃此章之確解。今按：董氏之說，亦謂在上位者當喻於仁義，在下位者常喻於財利耳。非謂在下位者必當喻於財利，在上位者必自喻於仁義也。然則在下位而喻於義者非君子乎？在上位而喻於利者非小人乎？本章自有通義，而又何必拘守董氏之言以為解。〔註63〕

這是通上下而言，強調義利之辨不是即位而言，而當通上下來看，君子小人別在德行而非地位。

《泰伯》「而今而後吾知免夫」章

《論語》言「殺身成仁」，《孟子》言「舍生取義」，曾子臨終則曰「吾知免夫」，雖義各有當，而曾子此章，似乎氣象未宏。然子思師於曾子，孟子師於子思之門人，一脈相傳，孟子氣象固極宏大。論學術傳統，當通其先後而論之。謂曾子獨得孔門之傳固非，謂曾子不傳孔子之學，亦何嘗是。學者貴能大其心以通求古人學術之大體，以過偏過奇之論評騭古人，又焉所得。〔註64〕

此是通前後而言，強調當從前後學脈中探求學人的學術地位與價值，不當拘於一時一地一人一世。

通古今、內外、上下、前後來讀《論語》，宏觀審視通達解析，這是《新解》一書惹人注目的色彩之一。

上述六點之外，《新解》還有其他一些方面的特色，比如嘗試自文學視角來解讀有關章句，能從歷史背景作評判分析等，不是特別突出，不再專門分析。

第四節　得失

今年恰逢《論語新解》創作六十六週年。錢穆寫《新解》的動機是要給《論語》作「一部人人可讀之注」，以補《論語》學在這一方面的不足。現在看來，這一目的大體是達到了。2012 年北京三聯書店第 16 次印刷，一次就印了 13.5 萬冊，可見其行銷之久和銷量之大。這自然要歸功於上文所論包括重持平、重宏通等各方面的助力。

〔註63〕 錢穆：《論語新解》，三聯書店 2012 年 7 月北京第 3 版，第 91 頁。
〔註64〕 錢穆：《論語新解》，三聯書店 2012 年 7 月北京第 3 版，第 184 頁。

其實在錢穆寫作《新解》的同時或稍後，大陸地區楊伯峻的《論語譯注》也已在撰寫之中，最終的完成還要早《新解》幾年。同錢穆的《新解》類似，楊氏的《譯注》也希望能「幫助一般讀者比較容易而正確地讀懂《論語》」（《例言》）。兩本在華語世界大為流行的《論語》普及作品均源於 1950 年代初，是就 20 世紀的中國《論語》學來說，絕不僅是巧合。這與 1950 年代之前連年戰亂所造成的文化生態動蕩和 1950 年代之後新政治格局所帶來的文化斷裂危機大為相關。恰是在這樣的背景下，身在香港的錢穆和身在大陸的楊伯峻幾乎同時開始撰寫志在接續傳統推動普及的《論語》新注本，並且都因為體例清新簡潔，譯文通俗曉暢而最終獲得了包括中國在內在整個華語世界的認可。所謂認可是從行銷和影響的角度來說的，不是說在學術上無異議。像《論語譯注》，從 1980 年代中期開始便不斷有補充性文字見諸期刊雜誌。這和 20世紀後半期中國大陸另一部比較權威的《論語》學作品《論語新探》的歷史命運很是相似。如此歷史命運在「權威」作品上的屢屢應驗就 20 世紀後半期的中國大陸而言不足為奇，因為一方面民國時期成長起來的學人其傳統文化修養已然無法同晚清時期的人相比，作品有瑕疵乃至瑕疵稍多本屬正常，另一方面 20 世紀本是一個反傳統的世紀，1950 年代之後的中國大陸尤其如此，很多時候「權威」本就是必須打倒的，更重要的是 1980 年代中期以後大陸學人的傳統文化素養顯著提升，對《論語》的研究和理解較諸前人有其精進和深入，所以才會對前人的作品表達不滿，此是《論語》學發展繁榮的表現，是學術演進內在規律的必然。不過，一個有意思的現象是，因為較長時期的斷層所造成的文化自卑感，使得大陸學界常常會對港臺學人的作品青睞有加，至少是另眼相看，很少有人去探討港臺學界學術成果的優劣得失。一者，在文革結束後的一段時間裏，傳統文化研究方面，當時所能見到的港臺學人作品，整體上確要高出大陸一些；二者，或許交流的程度還是有限，兩岸三地學術界彼此之間的交流還沒有超越握手寒暄、噓寒問暖的階段；三者，更或許還跟因政治隔閡所造成的血濃於水的濃烈的同胞情感，以及由此所產生的兄弟情誼高於學術得失的評判心理有關。

錢穆的《新解》也是如此。迄今為止極少有人專文探討其優劣得失，偶有幾篇評論文字，也多以吹捧為主。此或由對港臺學者頂禮膜拜的心態所致，也或者跟評論者未能細讀《新解》有關係。總之不盡人意。再好的作品也會有其得失。即以《新解》來看，筆者以為至少當從五個方面來看。

其一，尚通疏於史

就 20 世紀以來的中文學界而言，錢穆首先是一位史學家，余英時在追思錢穆的文章中，曾專引楊樹達日記所載陳寅恪對《先秦諸子繫年考辨》一書「心得極多，至可佩服」的話，來佐證本師學術作品的價值。這一治學特點在《新解》中也有所呈現，像「吾從周」一章，錢穆說：「三代之禮，乃孔子博學好古之所得，乃孔子之溫故。其曰『吾從周』，則乃孔子之新知。孔子平日所告語其門弟子者，決不於此等歷史實跡絕口不道，然《論語》記者則於此等實跡皆略而不詳。讀者必當知此意，乃可與語夫『好古敏求』之旨。若空言義理，而於孔子以下歷史演進之實跡，皆忽而不求，昧而不知，此豈得爲善讀《論語》，善學孔子。」〔註65〕所謂「吾從周」是否即是孔子的新知，我們姑且不論，但從上引文字來看，錢穆不太欣賞空言義理而忽略史實的讀《論》解《論》方法是明確的。可限於篇幅或者說受制於剖析的角度，當作者試圖就具體章節揭示所謂通義的時候卻總是不免會出現忽略和疏漏史實的缺憾。這本是由求通指向所內蘊的超越性訴求所致，欲有所超越，必有所忽略。這其中，章句所及歷史背景便是最容易被忽略的內容之一。前人在讀解《論語》時早已注意到了這一點，像「唯女子與小人難養也」之類有損孔子形象的言論便沒被設定爲某些特殊歷史背景下的特殊產物。可整體而言，對於那些同樣有其專門的歷史背景，但忽略此類背景以尋求通義更能增益孔子光輝的章句，包括錢穆等前輩學者在內，大多會有意無意地取選擇性忽視的態度。如此解讀容或會對儒學的傳播、孔門形象的維護有其裨益，但更多的其實是負作用。因爲這樣做的結果是，中外學人捧著《論語》讀過多少遍，也只能在其中發現一群標籤化、雕塑化乃至同一化的孔門原儒，這樣一群缺血少肉的雕塑很難讓人記住，由此所造成的對於儒學傳播的傷害和限制無須贅述。《論語》早就說過「鄉原，德之賊也」，《論語》研究來不得鄉原，孔子也不會喜歡。可後人卻總是喜歡儘量將孔子往光輝燦爛裏打扮，哪怕是削骨植皮也不管，孰知渾沌得七竅、又疼又可憐。「葉公問孔子於子路」也即「發憤忘食樂忘憂」一章，錢穆強調：「此章乃孔子之自述。孔子生平，惟自言好學，而其好學之篤有如此。學有未得，憤而忘食。學有所得，樂以忘憂。學無止境，斯孔子之憤與樂亦無止境。如是孳孳，惟日不足，而不知年歲之已往，斯誠一片化境。今可稍加闡釋者，凡從事於學，必當從心上自知憤，又

〔註65〕錢穆：《論語新解》，三聯書店 2012 年 7 月北京第 3 版，第 62 頁。

必從心上自感樂。從憤得樂，從樂起憤，如是往復，所謂純亦不已，亦即一以貫之。此種心境，實即孔子之所謂仁，此乃一種不厭不倦不息不已之生命精神。見於行，即孔子之所謂道。下學上達，畢生以之。然則孔子之學與仁與道，亦即與孔子之為人合一而化，斯其所以為聖。言之甚卑近，由之日高遠。聖人之學，人人所能學，而終非人人之所能及，而其所不能及者，則仍在好學之一端。此其所以為大聖歟！學者就此章，通之於《論語》全書，入聖之門，其在斯矣。」〔註66〕所謂將此章通之於《論語》全篇，是要學者就《論語》的全部內容來觀察本章所謂「發憤忘食樂忘憂」，來深度確證其作為「入聖之門」的價值，所謂通前後左右以觀之。錢穆如此解讀自是有其道理，不過，若是將葉公和孔子的政途做一對比，再考慮一下子路所以不對而向來低調的孔子所以突然高調的緣故，那麼錢穆所謂「一片化境」、「通之於《論語》全書，入聖之門，其在斯」等等解讀容或應多一分思考和分析。此所謂尚通而疏於史。

其二，尚大疏於細

如果說尚通強調的是由遠而近、由外而內、由大而小的觀察和考量問題，那麼尚大則是指由內而外、由小而大、由近而遠的觀察。通之與大，猶宏通之於持平，有其相近，只是側重點和角度有所不同，一定意義上可以說所謂尚通正是要大處著眼體系觀覽，所謂尚大亦不過是點通於線、線通於面。世界上沒有兩個完全相同的生命，卻有很多很多類似的生命，所以所謂一粒沙中看世界不是沒有道理。《論語》研讀也不例外。《論語》所及許多章節的具體內容本是對一人一事而言，但放大一些來看，對於整個人類社會都有其相當的價值和意義。像「里仁為美」、「有教無類」、「和而不同」、「人無遠慮必有近憂」等盡人皆知的道理，當時來看，大約都有其特定的情景和所針對的特定的問題，但又都有其明顯的超越性價值和意義，所以後世學人一般都會大而言之，就其超越價值進行注解和闡釋。錢穆對此很是清楚。他說：「《論語》有專指人事之某一面言，而可通之全體者。亦有通指人事全體言，而可用以專指者。舊說亦謂此章乃專對在上位者言。謂在上者專以謀利行事，則多招民眾之怨。義亦可通。但孔子當時所說，縱是專指，而義既可通於人事之其他方面者，讀者仍當就其可通之全量而求之，以見其涵義之弘大而無礙，

〔註66〕 錢穆：《論語新解》，三聯書店 2012 年 7 月北京第 3 版，第 165 頁。

此亦讀《論語》者所當知。」〔註67〕在可大可小之際，義取弘大，這便是《新解》的「尚大」原則。顯然，從錢氏的文字中我們已經能夠看出這個原則先天性的問題，那就是對章句本有的專門義的有意迴避，聯合國總部在紐約，但紐約首先還是美國人的紐約，而不是聯合國。

　　錢穆的初衷是好的，義取弘大在《論語》研讀上也確有其價值。像「司馬牛問仁」一章，錢穆謂：「本章雖專為司馬牛發，然亦求仁之通義。孔子又曰：『仁者先難而後獲。』苟能安於所難，而克敬克恕以至於無怨，斯其去仁也不遠矣。孔子又曰：『剛毅木訥近仁。』學者當會通諸章求之，勿謂此章乃專為一人發而忽之可也。」〔註68〕如此解讀顯然較之就司馬牛說司馬牛好些。不過，若是因此溺於其中，知和而和，為大而大，不免又會陷入因弘失細、趨大反小的境地。像「人而不仁如禮何」一章，《新解》：「孔子言禮，重在禮之本，禮之本即仁。孔於之學承自周公。周公制禮，孔子明仁。禮必隨時而變，仁則亙古今而一貫更無可變。《論語》所陳，都屬通義，可以歷世傳久而無變。學者讀本篇，更當注意於此。」〔註69〕說「禮必隨時而變，仁則亙古今而一貫更無可變」，便未免有些以小我強仁禮，尚大而失於細。再如孔門四科章。《新解》：「本章四科之分，見孔門之因材設教，始於文，達之於政事，蘊之為德行，先後有其階序，而以通才達德為成學之目標。四科首德行，非謂不長言語，不通政事，不博文學，而別有德行一目。孔門所重，正在用之則行，舍之則藏，不務求祿利有表現，而遂特尊之曰德行。自德行言之，餘三科皆其分支，皆當隸於德行之下，孟子稱冉伯牛、閔子、顏淵具體而微，此三人皆在德行之科，可見德行之兼包下三科。文學亦當包前三科，因前三科必由文學入門。孔門之教，始博文，終約禮，博文，即博求之於文學。約禮，則實施之於政事，而上企德行之科。後世既各鶩於專門，又多重文以為學，遂若德行之與文學，均為空虛不實，而與言語政事分道揚鑣，由此遂失孔門教育人才之精意。即孔子及身，已有我從先進之歎，而《論語》編者亦附記此四科之分於孔子言先進後進兩章之後，是知孔門弟子，雖因風會之變，才性之異，不能一一上追先進弟子之所為，然於孔子教育精神大義所在，則固未忘失。後進弟子中如有子、曾子，亦庶乎德行之科，故猶為並輩及再傳

〔註67〕　錢穆：《論語新解》，三聯書店 2012 年 7 月北京第 3 版，第 87 頁。
〔註68〕　錢穆：《論語新解》，三聯書店 2012 年 7 月北京第 3 版，第 277 頁。
〔註69〕　錢穆：《論語新解》，三聯書店 2012 年 7 月北京第 3 版，第 50 頁。

弟子以下所推尊。本章所以不列者，顏閔諸人已足爲德行科之代表，有曾皆後起晚進，故不復多及。」〔註 70〕四科之說立意在強調孔門弟子才性和術業的不同。錢穆極力強調「四科首德行，非謂不長言語，不通政事，不博文學，而別有德行一目」，說雖動聽，實未必然。所謂「雍也仁而不佞」，典型的德行科不長言語的說明；所謂「子貢方人」，典型的言語科不兼德行的證明；所謂「吾斯之未能信」，是孔門弟子有人牙根就對政事不感興趣；孔子說冉求「小子鳴鼓而攻之可也」，是政事科高第德行有所未備的證據；而子游子夏爲灑掃應對爭的面紅耳赤，則是文學科高足有欠於德行的說明。如上種種可見，所謂四科的劃分，實以孔門弟子才性和術業的不同爲根據，罔顧諸多史實，而一味大而化之強調四科互通，心意雖好，恐難成立。

其三，尚信疏於疑

人言爲信。文字出現以前，包括以後，信都是人們進行情感交流和文明傳承的道德根基。人與人之間沒有信任，便沒法進行眞正的交流，沒有人與人之間眞正的交流，也就沒有文明的繼承與發展。所以，孔子特別重視信這種德性，強調「人而無信不知其可」。一個人沒有信用便很難被社會所接受和認可，又如何談得上承繼斯文、匡正天下？所以孔子說自己是「信而好古」，又說自己「述而不作」。實則，「信而好古」不假，「述而不作」則非眞。孔子是典型的價值先行主義者，自己看著順眼的便一字之褒榮於華袞，看著不順眼則一字之貶嚴於斧鉞，所謂「述而不作」其實是「述而後作」。後世儒學發展，古文經學更多繼承了孔子「信而好古」的一面，今文經學和後來的宋明理學則更多繼承了「述而後作」的一面。當然，今文經學和宋明理學一定層面上也頗呈現「信而好古」的特點，只是此信非彼信，信之太過即是非信，與其說是信孔子不如說是信自己。最典型的要算一邊表彰孔子，一邊自號長素的康有爲。〔註 71〕

〔註 70〕 錢穆：《論語新解》，三聯書店 2012 年 7 月北京第 3 版，第 251～252 頁。
〔註 71〕「孔子爲教主，爲神明聖王，配天地，育萬物，無人、無事、無義不圍範於孔子大道中，乃所以爲生民未有之大成至聖也！」這是表彰孔子。（康有爲：《孔子改制考》，中華書局 2012 年版，第 243 頁。）「康有爲生於大地之上，爲英帝印度之歲」，「得氏於周文王之子曰康叔，爲士人者十三世，蓋積中國義、農、黃帝、堯、舜、禹、湯、文王、周公、孔子及漢、唐、宋、明五千年之文明而盡吸收之。又當大地之交通，萬國之並會，薈東西諸哲之心肝精英而酣飫之，神遊於諸天之外，想入於血輪之中，於時登白雲山摩星嶺之巔，蕩蕩乎其驚於八級也。」這是在說自己。（康有爲：《大同書》，遼寧人民出版社，1994 年版，第 1～2 頁。）

　　錢穆雖以史學研究聞名於世，實則其史學研究大多服務於自家文化哲學體系的論證和呈現。所以當張中行讀到「中國的傳統，只可說是君主立憲，而絕非君主專制。君主專制這種政治制度是違反我們中國人的國民性的。中國這樣大，政治上一日萬機，怎麼可由一人來專制？中國人不貪利，不爭權，守本分，好閑暇，這是中國人的人生藝術，又誰肯來做一個吃辛吃苦的專制皇帝呢？」這段文字時，不禁感歎說：「恕我對老師說幾句直言，這段話說到中國的政治制度，說到中國人的品質，如果意在為這兩個大塊頭作廣告，可以評一百分；如果是敘述事實，顯然就應該評零分。」〔註72〕可以說，錢穆雖以史學名家，實以思想見長。此由其注《論語》獨尊《集注》的材料取捨亦可窺見一斑。

　　同宋明儒濃厚的聖人眷戀相彷彿，錢穆作《新解》亦有著濃重的聖人情結。而這種情結對於研治儒學正反兩方面的作用早有前人道破。可以說，這是中國儒學史甚早以來便如影隨形的痼疾。錢穆懷濃厚的聖人情結作《新解》自不能逃脫此一積年沉疴的折磨。《鄉黨》「色斯舉矣」章，錢穆說：「此章實千古妙文，而《論語》編者置此於《鄉黨》篇末，更見深義。孔子一生，車轍馬跡環於中國，行止久速，無不得乎時中。而終老死於闕里。其處鄉黨，言行臥起，飲食衣著，一切以禮自守，可謂謹慎之至，不苟且，不魯莽之至。學者試取莊子《逍遙遊》《人間世》與此對讀，可見聖人之學養意境，至平實，至深細，較之莊生想像，逸乎遠矣。然猶疑若瑣屑而拘泥。得此一章，畫龍點睛，竟體靈活，真可謂神而化之也。」〔註73〕《鄉黨》是錢穆作《新解》最後完成的一篇。作為本篇的最後一章，也即《新解》初稿寫作的最後一章，自來以孔子為大聖的作者借助山雞飛翔的翅膀再對孔子吹捧一番本在情理之中，但非要借山雞的翔與集來說孔子「行止久速，無不得乎時中」還是有些言過，若真如此「無不得乎時中」的孔子何以久久不得時用？疑古太猛固然不好，尊信太過又何嘗不是。

其四，尚文疏於曲

　　錢穆一生治學範圍極其廣博，史學以外，文學、哲學、文化學等亦每多致意，且成就不俗。即以文學而論，其第一部專著《論語文解》正是從文章學角度發掘《論語》價值的特色鮮明的傑作，其後更多次專門演講有關文學

〔註72〕李振聲編：《錢穆印象》，學林出版社1997年版，第249頁。
〔註73〕錢穆：《論語新解》，三聯書店2012年7月北京第3版，第245頁。

問題。從《文解》出版到《新解》出版，期間相去有近半個世紀之遙，錢穆本人更是從初出茅廬的青澀少年成長爲了聞名中外的大史學家，治學範圍極大拓展，學術成就斐然可觀，不過，歲月荏苒，錢穆對《論語》的關注未曾改變，尤其是從文學角度研治《論語》的習慣風采依然。在《新解》中，錢穆自謂寫作本書是義理考據辭章三者兼顧。有言：「此章辭旨深隱，寄慨甚遙。戲笑婉轉，極文章之妙趣。兩千五百年前聖門師弟子之心胸音貌，如在人耳目前，至情至文，在《論語》中別成一格調，讀者當視作一首散文詩玩味之。或說：子罕篇有子欲居九夷章，此章浮海，亦指渡海去九夷。孔子自歎不能行道於中國，猶當行之於蠻夷，故此章之浮海，決非高蹈出塵，絕俗辭世之意。然此章記者則僅言浮海，不言居夷，亦見其修辭之精妙。讀者當取此章與居夷章參讀，既知因文考事，明其實際，亦當就文論文，玩其神旨。如此讀書，乃有深悟。若專以居夷釋此章之浮海，轉成呆板。義理、考據、辭章，得其一，喪其二，不得謂能讀書。」〔註 74〕此處的重點顯然在申明自己頗能就文學也即辭章層面來探討《論語》的價值。尚文正是《新解》不大不小的一個特色。

在純文學的解讀以外，我們所謂錢穆《論語》研究中的尚文傾向又表現爲作者注解原文或搓述大義時對文字文采的追求，以及作爲寫作目的之一的對章句的白話文翻譯。白話文翻譯相對於章句原文而言雖然有文與言、雅與俗的差別，但就注解體例的革新或完備而言，這本身便是一種「文」的追求。文者飾也。不同之處在於或飾技法，以明其雅致、揭其文趣；或飾字詞，以訓詁字義、解難釋疑；或飾章義，以搓述宗旨、申其理趣；或飾章句，以曉暢文義、臻之通俗。錢穆對文學的理解帶有一定的宗聖心態。他說：「文學最高境界，在能表現人之內心情感，更貴能表達到細緻深處。如是則人生即文學，文學即人生。二者融凝，成爲文學中最上佳作。聖人性情修養到最高處，即是人生最高境界。如能描述聖人言行到達眞處，自然便不失爲最高文學了。」〔註 75〕正是因爲有這種藉文翼聖的情結在，所以《新解》對「文」的追求可以說無所不在，而且或簡或繁、靈活多變。我們這裡強調的尚文側重指純文學解讀、高文采解析以及白話文翻譯。「飲水」章《新解》：「本章風情高邈，可當一首散文詩讀。學者惟當心領神會，不煩多生理解。然使無下半章之心

〔註 74〕 錢穆：《論語新解》，三聯書店 2012 年 7 月北京第 3 版，第 103～104 頁。
〔註 75〕 錢穆：《中國文學論叢》，三聯書店 2002 年版，第 83 頁。

情，恐難保上半章之樂趣，此仍不可不辨。孟子書中屢言此下半章之心情，
學者可以參讀。」〔註76〕在講《中國文學中的散文小品》時，錢穆亦引此章，
謂：「此章也是直敘賦體，若在樂亦在其中矣一句上截住，便不算是文學作品
了。但本章末尾，忽然加上一掉，說：『不義而富且貴，於我如浮雲。』這一
掉，便是運用比興，猶如畫龍點睛，使全章文氣都飛動了。超乎想像，多好
的神韻。」〔註77〕這便是純文學解讀。「必世而後仁」章譯文謂：「先生說：『如
有一位王者興起，也必三十年時間，才能使仁道行於天下呀！』」〔註78〕此是
白話文翻譯。至於此處所謂多文采的解析，因為個人對文采高低的評判標準
不同，我們不再引述說明。

　　《新解》的尚文取向，最集中最有力的表現還是每章必有的白話翻譯。
這為不少初學者提供了深入理解《論語》的階梯和津梁，而且有些章節的翻
譯淺白曉暢、典雅允當，可謂妙筆。像「人無遠慮必有近憂」，錢穆譯作：「一
個人若不能有久遠之慮，則必然有朝夕之憂。」〔註79〕不過，大約錢穆用文
言寫作慣了，也或者注解部分、綜述大義部分都用文言，而白話試譯部分轉
用白話來寫存在文體寫作上的時差，所以，有不少章節的翻譯讀來頗有些差
強人意。比如「三年學」一章譯文謂：「學了三年，其心還能不到穀祿上去的
人，是不易得的呀！」〔註80〕把「不至於穀」翻譯成「其心還能不到穀祿上
去」錯倒不錯，但未免呆板。「知之為知之」章：「先生說：『由呀！我教你怎
麼算知道吧！你知道你所知，又能同時知道你所不知，才算是知。』」〔註81〕
以「你知道你所知，又能同時知道你所不知，才算是知」來翻譯「知之為知
之不知為不知是知也」固然更有利於提升孔子思想的深度，但作為「新解」
如此翻譯似不免迂曲。更有甚者，譯「五十以學」作「學到五十歲」近於不
文。又「知者不惑」章：「知者心無惑亂，仁者心無愁慮，勇者心無懼怕。」
〔註82〕「憂」「惑」「懼」三者或偏心或偏行，實則皆兼「心」「行」，因「憂」
「惑」之偏心而在譯文中統一著一「心」字，於文則美，於義則失，此是添

〔註76〕　錢穆：《論語新解》，三聯書店 2012 年 7 月北京第 3 版，第 163 頁。
〔註77〕　錢穆：《中國文學論叢》，三聯書店 2002 年版，第 81～82 頁。
〔註78〕　錢穆：《論語新解》，三聯書店 2012 年 7 月北京第 3 版，第 305 頁。
〔註79〕　錢穆：《論語新解》，三聯書店 2012 年 7 月北京第 3 版，第 366 頁。
〔註80〕　錢穆：《論語新解》，三聯書店 2012 年 7 月北京第 3 版，第 191 頁。
〔註81〕　錢穆：《論語新解》，三聯書店 2012 年 7 月北京第 3 版，第 38 頁。
〔註82〕　錢穆：《論語新解》，三聯書店 2012 年 7 月北京第 3 版，第 222 頁。

字解經而致曲。至於上引錢穆談《論語》中散文小品時所謂「如能描述聖人言行到達眞處，自然便不失爲最高文學了」一語，雖有其合理處，但明顯尊聖太過，尙文以尊聖，尊聖轉致曲。

其五，尙理疏考據

《新解》重義理，前文已有揭示，這對於深化讀者對《論語》的認知和理解大有裨益。但在篇幅有限的情況下，義理篇幅多，考據性內容便自然要少一些。事實上，義理之於考據，在經學研究中，在研究對象、研究方法包括研究目的上都有其不同。但又非截然兩立。平實地來說，義理之中自有考據，考據之中也有其義理，所以張之洞說：「由小學入經學者，其經學可信；由經學入史學者，其史學可信；由經學史學入理學者，其理學可信；以經學史學兼詞章者，其詞章有用；以經學史學兼經濟者，其經濟成就遠大。」（張之洞《書目答問・國朝著述諸家姓名略總目》）王先謙則謂：「義理、考據、詞章三者不可一闕，義理爲幹，而後文有所附，考據有所歸」〔註83〕。20 世紀以來，學者治學多重此一原則，希望治學爲文能兼義理考據辭章三者於一。說是憧憬也好，謂是追求也罷，所以如此，就其底蘊來說，不過是表達的內在要求使然，欲徵信莫過於考實，欲有明莫長於說理，欲立誠莫善於修辭，考信言有徵，說理燭心明，修辭立其誠。錢穆寫《新解》同樣看重這一原則，在在聲稱自己的成果是「義理考據辭章兼顧」，不過他也承認「主要以解釋義理爲主」，這也就等於含蓄的承認了在考據辭章方面可能的不足。

義理考據辭章三者在表達的框架裏本是一個相對完滿的自足的體系性構成。明考據之理，則考據得其法，易於竟其功；詳義理之實，則義理有其信，始能竟其明；嚴辭章之文，達辭章之法，則詞能得其正，文能盡其情，便於立其誠。三者本是一體，相需爲用。無考據，義理不實，無義理，文無筋骨。《新解》雖以義理爲重，但義理之中自有辭章和考據，所以錢穆自謂三者兼顧不爲無理。只是在說理處有的地方因失於考據而陷於武斷或難以自足，頗讓人唏噓。比較明顯的一點，錢穆在寫作過程中本有理說篇序的企圖，但因爲《論語》篇章分合頗爲複雜，後世所見本非原貌，所以欲就後世篇章強行「理解」，不免造有說無，難竟其事。最後的結果只能是說的幾篇便難以爲繼。《學而》，《新解》有云：「孔子一生重在教，孔子之教重在學。孔子之教人以

〔註83〕 〔清〕王先謙：《王先謙詩文集》，嶽麓書社 2008 年版，第 33 頁。

學，重在學爲人之道。本篇各章，多務本之義，乃學者之先務，故《論語》編者列之全書之首。」〔註84〕《爲政》，有云：「孔門論學，最重人道。政治，人道中之大者。人以有群而相生相養相安，故《論語》編者以爲政次學而篇。」〔註85〕《八佾》篇謂：「本篇皆論禮樂之事。禮樂爲孔門論學論政之共通要點，故《論語》編者以此篇次學而爲政之後。」〔註86〕《里仁》篇謂：「孔子論學論政，皆重禮樂，仁則爲禮樂之本。孔子言禮樂本於周公，其言仁，則好古敏求而自得之。禮必隨時而變，仁則古今通道，故《論語》編者以里仁次八佾之後。」〔註87〕《公冶長》篇作者說：「本篇皆論古今人物賢否得失，《論語》編者以繼前四章之後。孔門之教，重於所以爲人，知人物之賢否，行事之得失，即所學之實證。」〔註88〕《雍也》：「本篇自十四章以前，亦多討論人物賢否得失，與上篇相同。十五章以下，多泛論人生。」〔註89〕《述而》：「本篇多記孔子之志行。前兩篇論古今賢人，進德有漸，聖人難企，故以孔子之聖次之。」〔註90〕《述而》以後各篇，多無章旨分析，縱有也不能與前七篇所論以理相接。當然這本不是錢穆的錯，因爲《論語》最早的篇目及其順序，今人已難考校，不見本來面貌和順序又如何探討其編目道理，非欲就篡改之序見其編目之理，便只能陷入前文所謂造有說無的困難境地。

　　除了試圖「理解」今本《論語》篇序外，《新解》還嘗試去「理解」孔子的人生進程。「十五志學」章說：「志者，心所欲往，一心常在此目標上而向之趨赴之謂。故有志必有學，志學相因而起。立，成立義。能確有所立，不退不轉，則所志有得有守。人事有異同，有逆順，雖有志能立，或與外界相異相逆，則心易起惑。必能對外界一切言論事變，明到深處，究竟處，與其相互會通處，而皆無可疑，則不僅有立有守，又能知之明而居之安。雖對事理不復有惑，而志行仍會有困。志愈進，行愈前，所遇困厄或愈大。故能立不惑，更進則須能知天命。天命指人生一切當然之道義與職責。外界一切相異相反之意見與言論，一切違逆不順之反應與刺激，既由能立不惑，又知天

〔註84〕　錢穆：《論語新解》，三聯書店 2012 年 7 月北京第 3 版，第 4 頁。
〔註85〕　錢穆：《論語新解》，三聯書店 2012 年 7 月北京第 3 版，第 21 頁。
〔註86〕　錢穆：《論語新解》，三聯書店 2012 年 7 月北京第 3 版，第 48 頁。
〔註87〕　錢穆：《論語新解》，三聯書店 2012 年 7 月北京第 3 版，第 76 頁。
〔註88〕　錢穆：《論語新解》，三聯書店 2012 年 7 月北京第 3 版，第 100 頁。
〔註89〕　錢穆：《論語新解》，三聯書店 2012 年 7 月北京第 3 版，第 127 頁。
〔註90〕　錢穆：《論語新解》，三聯書店 2012 年 7 月北京第 3 版，第 151 頁。

命而有以處之，不爲所搖撼所迷惑，於是更進而有耳順之境界」。〔註91〕人心固有其同然，人生實多其相異，分析人生軌跡不從人生遭遇考求，專就義理層面分析，縱有所得必有偏頗。再者人心之同不能必人心之通，境界有別，時空相異，欲言心通何其難也！又如「雖對事理不復有惑，而志行仍會有困。志愈進，行愈前，所遇困厄或愈大」之類原因，實不足以爲「不惑」而後進於「知天命」的說明，焉知「志學」至於「而立」不是同一原因所致？所以雖然《新解》竭力就《集注》所陳鋪敘發揮以求「理」解孔子，其最終結果實不盡人意。想來若是僅涉一堆道理，孔子在不惑之年當已盡知，又何勞數十年的人生征途來注解之，所以，本章的解讀大約仍當與孔子人生結合來考論詮說。單從道理論說，不從人生考據，欲求心通恐難如意。其實《論語》所及孔子言論皆是人生絮語，只有盡力與其當時之社會人生歷史情境結合，方能考見其眞實，窺見其心思。但《新解》尚通尚理，喜歡就其通義理解聖意，常常自覺不自覺地求其超越、觀其高卓，將孔子抽象化、眞空化，豈知追求太過反落得失其眞實，減其生氣。

　　《新解》尚理而疏考據的最重要的表現是音韻訓詁方面的不足。尤其是字音，通篇不注，生僻字注音對於《論語》讀解的重要不言而喻，《新解》如此處理，實有悖於作者欲成「一部人人可讀之注」的宏願。或者是限於篇幅有所去取。更或者係由自身的治學取向所致。錢穆寓臺後，夫婦二人常去林語堂家作客，彼此交往頗多。據後者回憶，錢穆本不甚重視小學。林謂：「他向稱爲史學家，不是專講訓詁章句，所以與通常的所謂經師不同。他就不承認國學必以從小學入手的話，這是他與章太炎論學不同之一點。這裡頭就有孔門識大識小的分別。所以賓四先生的學問，不能以訓詁、章句、音韻之學等閒視之。」〔註92〕以識大識小來定位錢穆和章太炎治學論學的差別言或有中，亦未可必，太炎治學自有其宏大處。倒是說錢穆不專講訓詁的話確乎不虛，畢竟這很可能是兩人交流時錢穆親口所及。顯然，這對我們從更深處來認識和理解《新解》一書幫助很大，既然治學傾向如彼，那麼注解《論語》如此，自在情理之中，不足爲奇。後來臺灣出版的毛子水《論語今注今譯》等著作，較好的彌補了《新解》這一方面的不足。治學本有偏尚，或偏義理，或偏考據，能在任一方面眞正有所貢獻皆屬不易，所以，雖有如上的分析，

〔註91〕 錢穆：《論語新解》，三聯書店 2012 年 7 月北京第 3 版，第 24～26 頁。
〔註92〕 李振聲編：《錢穆印象》，學林出版社 1997 年版，第 242 頁。

還是林語堂的話有道理，《新解》一書實「不能以訓詁、章句、音韻之學等閒視之」。

第五節 反思

　　1963 年錢穆在新亞書院以《漫談論語新解》為題演講，臨結束有這樣一段寄語式的總結陳述，他說：「若真瞭解得須從人生義理上去讀《論語》，則自然會遵從朱子所說，平鋪讀，循序一章一句讀。且莫認為《論語》說到仁字處在講仁，不說到仁字處即與仁無關。更莫認為訓詁考據工夫，便就與義理無關。至於我之新解，以（實）則只求為讀《論語》者開一方便，一切全只是筌蹄，實不足重。我怕讀者把我的新解太重視了，那就罪過之極；因此特鄭重在此提及。」我們現在已無法想像跟《論語》交往半個世紀的錢穆在年僅古稀時，針對《論語》，尤其是自己關於《論語》的積年之作，說出這樣一段話，是出於怎樣一種動機，或者說期許，但純就史料層面來講，錢穆的這段話，無疑為我們理解他的《新解》提供了很多有價值的線索和信息。像「得須從人生義理上去讀《論語》」，僅這一句，便能見出《新解》重踐行、重義理、重方法進路的三種特點。至於借讀者「自然會遵從朱子所說」的話來為《新解》尊朱辯護，強調讀者應該在有仁時看到無仁處，無仁處看到有仁意，會通觀覽以見其隱義，也都可看作是對《新解》撰寫特色的扼要總結和揭示，且都是談及《新解》不能不提的傾向性的東西。我們這裡特別要說的是最後兩句：

> 　　至於我之新解，以（實）則只求為讀《論語》者開一方便，一切全只是筌蹄，實不足重。我怕讀者把我的新解太重視了，那就罪過之極；因此特鄭重在此提及。

　　筌蹄典出《莊子》，所謂「得魚而忘荃」「得兔而忘蹄」，大約在錢穆只要讀者能夠因為看他的《新解》而對《論語》有初步的瞭解，並由此引起進一步誦讀研習的興趣，再慢慢走上學習、鑽研和踐行的道路，那麼他寫作《新解》的目的也就達到了。希望寫一本人人可讀之注，目的本不在注文本身；後者只是紅線，要在使讀者與《論語》結緣，緣分的促成就是紅線的價值與生命；緣分既定，紅線隨風；至於什麼藏之名山傳之其人，浮雲而已。對錢穆半個世紀前的這兩句話作如此的釋讀，不知道合不合他的本意，想來雖不

中亦不遠矣。環顧考核體制下學者疲於奔命唯恐人後的功利學風，前輩學者的豁達心態如何不讓人起敬，錢穆所在的那個不看刊物、不看數量，一篇好文章便能評教授的時代，如何不讓人憧憬。面對這樣一種達觀的心態，尤其是先生的先見之明，我們只能說以上的論述沒有太多價值和意義，讀者諸君姑妄聽之可矣。

錢穆作《新解》本是要寫一本以淺近義理解讀《論語》的新注，以矯正宋儒的不足。現在看來，這個目的是達到了的。《新解》中有許多通達平實的道理，卻極少見朱子樂道的什麼天理之類，更不見宋明儒所喜歡的神悟和玄機。錢穆自己說若是離開了《論語》原文《新解》更無多少剩餘的獨立價值可言，便是他的成功，便是他所追求的理想的境界（見《漫談論語新解》）。所謂沒有多少剩餘的獨立價值，自然是針對宋儒說《論語》主觀性太強的毛病而來，以無多少獨立價值的做法來矯正獨立價值太多的弊端。錢穆說的無多少獨立價值，指的是注文思想與《論語》本身的契合問題，強調的是注文不應在《論語》自身思想體系之外做過多的發揮，貌似是注《論語》，實則是《論語》注，用《論語》來注自己；用《論語》來注自己，不免喧賓奪主，容易走入「六經注我」的「歧途」。錢穆熟悉學術思想史，如此定位和設計，說到底是要以無獨立價值的做法來成就《新解》獨立於前此理學家《論語》注本的新價值，讓《新解》在義理解《論》著述史上有其獨立的位置，以無獨立價值來成就獨立價值，正所謂無用之大用。純就錢穆的個人期待來講，《新解》確已部分達到了其所追求的境界，若是剔除掉《論語》本身，《新解》確無多少剩餘的獨立價值可言。錢穆以淺近義理通達態度解釋《論語》章句的做法在普通民眾和知識分子群體中都獲得了很大肯定。一位文獻學教授直白地結論道：「此書很好地解決了《論語》學習所需要解決的問題，因此它是學習《論語》非常重要的書。」〔註 93〕另外一位知之不深的高校教師更有如此的歌頌，其謂：「錢賓四先生《論語新解》一書，充分揚棄了宋明義理之學與乾嘉考據之學，以樸學爲基闡發義理爲歸，對《論語》的闡釋達到了質實而圓融的境界。」〔註94〕所謂質實，一定意義上也就是淺近平易不虛高的意思。雖然《新解》是否眞的如後者所說達到了「圓融的境界」尚不好說，但它確

〔註93〕 徐興海：《〈論語新解〉對於〈論語〉學習的意義》，《江南大學學報（人文社會科學版）》2004 年 10 月，第三卷第五期。

〔註94〕 周海平：《深情的體悟，卓然的闡釋——〈論語新解〉的學術情懷與境界》，《孔子研究》2002 年第 6 期。

實贏得了眾多讀者的認可。如此成就的取得一方面是錢穆自身學養、學力和獨到的學術史眼光相結合的結果；另一方面，也可看做是清代以來反理學動向逼迫下理學系統進行自我調整的某種晚近表現和反映。

　　錢穆本是極力強調治學不立門戶的，這在前文已有提及。他的學生也頗認同這點。余英時說：「論學不立門戶，是錢先生從早年到晚年一直堅持的觀點。」〔註95〕「門戶」一詞在中國學術史上不是虛詞，有其實指亦有其實事，所以清修四庫全書特別強調要「消融門戶之見而各取所長」，強調要去私心見公理，持公理明經義。錢穆曾對清人的「門戶之爭」有過這樣的描述，他說：「蓋清儒治學，始終未脫一門戶之見。其先則爭朱、王，其後則爭漢、宋。其於漢人，先則爭鄭玄、王肅，次復爭西漢、東漢，而今、古文之分疆，乃由此而起。」這段話出《兩漢經學今古文平議·自序》，他特別強調「讀吾書者，亦必先自破棄學術上一切門戶之成見，乃始有以體會於本書之所欲闡述也」〔註96〕。透過「破棄學術上一切門戶之成見」這話足可見錢穆對門戶之見的厭惡和排斥，亦可見其對《兩漢經學今古文平議》一書所載內容的自信乃至自負。本來，個人的學術自信流露為某些稍微偏激的言辭算不得什麼壞事，從學術發展與繁榮的角度來看，還可以說是大好事，可是話說得太滿總不免要傷到自己。錢穆也不例外。要說「門戶」二字專指經學內部的學風差異，那麼錢穆要人們破棄這些門戶，不要受這些門戶之爭的影響和限制，沒大有問題，可要是聲稱欲破棄「一切門戶」，立意固然很好，實現起來卻有些難，難到近於無法兌現。談中國文化人們喜歡以儒釋道來概括其主要構成，大部分中國人在生活和信仰上都是儒學中人，其對學術和生活的看法多亦是儒學本位，要儒學中人擯棄儒門似乎有些困難，此所以韓愈要闢佛。寬泛一些來說，門戶云者雖為實詞，也是虛詞。孔子說「誰能出不由戶，何莫由斯道也」。一門有一門之戶，一戶有一戶之門；有其戶必有其門，無門無以別戶，有其門必有其戶，無戶無以實門；通達者門大，偏狹者門小，大門大戶，小門小戶，容或也有大門小戶，小門大戶，總是有門戶。門戶云者，質實而言，方法、對象與師承也，何人治學不有其師承，不有其對象，不有其方法，有其擅長的方法，有其特定的對象，有其自身的師承，也就難逃門戶的範圍了；學問未成，門戶無形，學問一成，門戶自生。錢穆自然也能知曉這一層，惟

〔註95〕　余英時：《錢穆與中國文化》，上海遠東出版社1994年版，第31頁。
〔註96〕　錢穆：《自序》，第7頁，載《兩漢經學今古文平議》，商務印書館2001年版。

是進學之初，正當門戶之爭的激烈時期，所以才會有要人們破除一切門戶的矯正之語。整體上，錢穆的學術在今古、漢宋的意義上，基本做到了不落門戶。但錢穆治學自有其門戶，而且具體到不同的作品又會有各自的偏向。比如《先秦諸子繫年考辨》偏漢學偏考證，《晚學盲言》則偏宋學偏義理。在這個意義上，所謂漢宋也是即實又虛，學術史、經學史上即有歷史意義上的漢宋之學，也有方法和對象意義上的漢宋之學，但在具體學人又不好簡單地以「漢」還是「宋」來概括，乃至具體到某部作品亦未必能完全以「漢」「宋」來界定，於是所謂「漢宋」，有的時候乃至又不免流離失所、無所依著。筆者拙見，《新解》一書是有些偏義理偏宋學傾向的，此從前文的敘述中可以證見。雖然錢穆在《新解》中也著力強調治學要持平，不落門戶，怎奈，剛出門戶又入門戶，不落門戶反坐門戶。

門戶本是民居，在學術上要有其創造，得其所居，便不能沒門戶，所謂無所遁形於天地。錢穆恰是在門戶之內，在艱難辦學的奔波勞苦中，在繁忙的教學和著述工作中，捎帶完成了迄今為止仍大受推崇和重視的《新解》一書。

努力恢復《集注》的應有地位，繼承其合理內容並有所糾正發揮，是《新解》一書的重要貢獻。因為打倒孔家店，揭露吃人的禮教，批林批孔，等等一系列原因，尤其是科舉制的廢除，朱子的《集注》不再是官選教材，社會地位大不如前，乃至被棄如敝屣，視如寇讎。其實，正如前文所談到的，《集注》被選定為官方考試用書，靠的是實力。進入 20 世紀，遭遇抵制更多主要是政治因素所致，純就學術層面來說，始終都有其不容忽略的重要價值。所以程樹德編《論語集釋》終是繞不開《集注》，而且時不時的喜歡同《集注》爭一爭高低。也頗有一些學者尊信和重視《集注》，像《論語集注補正述疏》便是典型的例子。簡朝亮寫《補正述疏》主要是用訓詁考據的漢學的方法發揮和補正《集注》，以補為主。錢穆寫《新解》要旨是用淺近義理糾正《集注》某些地方發揮過高的不足，以承續為主，以糾偏為輔。以所謂漢學的方法補《集注》之未備也好，用宋學的方法糾《集注》的偏頗也罷，其對於重新恢復《集注》應有的位置都是莫大的幫助。就《新解》而言，可算是居身門戶光大門戶。其實在具體寫作過程中，錢穆頗有一些模倣朱子的意思，這在前面也已說過，只是一如許多《論語》研究者那樣，有朱子之心難就朱子之事。所以如此，首先和時代有關，20 世紀對於四書的時代需求顯然不能同南宋相比，因為相當程度上這根本就是一個拋棄四書的時代。在這之外，也和學者

的功力有關，就算 20 世紀學人對《集注》不滿，可，個人以為，終究沒有人能在義理與考據兩個方面同時與朱子比肩。所以，有朱子之心難就朱子之事，本是正常，實不足怪。

就算是到不了《集注》的高度，錢穆的《新解》也是 20 世紀《論語》學史上不可多得的經典注本之一。先是經過了數十年歲月與《論語》的交流認知，而後又經過了十年的寫作和修繕，兼之繼承了史上最流行注本《論語集注》的精華，又能用白話翻譯來拉近與普通民眾之間的距離，關鍵恰逢一個經過幾十年新式教育洗禮而後急需《論語》普及的年代，如此的創作過程，如此的學術定位，如此的注解體例，如此的契合時需，再輔之以錢穆通達的識見、濃重的文化眷戀以及強毅的擔當精神，尤其是其早已名聞中外的學術地位和影響，《新解》之成經典近於時勢的必然。

中國上古時期的經典大都殘缺不全，縱然文本比較完備，在內容、體例等方面也會有這樣那樣的遺憾。像《論語》毛病就很多，篇章邏輯不清，稱謂體例不一，內容還偶有重複，關鍵到現在也弄不清版權歸屬，一句話十分不盡人意。後世之人有鑒於上古經典這樣那樣的不足，在個人著述時往往都會對內容體例等方面加心留意。不過，就算再怎麼留意，最終的成果總會與完美保持一定的距離。《新解》也是如此，像上面提到的尚通疏於史、尚大疏於細、尚信疏於疑、尚文疏於曲、尚理疏考據等，便是《新解》某些不太完滿的地處。這倒不是說錢穆功力未至，很多時候作品的好壞是先天設計和定位造成的。問題在於注書貴在細心考證、自家體貼，苟無一己之得，轉從他說尋解，縱或能折衷群論，終不免舍己從人，雖欲自成一家，總是說人芳華。當然，錢穆早說過本不欲成一家之言，這正是他的高明處。

錢穆一貫強調立論要持平。持平云者換成傳統的說法也就是中庸。《論語》雖未大談中庸，但中庸的精神可以說貫穿始終。錢穆寫《新解》強調立論持平是頗得《論語》神髓的。遺憾的是有的時候過於追求持平了可能恰恰不慎陷入了偏執之中。像《新解》折中群言獨愛朱子，便是偏執的持平。偏執的持平也就是持平中的偏執，這已經算不得持平。不過，若是目光稍微放大一點，考慮到 20 世紀朱子和《論語集注》的遭遇，那麼又不得不說，這種持平中的偏執反倒成就了學術史層面新的持平。欲脫門戶，反坐門戶，既坐門戶，自成門戶；力主中庸，不得中庸，不得中庸，反得中庸：這便是錢穆的《論語新解》。

第六章　北大哲學系 1970 級工農兵學員的《〈論語〉批註》

　　《〈論語〉批註》及某些相類作品代表了 20 世紀後半期中國大陸《論語》研究的一個重要面向，是 20 世紀中國社會留給《論語》學史的一朵奇葩。

第一節　背景

　　作為載錄孔子言行的權威文本，《論語》在 20 世紀中國的榮辱興衰每每同孔子本人的歷史命運息息相關。

　　如果說中華民國初年世人對孔子的態度是由集體崇奉趨近於客觀理性的話，那麼中華人民共和國建國初期，大陸對孔子的態度則呈現出由總體肯定漸進於懷疑與否定的歷史走向。1951 年第 6 期《新史學通訊》發表的嵇文甫《孔子思想的進步性及其限度》可能是建國後第一篇專門討論孔子思想的論文。嵇文甫在文章中寫到：「孔子是個人文主義者」，「這種人文主義的精神，不離人而言天，不離行而言知，在後來中國思想史上影響極為深遠，成為一種特殊的思想傳統，並且孔子的道德思想，政治思想，整個都和這種人文主義的精神有關」，「（這）對於原始宗教迷信來說，無論如何，不能不說是一大進步，並對於一切宗教顯示其優越性。而就時代上說，這種開明思想出現於兩千年以前，實在是我們偉大祖國所可引以自豪的」。其後作者又用了小部分文字談孔子思想的貴族性來說明其進步性的限度。嵇先生這種審慎的肯定如同建國初期其他或直接或間接褒揚孔子思想的論說一樣，不久便受到了來自

「學界」某些人士的激烈批評。三年以後，在 1954 年 9 月號《歷史教學》雜誌所發表的回應文章《關於孔子歷史評價問題的幾點解答》中，他說：「這裡面批評我最嚴厲的是一位先生根本不承認孔子是人文主義者，認為我的立場、觀點、方法全錯了。他的主要理由是：人文主義乃是歐洲文藝復興時代新興資產階級的思想，是反封建的，現在把它和生在封建時代的，代表封建貴族的孔子拉在一起，當然太不對頭了。」其實嵇文甫有關孔子的評價不僅讓「左派」人士不滿，在保守主義者那裡也不吃香。「左派」怪他立場有問題，保守派則嫌他觀點太反動，侮辱了孔子「美麗的理想」，左右不是人，難怪嵇文甫要「提出抗議」。而這其中所隱含著的正是建國初期孔學研究的複雜生態。後來批孔一派不斷祭出紅色經典的大棒，開始漸漸佔據上風。1963 年關鋒、林聿時在《關於孔子思想討論中的階級分析的幾個問題》一文中指出：「馬克思列寧主義的階級分析方法，是我們研究思想史（包括繼承思想遺產）的根本方法，稍微離開了它，就要引出一系列的混亂。」「無論對孔子的學說給予多麼高的評價，它在歷史上發揮過多麼大的作用，但總是剝削階級的意識形態，因此，無產階級對它的繼承必須是批判的，而不能是『加以整理、充實和提高』。對孔子的思想是這樣，對於馬克思主義以前的所有意識形態，也都是這樣。」雖然直白的或含蓄的尊孔派人士對此頗有微詞，比如金兆梓便曾在發表於《學術月刊》1962 年第 7 期的《評價孔子的我見》中為當事人憤憤不平地辯白稱「孔夫子本人上無片瓦，下無寸土，是個尋常百姓家的兒子，棲皇了一生，到處被一些封建領主所排斥，在祖國宋內，甚至還有像桓魋其人竟至要取他的性命。他而要維護封建制度，又為誰辛苦為誰忙呢」；包括對他們的學養也不怎麼滿意，像馮友蘭便曾戲謔地在 1961 年第 5 期《哲學研究》《論孔子關於「仁」的思想》一文中留下過這樣一段文字，說「關鋒、林聿時同志說，『孔子的「仁」特別強調「克伐怨欲」，「克伐怨欲不行焉，可以為仁矣」（《論語》《憲問》）。』其實，這是原憲所提出的問題。孔子的回答是：『可以為難矣，仁則吾不知也』，意思就是說，這不能算是『仁』」；但無論這些對古人、古代文化充滿愛意的鬥士如何努力，階級分析、意識形態，終如洪水爆發一樣淹沒了孔學研究、《論語》研究的廣袤原野。

　　1962 年 11 月 6 日到 12 日濟南舉行的孔子學術討論會是此一歷史進程的關鍵性時空節點。上引關鋒、林聿時的文章便是會議上發表的論文之一。面對褒揚和肯定孔子學說的觀點，與關鋒、林聿時接近，強調對孔子必須堅持

階級分析的學者還有趙紀彬、呂振羽、楊榮國等。楊榮國認爲：「分析孔子思想必須用階級分析的方法，不能單從字面上看，而不看其階級內容。」呂振羽強調：「不論孔子出身如何，不能不代表一定的階級，同時他的階級立場和思想的階級性也不能不是一致的。」〔註 1〕第二年，也就是 1963 年，《哲學研究》、《鄭州大學學報》、《學術月刊》、《江漢學報》、《吉林師大學報》等雜誌，陸續發表了劉元彥《沒落階級不可能產生進步的思想學說——評嚴北溟先生的〈論仁——孔子哲學的核心及其輻射線〉》，郝清濤《關於孔子階級性的初步探討》，胡嘯、李定生《階級分析是洞察孔子哲學的根本方法——與嚴北溟先生商榷》，李德永《研究孔子思想必須反對超階級論》，徐喜晨《關於孔子的「仁」「禮」是否具有階級性的問題——兼論古史研究必須堅持階級分析的方法》等高揚階級分析法的文章。而前此著力弘揚孔子思想進步性的陣營，除了馮友蘭依舊敢於含蓄地借助所謂階級分析的話語堅持「孔子所說的『仁』和『愛人』，是以普遍的形式提出來的，是一種具有普遍性形式的思想」、「有其進步的意義」以外，其他大多都在山雨欲來的批判風潮面前蟄伏了起來。這批學者大概隱約嗅到了文化革命的氣息。由此我們更不能不佩服馮友蘭先生在文革以前面對種種非議依舊勇敢堅持自己的可貴和不易。

　　「文化大革命」開始以後，隨著政治形勢的發展，出於現實鬥爭的需要，《論語》極不情願地由弘揚儒家道義的宣傳冊變成了「揭露」孔子「罪惡」的「急先鋒」。1973 年第 1 期《中山大學學報（哲學社會科學版）》黃海章《批判孔子先驗的「人性論」》一文，便抓住《論語》所謂「中人以上可以語上也，中人以下不可以語上也」對孔子大大討伐了一番，謂：「孔子所提出來的性三品說，竟妄圖從人性的本質問題上，醜化勞動人民，美化統治階級，爲維護奴隸主的反動統治找尋理論根據。所謂『上智』，所謂『生而知之』，所謂『聖人』，都是屬於統治階級的最上層，都是發號施令宣揚教化的奴隸主。所謂『下愚』，都是屬於最下層的奴隸。『上智』『下愚』既然是天生成的，不可移易的，因而統治者和被統治者也是天所固定的，如果有人想起來變更這種秩序，便是犯上作亂，便要叫他們腦袋搬家。」又同期鍾景華、王杰《批臭孔子的「三畏」觀　發揚反潮流的革命精神》一文抓住《論語》「君子有三畏」一章對孔子進行了猛烈抨擊，認爲「其目的就是爲了消除奴隸們的造反精神和新興封建勢力的變革思想，要奴隸們聽天由命，絕對服從奴隸主的統治，做剝削階

〔註 1〕參《在山東舉行的孔子學術討論會》，載《哲學研究》1963 年第 1 期。

級的『順民』和『孝子』」。同年 6 月份,《廣西大學學報(哲學社會科學版)》第 10 期依照「反動的政治思想和倫理觀」、「唯心主義的天命觀和認識論」、「反動的教育思想」三個方面,摘錄 55 則《論語》章句譯成白話文集中刊載供時人批判使用。

第二節 編纂

1974 年 11 月中華書局出版了北京大學哲學系一九七〇級工農兵學員的《〈論語〉批註》(以下簡稱《批註》),這部內容豐富、體例簡約、印製精良而又價格不菲的革命巨著正是那段奇特歲月裏《論語》學奇特歷史經歷的見證。

(一)作者

北京大學在 20 世紀中國歷史上歷來都是引領和參與國家政治的先鋒力量之一。1912 年民國成立之初,北大等發起成立孔子祭奠會,參與導引了整個 20 世紀前半期中華民國歷史上轟轟烈烈的尊孔讀經浪潮。一個甲子後北大又成了另一場涉及孔子的政治風潮的中堅力量。這便是「批林批孔」運動。1973 年 9 月 4 日北京大學、清華大學大批判組在《北京日報》發表了《儒家和儒家的反動思想》一文,強調「兩千多年來,一切反動統治階級都極力吹捧孔子和儒家的反動思想,劉少奇、林彪一類騙子也大談孔孟之道,用孔孟之道冒充、修正馬克思主義、妄圖篡改黨的理論基礎,改變黨的基本路線。為了識破和批判劉少奇、林彪一類騙子的反革命陰謀,為了戰勝資產階級和一切剝削階級的意識形態,對於孔子和儒家學派的反動思想必須進行批判」〔註 2〕,奏響了「批林批孔」的「學術」序曲。同年北大清華在上級領導下編寫了《林彪與孔孟之道》專題材料,第二年 1 月 18 日被中共中央轉發,有力推動了批林批孔運動在全國範圍內的勃興與普及。

始建於 1912 年的北京大學哲學系,在其幾十年的發展中先後有蔡元培、胡適、熊十力、湯用彤、梁漱溟、金岳霖、馮友蘭、宗白華、朱光潛、賀麟、沈有鼎等一批學術大師執教,對推動現代中國哲學的發展和興盛做出過巨大

〔註 2〕 中國人民解放軍國防大學黨史黨建政工教研室編:《「文化大革命」研究資料(下冊)》,中國人民解放軍國防大學黨史黨建政工教研室 1988 年 10 月,第 37 頁。

貢獻。遺憾的是，這樣一個在海內外學界享有盛譽的「思想家的搖籃」也不能不在政治運動面前全力收斂學術獨立的精神以隨流揚波、與世浮沉。文革前不屈不撓地堅持自己學術觀點，文革後成爲梁效顧問的馮友蘭先生是這方面的一個典型。馮先生說：「我們說話、寫文章都要表達自己眞實的見解，這叫『立其誠』。自己有了確實的見解，又能虛心聽取意見，改正錯誤，這叫走群眾路線。如果是附和一時流行的意見，以求得吹捧，就是僞，就是譁眾取寵。1973 年我寫的文章，主要是出於對毛主席的信任，總覺得毛主席黨中央一定比我對。實際上自解放以來，我的絕大部分工作就是否定自己，批判自己。每批判一次，總以爲是前進一步。這是立其誠，現在看來也有並不可取之處，就是沒有把所有觀點放在平等地位來考察。而在被改造的同時得到吹捧，也確有欣幸之心，於是更加努力『進步』。這一部分思想就不是立其誠，而是譁眾取寵了。」﹝註3﹞據信《批註》一書的眞正作者正是馮友蘭先生、張岱年先生等。

（二）體例

關於《批註》的編纂，編者有專門《說明》，謂：

1. 本書分篇和分章基本採用清代劉寶楠的《論語正義》本，個別章句的分合略有變動。每章前面的數字表示篇、章，如 1‧2 就是第一篇第二章。

2. 詞義的注釋，根據當時歷史背景和孔丘的反動政治路線，參考過去各家的舊注加以分析取捨而成。爲避免煩瑣，出處一概從略。

本書中的人名一般只在第一次出現時加注。

3. 譯文一般採用直譯，力求表達原文的反動思想實質，在必要時，於原文字義外加上若干詞句，所加詞句用方括號〔〕標出。

4.《論語》原書體系紊亂，內容龐雜，不少章句意思重複。本書對《論語》的重要條目進行重點批判，對一般條目的批判力求簡短。對意思重複的章句採取互「見」或「參看」的辦法。

爲方便工農兵讀著，批判行文時除孔丘、曾參、有若直指其名外，對孔丘其他門徒仍用他們的字稱呼。

5. 附錄《孔丘的反革命一生》基本上按年代先後揭露孔丘的罪行。

﹝註3﹞ 馮友蘭：《三松堂全集》第 1 卷《三松堂自序》，鄭州：河南人民出版社，2001 年第 2 版，第 160～161 頁。

6. 附錄《主要人名索引》中的人名，包括一些別名在內，均按第一個字的筆畫多少排列。

《主要名詞索引》只選錄反映孔丘反動思想的一部分主要名詞，也按筆畫多少排列。同一名詞中所選條目，只包括具有該詞的一部分重要條目。有些重要條目，其中雖未出現該名詞，但其內容與該名詞基本相同，也酌量收錄了一部分。

具體到每一章的批註體例，《〈論語〉批註》和哈爾濱師範學院中文系 1973 年 12 月編寫完成的《〈論語〉批判》幾乎一樣，首列章句原文，次為內容「注釋」，次為白話「譯文」，次為政治「批判」。注釋部分，除解釋詞義外，生僻字有注音；有些章只有「譯文」和「批判」；有些章若是前文有相關的可以互相補充的批判內容，則在本章「批判」文字後以小括號注「參看 * · * 批判」；內容相近的章，後一章在「批判」部分會直接告知讀者「見 * · * 批判」。直觀起見，摘錄一則材料如下：

12 · 13 子曰：「聽訟[1]吾猶人也，必也使無訟乎！」

【注釋】1 訟（sòng 宋）──訴訟。

【譯文】孔子說：「審理案件，我同別人一樣，〔我和別人不同的是〕必須使訴訟的事件根本不發生啊！」

【批判】孔丘認為要維護奴隸主的統治，首先要靠鎮壓，但這還不夠。為了根本消除奴隸們「犯上作亂」的思想和行為，必須實行思想統治。這是孔丘的反革命兩手策略的一個表現。（參看 2 · 3 批判）〔註 4〕

（三）編寫

1973 年恰值「批林批孔」風潮。關於此一運動的目的，1974 年出版的《批林批孔八講──林彪與孔孟之道》一書在第一部分《「克己復禮」是林彪妄圖復辟資本主義的反動綱領》一開始講到：「中外反動派和歷次機會主義路線的頭子，都是尊孔派。半個世紀以來，毛主席在領導中國革命，同中外反動派作鬥爭、同機會主義路線作鬥爭的同時，反覆地批判孔學，批判尊儒反法的反動思想。資產階級野心家、陰謀家、兩面派、叛徒、賣國賊林彪，就是一個地地道道的孔老二的信徒。他和歷代行將滅亡的反動派一樣，尊孔反法，

〔註 4〕北京大學哲學系一九七〇級工農兵學員：《〈論語〉批註》，中華書局 1974 年 11 月版，《前言》第 267～268 頁。

攻擊秦始皇，把孔孟之道作爲陰謀篡黨奪權、復辟資本主義的反動思想武器。批判林彪宣揚的孔孟之道，才能進一步批深批透林彪反革命修正主義路線的極右實質。這對於加強思想和政治路線方面的教育，堅持和貫徹執行毛主席的革命路線，鞏固和發展無產階級文化大革命的偉大成果，鞏固無產階級專政，防止資本主義復辟，具有重大的現實意義和深遠的歷史意義。」〔註5〕《批註》的出現是 1973、1974 年中國大陸政治情態在《論語》學中的必然反映。該書作者在《前言》中寫到：「《〈論語〉批註》是批林批孔群眾運動的產物，也是無產階級教育革命的產物，是我們同廣大工農兵共同戰鬥的成果。」「我們認真學習了毛主席和黨中央關於批林批孔的重要指示和文件，努力發揚反潮流精神，破除迷信解放思想，蔑視資產階級權威，打破剝削階級的傳統偏見，以馬列主義、毛澤東思想爲武器，緊緊抓住孔老二那條『克己復禮』的黑線，對《論語》全書進行了注釋、今譯和批判。」〔註6〕

與以群眾運動爲特色的文革歲月相一致，《批註》的編寫採取了集體創作的形式，這是文化大革命期間《論語》批判類作品較爲流行的創作模式。對於這樣的成書過程《批註‧前言》聲明說：「我們在批註過程中，依靠各級黨組織的領導，堅持走以社會爲工廠的道路，先後多次走出校門到工廠、農村、部隊，拜廣大工農兵爲師，請他們審查修改。我們得到了廣大工農兵的深切關懷和大力支持，吸取了他們很多的寶貴的意見。實踐證明，工農兵是批林批孔的主力軍，徹底批判孔孟之道的歷史任務，只有用馬列主義、毛澤東思想武裝起來的無產階級和革命人民才能完成。許多專業工作者也給我們提了不少寶貴的意見。一些老師積極地指導和參加了批註工作。」這種做法同當時所號召的「知識青年上山下鄉」「實行與工農相結合」〔註7〕的國家戰略和政策高度統一，頗有表徵意義。稍早於《批註》的哈爾濱師範學院中文系批孔組的《〈論語〉批判》、上鋼五廠二車間工人理論組《〈論語〉選批》，都是採用的這一模式。這在《論語》學史上是極別致、極特殊的。在附錄於《〈論

〔註5〕《批林批孔八講——林彪與孔孟之道》，四川人民出版社出版 1974 年 4 月第 1 版，第 1 頁。

〔註6〕北京大學哲學系一九七〇級工農兵學員：《〈論語〉批註》，中華書局 1974 年 11 月版，《前言》第 7～8 頁。

〔註7〕《人民日報》1973 年 8 月 7 日社論《進一步做好知識青年上山下鄉的工作》，引文自中國人民解放軍國防大學黨史黨建政工教研室編：《「文化大革命」研究資料（下冊）》，中國人民解放軍國防大學黨史黨建政工教研室 1988 年 10 月，第 9 頁。

語〉選批》後面的《我們是怎樣組織工人批註〈論語〉的？》一文中，中共
上鋼五廠委員會介紹說：「在批林整風和批林批孔運動中，我們上鋼五廠初步
形成了一支五百多人的工人階級的理論隊伍。」「最近，二車間的工人群眾認
眞學習，知難而進，選批了孔老二的反動言論集《論語》，促進了批林批孔運
動的深入，推動了班組的學、批、聯，在實踐中闖出一條工人群眾深入批判
孔孟之道的路子，發展和壯大了工人階級的理論隊伍。這是工人群眾堅持認
眞看書學習，深入開展批林批孔鬥爭的可喜成果。事實再一次雄辯地證明：
工農兵是批林批孔的主力軍。」〔註8〕成書於 1973 年底的《〈論語〉批判》也
是如此，是由「（哈爾濱師範學院中文）系老師和工農兵學員在系黨總支的領
導下，集體編寫」〔註9〕而成。曾經對底層勞動者稍有偏見，認爲「耕也餒在
其中，學也祿在其中」（《論語·衛靈公》）的孔子，在工農專政的社會主義新
中國遭遇工農群眾的集體批判本在情理之中，更是形勢使然。「（上鋼五廠）
工人理論學習小組的同志說：『我們寫批註，不能把《論語》頂在頭上，而要
把它踩在腳下。』工人反映，這樣的批註，大長無產階級的志氣，大滅階級
敵人的威風，讀起來帶勁、痛快。」〔註10〕

第三節　特色

作爲 20 世紀後半期中國《論語》學代表性作品之一，《批註》有如下一
些值得注意的特色。

（一）西學視野

儘管《批註》本身充斥著濃烈的政治審判氣息，但這種審判借助了學術
論證的形式；與作爲教條和金律被徵引的馬恩列毛語錄並行的，是以西學知
識分析、解讀和評判本土文明的學術立場。馬克思主義是典型的西方哲學，
階級鬥爭理論是其學術體系的重要一環，而這也是《批註》關注和援引最多
的內容。針對「興滅國，繼絕世，舉逸民」，《批註》論證道：「（這）是孔丘

〔註 8〕　上鋼五廠二車間工人理論組：《〈論語〉選批》，山西人民出版社 1974 年 8 月
　　　　第 1 版，第 32 頁。
〔註 9〕　哈爾濱師範學院中文系批孔組：《〈論語〉批判》，1973 年 12 月。引文見《前
　　　　言》第 3 頁。
〔註 10〕　上鋼五廠二車間工人理論組：《〈論語〉選批》，山西人民出版社 1974 年 8 月
　　　　第 1 版，第 33 頁。

『克己復禮』反動政治綱領的具體化」，「對於這樣一個歷史的大倒退，孔老二竟然狂妄地宣稱，這樣天下人民就自然歸順奴隸主階級的統治了。這種極端反動的結論，完全代表了當時反動勢力的垂死掙扎。正如馬克思所指出的：『為歷史所證明的古老真理告訴我們：正是這種社會力量在咽氣以前還要作最後的掙扎，由防禦轉為進攻，不但不避開鬥爭，反而挑起鬥爭，並且企圖從那種不但令人懷疑而且早已被歷史所譴責的前提中作出最極端的結論來。』（《反教會運動——海德公園的示威》。《馬克思恩格斯全集》第 11 卷，第 363 頁）」。〔註 11〕就近代以來的中國歷史來看，對照西方審視本土是通行的思維方式之一，這種做法對於推動學術革新、社會進步大有裨益，且早為民族奮進的歷程所證實。以《批註》為代表的「文革」期間批判《論語》的文章和著作，雖然不乏令人作嘔的謾罵和攻擊，但其以西觀中的學術視角仍是預流之舉，帶有範式上的進步意義，理應從其文革做派中剝離出來予以正視。而且，很多時候，即便伴隨著謾罵和攻擊，「勞動人民」基於西學立場的解讀常常也會有些觀點和論述超越階級局限和歷史束縛，不期然地成為《論語》和孔孟的知己。1974 年《歷史研究》第 1 期所載上鋼五廠工人理論小組《從〈論語〉地位的演變看批孔鬥爭的長期性》一文，文末有這樣一段現在看來也是不刊之論的表述，謂：「兩千多年的尊孔與反孔的鬥爭持續到今天，還要影響到將來。當前的批林批孔鬥爭是歷史上批孔鬥爭的繼續。用馬克思主義的立場、觀點、方法，總結和吸取歷史上勞動人民及法家代表人物批判《論語》等孔孟之道的歷史經驗，使我們深刻地認識到，要徹底批倒反動的孔孟之道，遠遠比推翻一個階級困難得多。」

（二）唯物史觀

　　儘管包括《批註》在內，「文革」時期批判孔子和《論語》的作品，對唯物史觀的運用不免有些機械主義和教條主義，但借助唯物史觀的方法，這些作品確也能夠洞見不少前此研究所未及的新天地。比如《論語》內容的時代性和階級性問題。《論語·為政》「道之以政」章，「批判」說：「春秋末期，奴隸制逐漸崩潰，封建制正在興起。法家提出了以法治國的『法治』路線，主張用革命暴力打擊奴隸主貴族，發展封建土地所有制，建立新興地主階級的政權。孔老二對此瘋狂反對，他提出了『禮治』路線，用來對抗法家的『法

〔註11〕北京大學哲學系一九七〇級工農兵學員：《〈論語〉批註》，中華書局 1974 年 11 月版，第 443～444 頁。

治』路線，反對新興地主階級的奪權鬥爭，維護奴隸主階級專政。可見孔老二所說的『禮治』，實質上就是奴隸主階級的反革命專政。」〔註12〕古人對「道之以政」和「道之以德」的區別或以陰陽論，如董仲舒所言「天數右陽而不右陰，務德而不務刑。刑之不可任以成世也，猶陰之不可任以成歲也。為政而任刑，謂之逆天，非王道也」〔註13〕；或以本末解，如朱熹所謂「政者，為治之具。刑者，輔治之法。德禮則所以出治之本，而德又禮之本也。此其相為終始，雖不可以偏廢，然政刑能使民遠罪而已，德禮之效，則有以使民日遷善而不自知。故治民者不可徒恃其末，又當深探其本也」〔註14〕；很少有人注意由時代特點所形成的孔子的階級性，以及基於這種階級性而形成的、出處動靜種種言行和活動背後所潛藏的政治性。而這正是《批註》的特色和優點：強調《論語》文句的歷史性，發掘言行背後的階級性，進而由此還原《論語》和孔子的真實性。雖然《批註》的作者在表達相關問題時，因為時代的原因不免革命化、政治化乃至人身攻擊化，但革命話語中有真理，政治評判中有學術，人身攻擊中有其合理和切實處，不可等量齊觀，正宜分別對待。如「正名」章，「批判」道：「『正名』是孔丘『克己復禮』反動政治綱領的重要組成部分。春秋末年，由於奴隸制的崩潰，奴隸制的等級名分已經名存實亡，出現了所謂『君不君、臣不臣、父不父、子不子』的局面。孔丘為了挽救奴隸制的滅亡，死抱著奴隸制的等級名分不放，企圖用周禮規定的等級名分來『糾正』一切不符合周禮的現象，使君臣、父子恢復原來的地位，防止『犯上作亂』。」〔註15〕拋開「反動」、「奴隸制」等值的商榷的字眼不論，「批判」文字基於時代大背景對孔子正名思想價值和作用的分析顯然很有啟發意義，而這在古代《論語》學作品中是很難看到的。

（三）學術即是政治

以學術為政治，學術從屬、服務、代表甚至代替政治，是「文革」時期，特別是「批林批孔」運動期間「學術創作」的普遍特點。《批註》作者談到創

〔註12〕 北京大學哲學系一九七○級工農兵學員：《〈論語〉批註》，中華書局 1974 年 11 月版，第 24 頁。

〔註13〕 蘇輿撰、鍾哲點校：《春秋繁露義證》，中華書局 1992 年版，第 328 頁。《戴氏論語注》援董氏說。

〔註14〕 〔宋〕朱熹撰：《四書章句集注》，中華書局 1983 年版，第 54 頁。

〔註15〕 北京大學哲學系一九七○級工農兵學員：《〈論語〉批註》，中華書局 1974 年 11 月版，第 280～281 頁。

作旨趣時強調：「資產階級野心家、陰謀家、反革命兩面派、叛徒、賣國賊林彪，是一個地地道道的孔老二的忠實信徒」，「林彪把《論語》當作他們一夥『政治思想的藍本』，並胡說什麼《論語》裏面有『唯物論』、『辨證法』，用孔孟之道冒充馬克思主義」，「林彪是混進我們黨內的大儒。我們深切體會到，批林必須批孔，不批孔，就不能深入批判林彪反革命修正主義路線的極右實質，就不能鞏固和發展無產階級文化大革命的勝利果實；不批孔，批林就不能徹底，反修就不能徹底，防修就沒有保證」。「正是在批林批孔群眾運動的大好革命形勢鼓舞下，我們北京大學哲學系工農兵學員響應偉大領袖毛主席批林批孔的號召，為了深挖林彪發革命修正主義路線的階級根源和思想根源，把批林批孔運動普及、深入、持久的開展下去，下定決心在孔學的『聖經』──《論語》頭上開刀，編寫《〈論語〉批註》。」〔註 16〕這樣的創作主旨在《批註》正文中《論語》每章後面的「批判」部分得到了充分的體現。謙虛本是一種美德，毛澤東也極為讚賞，所謂「謙虛使人進步，驕傲使人落後」。但別人謙虛可以，孔子謙虛、林彪謙虛就有問題，就是動機不純的政治伎倆。「如有周公之才之美，使驕且吝」一章，「批判」道：「孔丘告訴奴隸主貴族，應該做一個『不驕不吝』的『正人君子』，這樣才能把自己的凶相掩蓋住，才能欺騙人民，維護自己的反動統治。叛徒、賣國賊林彪以孔老二為榜樣，極力把自己打扮成『不驕不吝』的樣子，嘴上說『隨時準備讓賢』，心裏卻盤算著怎樣馬上奪權，妄圖用『謙虛』的言詞，掩蓋他兇惡的面目。」〔註 17〕《批註》對現實政治的關注不僅是林彪一人，劉少奇也在內。「性相近習相遠」一章，「批判」謂：「劉少奇、林彪一類政治騙子竭力兜售地主資產階級人性論，胡說什麼『人性就是黨性』，『黨性就是人性』，把孔孟鼓吹的『德政』、『仁義』、『忠恕』說成是無產階級的黨性，妄圖用這種反動的人性論，反對馬克思主義的階級論，改變黨的基本路線，攻擊無產階級革命暴力和無產階級專政，為他們的投降、賣國和『克己復禮』的反動路線服務。」〔註 18〕謙虛本是美德，忠恕更是如此，但出於孔子之口，入於林劉之心，便有了問

〔註 16〕　北京大學哲學系一九七〇級工農兵學員：《〈論語〉批註》，中華書局 1974 年 11 月版，《前言》第 3～4 頁。

〔註 17〕　北京大學哲學系一九七〇級工農兵學員：《〈論語〉批註》，中華書局 1974 年 11 月版，第 178 頁。

〔註 18〕　北京大學哲學系一九七〇級工農兵學員：《〈論語〉批註》，中華書局 1974 年 11 月版，第 386 頁。

題，而且是「路線」上的大問題。涉及革命路線問題的學術探究自然不再僅僅是學術探究，其所探究的問題也不再僅僅是學術問題，與其說是學術探究不如說是政治解讀，與其說是學術問題不如說是政治問題。於此，在「投降」「賣國」之類令人膽戰心驚的批判與指責中，《批註》學術即是政治的特色顯露無遺。

（四）批孔不遺餘力

因爲是出於政治鬥爭進行的學術創作，所以《批註》對於「批孔」原則的貫徹特別徹底。每章文字後面都有「批判」，如「子路有聞，未之能行，唯恐有聞」一章，「批判」道：「這一條記述了子路實行孔丘反動思想的勁頭，目的是鼓勵其他門徒向子路的反革命幹勁學習。」〔註 19〕批判的內容從思想的好壞到品德的高低，從目的的美醜到立場的前後，從經濟到教育，從軍事到藝術，從先生到弟子，從原儒到地主，從語默動止到吃穿用度，無所不包。「舜有臣五人」章，「批判」云「孔丘在這裡把治理天下說成是少數個人的事，完全抹殺了勞動人民創造世界歷史的偉大作用，這是歷史的顛倒，是徹頭徹尾的唯心史觀」〔註20〕，這是說思想好壞；「若聖與仁」章「批判」道「孔丘說『聖與仁』他不敢當，這是言不由衷的假話。實際上他標榜自己就是當時獨一無二的『聖人』，他一會兒說：『天生德於予』（7·23），一會兒又說：『文王既沒，文不在茲乎？』（9·5）他自己的言論，戳穿了他是一個一貫說假話的政治騙子」，這是談品德高低；「君子有三戒」章「批判」說「孔子提出『三戒』，是有其政治目的。在當時激烈的階級鬥爭中，他一方面用來規勸腐朽沒落的奴隸主貴族不要貪財好色，不要勾心鬥角，要集中精力對付奴隸起義和新興地主階級的革新活動；另一方面用來約束新興地主階級，要他們不要『鬥』，不要『貪』，要放棄反對奴隸制的奪權鬥爭。這完全是幻想。孔老二的『三戒』，挽救不了奴隸制的滅亡」〔註21〕，這是論目的美醜；「政者正也」章，「批判」謂「孔丘所謂『正』，就是按周禮辦事。他頑固地站在奴隸主貴族的反動立場上，大肆攻擊季氏的革新行動爲『不正』，並妄圖用『正』的口

〔註19〕 北京大學哲學系一九七〇級工農兵學員：《〈論語〉批註》，中華書局 1974 年 11 月版，第 97 頁。

〔註20〕 北京大學哲學系一九七〇級工農兵學員：《〈論語〉批註》，中華書局 1974 年 11 月版，第 183 頁。

〔註21〕 北京大學哲學系一九七〇級工農兵學員：《〈論語〉批註》，中華書局 1974 年 11 月版，第 371～372 頁。

號，使季康子等新興地主階級的政治代表『改邪歸正』，以便恢復奴隸主的統治秩序」，〔註22〕這是立場前後的分析；「子以四教」章，「批判」強調「從孔丘的教學內容可以看出，他的教育路線，就是要把他的門徒培養成為奴隸主階級的接班人和馴服的奴才，為實現其『克己復禮』的反動政治綱領服務」，〔註23〕這是論教育；「子語魯大師樂」章，「批判」宣稱「孔丘的復古主義思想是十分徹底的，在音樂欣賞上也是如此。他不僅主張音樂的思想內容越古越好，而且主張在藝術形式上也要墨守成規，死守一定的形式，不許有絲毫改變」〔註24〕，這是談藝術；「仰之彌高，鑽之彌堅」章「批判」說「顏回這麼肉麻地吹捧孔丘，把他吹得神乎其神，捧得高不可攀，為後來尊孔派對孔丘的吹捧開了先例」〔註25〕，這是批弟子；「孟莊子之孝」章「批判」謂「孟莊子雖然屬於路過新型地主階級，但他『不改於父之臣與父之政』，就是守舊、保守的行為，所以在這一點上得到孔丘一夥的稱讚」〔註26〕，這是說地主。同批判內容的全方位相比，批判手段的無節操更能體現批判主體的不遺餘力乃至歇斯底里。慣用的伎倆首先是扣帽子，無論是總體品評還是具體論定莫不如此。在《附錄一：孔丘的反革命一生》中編者給孔子扣了這樣幾頂帽子，「奴隸主階級的孝子賢孫」、「虛偽狡猾的政治騙子」、「兇狠殘暴的大惡霸」、「走投無路的喪家狗」、「頑固到底的死硬派」。孔子不幸《論語》也難免，《批註》說它是「反動階級的復辟經，唯心論和形而上學的大雜燴，毒害人民的大毒草」，「黑話連篇，毒汁四濺，荒謬絕倫，反動透頂」〔註27〕。老師倒楣學生也難幸免，像以孝親著稱的閔子騫便被認定為「奴隸制的忠實奴才」〔註28〕。

〔註22〕北京大學哲學系一九七〇級工農兵學員：《〈論語〉批註》，中華書局 1974 年 11 月版，第 269 頁。

〔註23〕北京大學哲學系一九七〇級工農兵學員：《〈論語〉批註》，中華書局 1974 年 11 月版，第 158 頁。

〔註24〕北京大學哲學系一九七〇級工農兵學員：《〈論語〉批註》，中華書局 1974 年 11 月版，第 64 頁。

〔註25〕北京大學哲學系一九七〇級工農兵學員：《〈論語〉批註》，中華書局 1974 年 11 月版，第 194 頁。

〔註26〕北京大學哲學系一九七〇級工農兵學員：《〈論語〉批註》，中華書局 1974 年 11 月版，第 434 頁。

〔註27〕北京大學哲學系一九七〇級工農兵學員：《〈論語〉批註》，中華書局 1974 年 11 月版，《前言》第 5 頁。

〔註28〕北京大學哲學系一九七〇級工農兵學員：《〈論語〉批註》，中華書局 1974 年 11 月版，第 116 頁。

其次是上綱上線、無限放大，這裡主要是階級立場問題。像「雍也仁而不佞」章「批判」說這是「孔丘通過對他的學生的評論，宣揚他那套反動的道德說教，攻擊新興地主階級革新派人士」〔註 29〕，沒有任何證據證明孔子斥責的人是新興地主階級，所以攻擊地主階級之說更是子虛烏有，但這是批判的需要，符合政治的要求，這便是上綱上線。再次是肆意曲解、胡亂引申。「蓋有不知而作之者」章，「批判」謂「在孔丘看來，一切新生事物、進步的學說，都是不知而作」〔註 30〕，實則「不知而作」哪裏涉及新舊，將純知識論的內容硬往政論層面引申以強人從己進行批判，這是典型的肆意曲解和胡亂引申。這些在當時基於《論語》的批孔著作和文章中俯拾皆是。《批註》一般模樣算得上與時消息、在鄉從俗。

如上的四點猶以批孔的不遺餘力最讓人印象深刻。

第四節　價值

雖然多數《論語》愛好者不看好「文革」時期的學術製作，但平心而論《批註》自有其價值。

（一）聖人的還原

聖人意識是《論語》學史研究中根深蒂固的頑疾。孔子本人並不承認自己是什麼聖人，也不認為自己所在的時代有聖人，雖然弟子們認定其為「天縱之將聖」，乃至比為日月之不可毀。與弟子的聖人期待相反，孔子一生奔走、自售不得，民間反而生出許多諸如「知其不可而為之」、「風兮風兮何德之衰」、「累累若喪家之犬」一類伴隨著譏諷與不屑的臭名。即便是最後離世，魯哀公在給出的誄文也不過以「老」相許。孔子第一次入聖大約是在私淑弟子孟子那裡，所謂「孔子，聖之時者也」。不過整體而言孟子算不得官方人士，所以，縱是為許多人所看重，孔子的「聖人」形象也還只是在民間彷徨。其後從司馬遷《孔子世家》「可謂至聖」的贊許，到董仲舒《春秋繁露》「天命成敗聖人知之」的感喟，從漢武帝罷黜百家推重孔子，到漢明帝「褒成宣尼公」的追諡，孔子官方地位日漸尊隆，聖人地位慢慢確立，並迅速影響到人們對

〔註 29〕 北京大學哲學系一九七〇級工農兵學員：《〈論語〉批註》，中華書局 1974 年 11 月版，第 91 頁。

〔註 30〕 北京大學哲學系一九七〇級工農兵學員：《〈論語〉批註》，中華書局 1974 年 11 月版，第 160 頁。

《論語》的研讀，像皇侃「叔孫武叔毀仲尼」章疏云「愚暗不知聖人之度量」〔註 31〕，程子於「道千乘之國」章謂「聖人言雖至近，上下皆通」〔註 32〕，是其例。再後來，在科舉的助力下，其情彌篤，尊奉彌眾，聖人情結遂成為《論語》學如影隨形的一道風景。這種情結的存在對於《論語》的傳播，《論語》社會心理地位的提升，尤其是《論語》學的發展都有莫大幫助。像朱子云「聖人教人，只是個《論語》」〔註 33〕、船山謂「《論語》是聖人徹上徹下語，須於此看得下學上達，同中之別、別中之同」〔註 34〕一類正是。不過，濃重的聖人情結在幫助《論語》獲得廟堂尊榮的同時，也給世人的《論語》研讀預設了一層信而不疑、聖而非俗的情感遮蔽。所以，1909 年，當有個叫熊秉鐸的江西人拿著自己改編過的《論語》呈報省裏審定時，這種聖人情結馬上給他施加了很大壓力，官方認定「《論語》一書，係出聖人」，「該生竟敢擅改」，其行為「殊屬瞶謬，當即嚴行批斥」〔註 35〕。值得慶幸，實也頗為不幸的，是文革期間，在包括《批註》在內的《論語》研讀作品中，此類情況已是蕩然無存纖毫不見。儘管面對此種情境，孔子、《論語》、儒家不免落寞乃至委屈，但從整個儒學研究史來看，實為一種巨大的進步。這自然不是說亂扣帽子、肆意扭曲是《論語》學史的進步。我們要強調的，是這背後洶湧澎湃著的，平視儒學、正視孔子、心平氣和地閱讀和研究《論語》的思想潮流。如果說崔述以來的疑經運動始終未能擺脫聖人情結的束縛而不免讓人抱憾的話，那麼，可以說，這個問題在「批林批孔」的政治運動中得到了矯枉過正的不錯解決。孔子不再是聖人，《論語》不再是聖經，孔子批的，《論語》也批的。於是，原先「仰之彌高」「欲罷不能」的有色眼鏡背後，許多被掩蓋、被忽略的東西被發掘了出來，孔子因而更加真實，《論語》因此而更富魅力。「顏淵問為邦」章，「批判」說：「一個人，乘著一千二百年前的車子，戴著六百年前的帽子，奏著幾百年前乃至一千多年前的音樂，這不是一個古色古香的老古董嗎？」〔註 36〕像這種幽默詼諧的調侃式的文字，如果丟開其蔑視攻擊孔子的政治動機，用褒義的「老頑童」來置換貶義的「老古董」的話，

〔註 31〕據古書流通出影印《知不足齋叢書》第七集皇侃《論語集解義疏》。
〔註 32〕〔宋〕朱熹撰：《四書章句集注》，中華書局 1983 年版，第 49 頁。
〔註 33〕〔宋〕黎靖德編：《朱子語類》，中華書局 1986 年版，第 434 頁。
〔註 34〕〔清〕王夫之：《讀四書大全說》，中華書局 1975 年版，第 193 頁。
〔註 35〕《廣益叢報》，1909 年第 216 期，第 7 頁。
〔註 36〕北京大學哲學系一九七〇級工農兵學員：《〈論語〉批註》，中華書局 1974 年 11 月版，第 341 頁。

那麼這樣的描寫實在算得上別開生面讓人歡喜，中古以來，孔子大約還從未如此近距離的和世人接洽過。此外，《批註》對孔子階級性的分析也有其可取之處，是在古代同樣不可思議。

（二）經典的普及

經典普及是文化傳承列車的引擎之一。就中國而言，孔子刪訂六經、歷代寫刻石經、唐修《五經正義》、清刻《十三經注疏》，無不有經典普及的期望和動機在。20 世紀以來在廢止讀經和尊孔讀經的對唱中，曾經用來開科取士的《論語》，因為時事和文化的雙重原因，離普通國人的生活越來越遠。解放以後，情況尤甚，是就傳統文化修養的歷史傳承而言，用文化斷裂來形容並不為過。當然，所謂斷裂也是相對而言，中華文明素以幾千年連綿不斷稱譽全球，「焚書坑儒」都沒能火化掉儒學，「文化革命」同樣如此。身在領導層的林彪居然對《論語》文句情有獨鍾。這一國家級個人愛好的發現在其叛逃失敗後迅速在國家高層而後在全社會擴散傳播開來。而後便有了「批林批孔」，有了全國人民對《論語》的重新關注。《批註》正是這種群體關注直接催生的「學術」成果。在當時，組織撰寫此類著作本身便是典型的《論語》普及和傳播過程。據中共上鋼五廠委員會《我們是怎樣組織工人批註〈論語〉的？》記述：「在編寫《論語》批註時，遵照毛主席關於『什麼工作都要搞群眾運動』的教導，理論學習小組的同志不是幾個人閉門造車，而是依靠群眾搞調查研究。他們一方面彙集廣大群眾所寫的批林批孔稿件中的好的內容，另一方面，採取走出去、請進來，開座談會等辦法，找了八十多個老師傅瞭解情況。例如，為了批判『耕餒學祿』的反動思想，他們就找後勤組的同志瞭解車間工人送子女務農、教子女革命的情況；為了批判『父子相隱』，就找武保組的同志瞭解工人中敢於揭發自己親屬問題的事例，從群眾中接受了很多生動的教育。對於有的謬論，例如林彪宣揚的孔老二『必也正名乎！……名不正則言不順；言不順則事不成；……』這個謬論，理論學習小組的同志在開始批註時感到有困難，後來發動群眾來批判，工人說：林彪要『正』的是地主資產階級的『名』，要『順』的是反革命的修正主義的『言』，要『成』的是復辟資本主義的『事』。孔老二的『言』代表了奴隸主貴族的利益，奴隸就是不『順』。林彪的『言』代表地主資產階級的利益，我們無產階級和勞動人民就是不能『順』。歷史是無情的，一切逆歷史潮流而動的跳梁小丑都是短命的。孔老二大肆鼓吹『正名』，挽救不了奴隸制的滅亡；林彪要『正名』，

到頭來，送掉了他的狗命。工人愛憎分明的階級立場，生動有力的批判，對大家啓發很大。」〔註37〕《批註》也採取了類似的群體創作形式。顯然，這樣的創作過程本身便是普及和傳播《論語》的過程。雖然最終的成果可能在今天看來不盡人意，但是其在當時後世對於《論語》的普及還是發揮了一定積極作用。一方面當時參與批林批孔的群眾會從批判的角度來學習和使用，本身即是《論語》的傳播和普及。據信而今學界不少傳統文化素養稍好的中年學者很多都曾受惠於批林批孔時期難得的傳統文化的反向普及（基於批判的普及，姑且如此稱呼）。另一方面，便是在當下看來，《批註》就其學術層面言也非無可取之處。據曾躬與其事的人回憶，該書創作時參考了楊伯峻先生的《論語譯注》，而後者正是目下最爲流行和暢銷的普及本。其實，即便是帶有濃烈的文革氣息，《批註》在有些章句的翻譯上比《論語譯注》也還好些，比如「禮之用和爲貴」章。至於《附錄》部分所列「名詞索引」「人名索引」，更是大有利於人們對《論語》的學習和研讀。

　　《光明日報》2001 年 7 月 19 日第 C03 版《書裏書外》曾發表過王君的一篇《〈論語批註〉的另一種導向》，對人們客觀考量《批註》的價值頗有幫助。文章不長，不妨移錄於此以見前言不虛。

　　　　在「文革」期間，一個偶然的機會，我得到了一本某大學工農兵學員編寫的《論語批註》。這本書厚厚實實，洋洋灑灑 500 多頁，分章節，有原文，有注釋，有譯文，有批判，可以前後上下的對照著看，通俗易懂。很顯然，是專供工農兵大批判用的書。

　　　　在那個沒有多少書可讀的年代裏，得到這本厚厚的書，令我這個業餘時間喜歡看點書的中專生喜出望外。於是我迫不及待地翻閱起來，想實實在在地瞭解一下這位兩千多年前的聖人是如何「放毒害人」，並遭後人深惡痛絕，口誅筆伐的。

　　　　子曰：學而時習之，不亦說乎！有朋自遠方來，不亦樂乎！人不知，而不慍，不亦君子乎！

　　　　哦，原來孔子認爲學習知識經常的複習它，是件叫人高興的事，有志同道合的朋友從遠方來是件非常快樂的事，人家不瞭解自己，自己也不去怨恨人家，這也是一種君子的風度和修養。從這段話看

〔註37〕 上鋼五廠二車間工人理論組：《〈論語〉選批》，山西人民出版社 1974 年 8 月第 1 版，第 35～36 頁。

來，孔子並非是青面獠牙，而是一位達觀好學，謙和恭謹而又儒雅的長者。其所言及的為學處世的態度無可指責，應當說是不便批判的，帶著困惑我去看編者的批判：

「學而時習之，不亦說乎」是叫他（孔子）的門徒專心致志地學習《禮》、《樂》、《詩》、《書》，把自己訓練成復辟的幫兇；「有朋自遠方來，不亦樂乎」，是要他們拉攏來自遠方的反動黨羽，擴大反革命組織；「人不知，而不慍，不亦君子乎」，是說不要怨恨執政者不任用自己，要善於用韜晦之計，耐心等待有利時機到來，大幹一場。

這真是風馬牛不相及，太牽強了，我心裏感到好笑。儘管這樣，我還是生吞活剝地將這本《論語批註》通讀了一遍。掩卷細想，撇開那些假大空（上）綱上線的批判內容，從中我知道了古人把酒杯叫「觚」，把小豬叫「豚」，把過河用的木筏子叫「桴」，現今山東的曲阜、東平、汶上、肥城等屬魯，臨淄、萊蕪屬齊，古代的朝歌在河南淇縣，中牟在河北的邢臺與邯鄲之間，秦之雍是陝西鳳翔，楚之郢是湖北江陵，以及什麼是中庸之道，什麼是禮義仁智信等等一些文史知識。同時　還知道了子見南子、遇陽貨、哭顏淵、罵樊遲以及子路、曾皙、冉由、公西華侍坐等等一些生動有趣的小故事。

特別值得一提的是，我為了進一步弄懂《論語》，曾多次大著膽子去求教「有問題」的師長，曾多次私下裏尋閱當時的有關「禁書」，並且隨著求教次數和閱讀書量的增加，自己越來越感到知識的淺薄與貧乏，這就不斷地促使自己更加努力，努力地去學去問去掌握。粉碎「四人幫」之後，北京率先創立了沒有圍牆的自修大學，培養和造就新時期的人才。遠在西北的我，立即報名參加，之後又先後步入蘭州大學和西北師範大學深造，並順利地完成了大學學業，從一名普通工人成長為學有專長的文化工作者。業餘時間，我堅持撰寫論文，搞文學創作，多年下來，已發表作品近百萬字，並出版了《王君文學作品選》小說和散文卷。

沒想到，一本供「文革」大批判用的《論語批註》，在我的生命歷程中會成為另一種導向，讓我受益匪淺。

　　作者偶然得到《批註》，不意竟由此慢慢踏上了文化和學術之路。書有瑕疵是有問題，讀者自能辨別去取。可見，在建國以後傳統文化傳承命懸一線的背景下，《批註》及類似著作，對於推動知識普及、提升國民素質、延續民族文化血脈確實起到了一定的作用。

（三）反向的佐證

　　《批註》的初衷本是要借批爛《論語》來批臭孔子以批判林彪等所謂黨內大儒。但令編著者們始料不及的是這種基於批爛批臭動機的革命實踐，反倒側面佐證了《論語》及儒學的價值。一者，《論語》批而不倒，四十年前被狂批，四十年後竟頌習，說明《批註》開始前那些敢於仗義執言者所強調的「《論語》有合理因素，不能全盤否定」﹝註38﹞的觀點確是真確不移，有其先見之明，而這種弔詭的歷史現象本身，無疑正是《論語》一書價值不菲、不可輕易否定的反證。二者，編者以《論語》文句來論證自己批判孔子，即便我們姑且承認所徵引內容在政治上可能的反動性，那也無法否認這種援手《論語》支撐自己的舉動，恰恰反證了《論語》的史料價值。無論是思想史層面的史料價值也好，抑或是純史實層面的史料價值也好。關於生平史料，附錄部分《孔丘的反革命一生》大量援引《論語》內容來證明孔子的反動，極大彰顯了《論語》的史料價值。例如為了論證孔子年輕時就是「逆歷史潮流而動的反動派」，編者寫道：「大概在孔丘三十四歲的時候，在魯昭公的提拔下，他曾和南宮敬叔到周天子那裡向周王室的史官學習周禮（『適周問禮』），為復辟奴隸制尋找理論根據。他曾以無限嚮往的心情讚美周禮說：『周代的制度是借鑒夏、商兩代的制度而建立的，它多麼豐富美好啊！我擁護周代的制度！』（3・14）他還說：將來有繼承周朝的，就是以後一百代，它的制度也是可以知道的（2・23）。他在吹捧西周的大奴隸主頭子周武王的事業時，提出了『興滅國，繼絕世，舉逸民』（20・1）的反動政治口號，下決心要復興滅亡了的奴隸制國家，接續斷絕了世襲地位的貴族世家，起用沒落的舊貴族人士，全面復辟奴隸制。這樣，孔老二在他年輕的時候，就成了一個頑固地維護和復辟奴隸制的衛道士」﹝註39﹞。編者同志們一定沒有注意到同《前言》中有關

﹝註38﹞　北京大學哲學系一九七〇級工農兵學員：《〈論語〉批註》，中華書局 1974 年11 月版，《前言》第 4 頁。

﹝註39﹞　北京大學哲學系一九七〇級工農兵學員：《〈論語〉批註》，中華書局 1974 年11 月版，第 454 頁。

《論語》「大雜燴」、「大毒草」、「黑話連篇」、「毒汁四濺」的判斷相對照，革命小將們無寧是在一邊喝毒汁，一邊吃毒草，一邊說黑話。完全沒有意識到紅色論證中作爲論據的毒草總不免也會帶上幾縷紅色的光芒。一定要繞出這個陷阱，大概只能是返回頭去將謾罵《論語》的話改正，將活埋《論語》的坑填平。三者，編者在批判《論語》章句時所慣用的上綱上線、曲解引申等策略，反向證明了《論語》章句中實有難以批判的眞價值，莫可奈何才會潑婦罵街。比如孔子的好學精神，明明《批註》的編者是在「認眞學習了毛主席和黨中央關於批林批孔的重要指示和文件」基礎上，以馬列主義、毛澤東思想爲武器進行的注釋、今譯和批判，但工農兵學員認眞學習可以，孔子好學就有不行；「三人行必有我師」章，「批判」稱，「他所說的『師』，是指這些奴隸主貴族中時時處處按周禮辦事的人」〔註40〕；殊不知孔子除了強調學禮，還強調學詩，焉知三人云者就一定是指長於禮的人呢？沒有道理才會強詞奪理，強詞奪理正說明了「三人行擇善而從」不可磨滅的價值。四者，編者在批判《論語》過程中有些實在無法批判的內容只能同其他章合在一起批判，這一舉動充分說明《論語》中的某些內容確有其超越性的一面在，而所謂階級鬥爭籠罩一切的做法，即便只是在一本小小的《論語》面前，也難做到進退自如。像「君子求諸己」一章便沒有專門的「批判」，而是要讀者參看「躬自厚而薄責於人」一章，但此章批判謂「這一條是他的『禮之用，和爲貴』這一反動觀點的具體應用」〔註41〕；且不說「禮之用，和爲貴」出有子之口，即便在「子云」之列，是與「君子求諸己」又有多大關係！《鄉黨》自「食不語，寢不言」到「鄉人儺，朝服而立於阼街」，均「見10‧15批判」，即「問人於他邦，再拜而送之」章。「批判」云：「以上六條，記載了孔丘的舉止言談的一些規矩。他處處擺出『正人君子』的模樣，表示一舉一動都符合周禮，企圖使別人相信周禮是至高無上、神聖不可侵犯的。」〔註42〕說「朝服而立於阼街」是周禮還可以，可「睡覺不說話」本是人類一般行爲習慣，如何還要用禮來約制，難道周禮或者那個朝代會專門規定「寢必言」一類新

〔註40〕北京大學哲學系一九七〇級工農兵學員：《〈論語〉批註》，中華書局 1974 年 11 月版，第 155 頁。

〔註41〕北京大學哲學系一九七〇級工農兵學員：《〈論語〉批註》，中華書局 1974 年 11 月版，第 343 頁。

〔註42〕北京大學哲學系一九七〇級工農兵學員：《〈論語〉批註》，中華書局 1974 年 11 月版，第 220～221 頁。

行為規範？無計可施，左支右絀，如此的分析只能再次佐證了《論語》的價值。

第五節　反思

　　然而，就當時來看，至少在表面上，孔子和《論語》，是被徹底批倒了。可是，正如上文所分析的，這個過程中，工農革命群眾所打擊到的，不只是孔子和《論語》，其實還包括自己。同你死我活的批判精神相比，真正值得人們玩味的，也是真正有趣的，正是此一文化現象，還有它背後隱藏著的那些東西。

（一）階級訴求與階級訴求

　　與因為能力問題不小心打到自己相比，批判主體和批判對象在階級鬥爭道路上「攜手」同行這一點顯然要更有趣。在《批註》的編者看來，《論語》當中到處都是階級鬥爭，孔子本是生活於變革時代進行階級鬥爭或者說應對階級鬥爭的能手，而編者群體本身又是「文革」時代進行階級鬥爭的先鋒，於是，《批註》工作便成了不同階級訴求之間的審視與對話。而且，在前後的意義上，孔子本是進行階級鬥爭的老前輩，工農兵學員根本就是沿著孔子走過的道路在前進。當然，前與後，在文革時代本身便是區別落後與進步、反動與革命的標誌。從文革話語中跳出來，應該看到，就孔子的人生而言，他本人確實更多地是站在統治者的立場上來分析和處理問題的，陳司敗關於孔子是不是結黨的追問不是沒有道理。孔門幾大弟子像子路、子貢、子夏、有子、曾子、冉求等多與統治者關係緊密，其言行舉止亦多為統治者用心。所以，《論語》所載內容，特別是孔門言行，實有其一定的階級性，工農兵批註《論語》本是一場統治階級訴求之於統治階級訴求之間的對話，是借批判舊有階級訴求表達新的階級訴求的學術實踐。

（二）個人崇拜與個人崇拜

　　《批註》所見工農兵學員批林批孔的階級訴求所反映的是當時的路線鬥爭及其背後的個人崇拜。實則《論語》一書本身即是弟子對老師個人崇拜的落實和表現，所謂「孔子歿後，弟子思慕，相與輯而論纂」。《論語・子張》：「陳子禽謂子貢曰：『子為恭也，仲尼豈賢於子乎？』子貢曰：『君子一言以為知，一言以為不知，言不可不慎也。夫子之不可及也，猶天之不可階而升

也。夫子之得邦家者，所謂立之斯立，道之斯行，綏之斯來，動之斯和。其生也榮，其死也哀。如之何其可及也？』正即孔子死後弟子懷仰慕之心追思和懷念老師的證據。顏淵所謂「瞻之在前忽焉在後」所彰顯的則是孔子生前弟子對他的崇敬心理。其實孔子自己對前人同樣滿懷崇拜和敬仰，尤其是堯舜禹湯文武周公，這在《論語》中有明確記載，所謂「大哉堯之為君也！巍巍乎！唯天為大，唯堯則之。蕩蕩乎！民無能名焉。巍巍乎其有成功也！煥乎其有文章！」（《論語‧泰伯》）云云。如果說《論語》本是一部以新信仰承續舊信仰的言行集，那麼《批註》則是一部用新信仰否定舊信仰的論證書；二者雖然在具體內容和表達形式上有所不同，但就內裏來看，皆是個人崇拜的學術呈現，是個人崇拜與個人崇拜孰王孰寇的交鋒與談判。

（三）肯定批判與遭遇批判

《論語》之熱衷於臧否人物眾所周知。所以如此，首先是因為孔子並非真的如自己所宣揚的「述而不作」。恰恰相反，他有一套屬於自己的道德理想，更有一套自己的禮樂設計，所謂「孔子立新王之道」（《春秋繁露‧玉杯》）。正因如此，所以才要是非二百四十二年之中，以載之行事深切而著明之。《論語》大量載錄孔子臧否古賢時彥的話語，正是對其基於道德審視的批判精神的肯定。《批註》的出現反映的是這部肯定批判精神的作品在新時代遭遇的新批判。如果說《論語》更多呈現的是孔子道德評判視角下的春秋大義，那麼《批註》所彰顯的則是階級評判立場下的政治期許，《論語》之被「批註」一定意義上是階級分析之於道德評判的勝利，是新意識形態對舊意識形態的勝利。

（四）集體編纂與集體編纂

論語作為中華傳統文化行至春秋時代賡續傳承的學派式智慧凝結，不僅在文本內容上處處彰顯著上古文明的光輝，而且具體到編纂過程，也與六經創作的主流形式無異，就是集體編纂。這一方面與孔門弟子受到自身授受內容的影響有關，《詩》、《書》、《禮》皆是代代傳承集體編纂，另一方面也與夫子從教眾多高足廣布密切相連，後世所以有或曾子、有若，或子游、子夏、子貢，或子思等，多種有關《論語》編者的觀點出現，根源正在於此。與《論語》本身相似，《論語》批註同樣採取了集體編纂的形式，是在前面已有論述。只是就編纂過程而言，一個歷數十年選擇去取，一個為政治事件所催生；

一個由信仰萬世師表的高徒編纂，一個由懷疑和否定夫子的「學員」寫成；一個燭照千古，一個只能曇花一現。

（五）踐行《論語》於批判《論語》

上面的分析告訴我們，階級鬥爭色彩也好，意識形態氣息也好，個人崇拜也好，集體編纂也好，《批註》的出現，相當程度上正是《論語》內在面向在新時代的展開。而「批註」行為本身所體現的，對「吾不欲人之加諸我者，吾亦欲無加諸人」原則的擯棄，對「己所不欲勿施於人」精神的背離，對「君子求諸己、小人求諸人」權利的行使，對「古之學者為己，今之學者為人」功利原則的踐履，對「小人學道則易使」、「知及之，仁不能守之，雖得之，必失之」等規律的呈示等，則在在顯示了本書雖欲拋棄卻終難逃《論語》內容約制的無奈事實。踐行《論語》於批判《論語》，這是批林批孔運動中《論語》批判頗為滑稽的一幕，益見數典忘祖之絕不可取。

中華民族對慎終追遠的強調原在儒家形成之前。後世子孫，不論你如何不肖，骨頭裏總是流淌著先輩的血脈，對先民不敬說到底是對自己不敬，打倒了祖先，自己也站不穩，所以我們這個民族特別強調歷史。而經典作家乃有忘記歷史等於背叛一類的判詞。所謂不同時代的不同文化，說到底不過是同一民族精神的異世呈現。因為現象的差別，輕易乃至徹底否定古人的努力，猶以井中之月逆塘中之月，並不可取。尤其是集體否定更要慎重。學術研究不能搞群眾運動。

第六節　結語

批孔是 20 世紀中國儒學史的一個重要面向，對《論語》的懷疑和批判大體從屬於儒學史的這一層面，《〈論語〉批註》是這一方面最具代表性的作品之一。我們在《批註》身上既能看到《論語》學在政治與學術之間的痛苦和無助，更能看到《論語》批而不倒、剛毅不屈的生命力。一方面以學術為政治、借學術說政治的影射乃至謾罵風格，讓人們充分體會了機械唯物主義的蠻橫無理，另一方面基於唯物史觀的聖人的還原，又向世人較好展現了馬克思主義在學術研究方面的獨特效力；一方面群眾運動的形式令人憤怒，另一方面經典普及的作用又讓人欣喜；而階級訴求與階級訴求、個人崇拜與個人崇拜、集體編纂與集體編纂、肯定批判與遭遇批判、踐行《論語》於批判《論

語》等內在特點更是發人深省、引人深思。在這個意義上，可以說《〈論語〉批註》在 20 世紀乃至整個《論語》學史上都有其特殊的典範意義，鮮有其匹少有能及，值得用心把玩，透徹理解和考量之。

餘　說

　　筆者選取的六種著作,《論語集注補正述疏》作於 1910 年代末,《論語集釋》作於 1930 年代末,《論語大義》作於 1940 年代,《古代儒家哲學批判》作於 1940 年代末出版於 1950 年代初,《論語新解》作於 1950 年代初出版於 1960 年代初,《〈論語〉批註》出版於 1970 年代中期,大體可以代表和反映 20 世紀中國《論語》學的學術成就和發展脈絡。改革開放以來的 20 年間,雖然在文化熱、國學熱的鼓蕩下又出版了不少《論語》學著作,但普及性的多,學術性的少,應時之作多而傳世之作少,大體處在一種恢復元氣蓄勢待發的狀態,1990 年代偶有幾年專書出版激增,含金量也有限,說到底是市場的繁榮而非學術的繁榮。

　　由上面所選取的六種著作來看,《論語集注》仍是《論語》學研究的一大焦點。20 世紀的學人或抱同情的理解,或持爭勝之心態,或補正其不足,或疏通其精義,但無論如何對於《集注》總是繞不過去。而就最後的成就來看,整體上又無一能到《集注》的程度。當然,在某些具體的層面和問題上,像《論語集注補正述疏》、《論語集釋》、《論語新解》,亦多有超越《集注》處,其他站在《集注》肩上接續開拓前行的例子也不在少數,比如以西方哲學來解讀《論語》總體上仍不脫《集注》所弘揚的義理讀《論》的傳統,在這個意義上,20 世紀的中國《論語》學,倒像一部大的《論語集注續》。

　　也不是所有的《論語》研究都是接《集注》,比如訓詁考據方面的研究,更多的還是接清儒。今人俞志慧先生 1999 年在《紹興文理學院學報》發表了《〈論語·述而〉『文莫吾猶人也』章商兌兼釋『廣莫』、『子莫』》一文,通過古音分析,指出「文莫」之「莫」當為虛詞,無實際詞彙意義,不過是起舒

緩語氣的作用。這樣的分析無疑很有新意，而其路子明顯是接著清代考證學而來的。

比較而言，更有價值的一種考證是關於《論語》核心觀念的考證。像「仁」、「義」、「禮」、「樂」、「忠」、「恕」、「中庸」等《論語》的核心概念，既有綿長深厚的歷史底蘊，更有精緻獨特的儒學內涵，絕非文字訓詁的考據之法所能盡數揭示，須得兼善哲學與歷史、義理與考據方可，這便是思想史的考察。這種基於核心概念的思想史考證多從訓詁考據發掘文字原義開始，但其追求則非止考證字義而已，而是要由「文」而「史」乃至由「史」而「理」。龐樸在 1980 年第 1 期《中國社會科學》發表的《中庸平議》一文是觀念考證的一個典型。作者經由歷史和思想的梳理，指出最早出現於《論語》中的「中庸」一詞並非如後世所理解的那樣是折衷主義、調和主義、合二而一，相反「中庸」實爲一種能夠超越二元思維模式的對立同一的高超智慧，深刻理解和把握「中庸」之道，對於破除二分思維的偏狹有其重要價值和意義。就社會歷史的發展和進步而言，這樣的考證其價值和影響顯然不是一般的審音定義之類所能比擬的。

需要捎帶提及的是，20 世紀學人的《論語》學成績有很多都在文章、筆記等專論性的文字裏，而不是專著。在《論語》學，甚早以來便即如此。像朱子的《論語》研究，在《集注》以外，見於《朱子語類》的便不止三兩處。近代以來，隨著報刊雜誌的流行，《論語》研究的這一特點變得更加突出，要全面把握和瞭解一個時期的《論語》學成就，便不能不對此類文字用心留意。像 1999 年《文獻》季刊發表的裴傳永先生《朱熹〈論語集注〉辨誤》一文便很有價值。該文主要就「孟武伯問孝」、「子游問孝」、「子夏問孝」三章朱注內容進行辨證。比如「孟武伯問孝」章，作者指出朱注站在父慈的角度來解釋並不合適，孝首先是子對父，本章內容意在提點孟武伯侍親宜多和悅，而不宜過多憂慮。作者旁徵博引，持之有故、言之成理，確較朱說有力，值得珍視。

當代中國《論語》學真正的興盛是在共和國成立半個世紀之後的 21 世紀。這一過程的到來，既得益於定州《論語》、郭店竹簡等出土文獻的助力，又得益於中西文明在哲學、宗教學、語言學等領域的深度融合與交流，更得益於 1990 年代中期興起而後一路高漲的「國學熱」。21 世紀以來中國《論語》學發展的特點是大眾普及與高端研究雙向並進、良性互動。此一時期出現了大

量普及性的《論語》讀本，而且從平面媒體到網絡電視，都積極參與到了包括《論語》在內的國學推廣和傳播過程中，街頭巷尾、酒館茶肆，說《論語》、談孔子、論國學，比比皆是、鋪天蓋地，這是新中國成立以來《論語》學從未有過的盛景。目下人們依舊樂道的李零的《喪家狗——我讀〈論語〉》，於丹的《論語心得》，正是這一熱潮的代表性成果。比較而言，李零先生的書學術色彩更濃一些，這與李先生經年研治傳統文化、功力更爲深湛有其關係。同 1980 年代以來的 20 年相比，這一時期學術研究的開拓是全方位的，其中有兩個層面特別值得關注，一是關於《論語》的考據研究大量增加，這與國學熱潮背景下小學地位的崛起和人們希望弄清《論語》眞面目的廣泛心理期待有關係；一是關於《論語》學的學術史研究大量增多，這是「《論語》熱」與 1990 年代興起的學術史研究熱潮自然而然相結合的結果。《序言》部分所提到的關於《論語》學史的斷代、整體、學派、學人研究多出現於此一時期。

　　20 世紀以來的百年間，《論語》學多是在邊緣化的歲月中度過的。1990年代中期後在繁榮昌盛的中國大陸所興起的「國學熱」爲《論語》學帶來了新的春天。就當下國人的心理期待和儒學不斷復興的形勢來看，未來一段時間會有更多更好的《論語》學成果出現當是可以斷言的。

參考文獻

1. 四庫全書總目，〔清〕永瑢等撰，第 1 版，北京：中華書局，1965。

2. 續修四庫全書總目提要・經部，中國科學院圖書館整理，第 1 版，北京：中華書局，1993。

3. 十三經注疏，〔清〕阮元，第 1 版，北京：中華書局，1980。

4. 清經解、清經解續編，〔清〕阮元、王先謙編，第 1 版，上海：上海書店，1988。

5. 漢書，〔漢〕班固撰，第 1 版，北京：中華書局，1962。

6. 孟子正義，焦循撰，第 1 版，北京：中華書局，1987，

7. 論語注疏（十三經注疏），十三經注疏整理委員會 整理，第 1 版，北京：北京大學出版社，2000。

8. 四書章句集注，〔宋〕朱熹撰，第 1 版，北京：中華書局，1983。

9. 論語集注考證，〔宋〕金履祥撰，新 1 版，北京：中華書局，1985。

10. 四書改錯，〔清〕毛奇齡撰，未學圖重刊本，1811。

11. 論語正義，劉寶楠撰，高流水點校，第 1 版，北京：中華書局，1990。

12. 天文本單經論語校勘記，葉德輝，長沙葉氏刊，1902。

13. 論語今譯，張佩嚴撰，初版，上海：上海中華書局，1915。

14. 論語足徵記，崔適撰，再版，北京：國立北京大學出版部，1921。

15. 論語要略，錢穆撰，初版，上海：商務印書館，1925。

16. 論語研究，溫裕民撰，初版，上海：商務印書館，1930。

17. 論語釋要，唐大圓撰，初版，東方文化集思社，1931。

18. 孔子哲學研究，楊大膺撰，初版，上海：中華書局，1931。

19. 論語古義，楊樹達撰，初版，上海：商務印書館，1934。

20. 論語之研究，芮麟撰，醒民出版社，1937。

21. 論語二十講，王向榮撰，上海：中華書局，1937。

22. 論語與儒家思想，車銘深撰，初版，商務印書館，1938。

23. 論語要義，王向榮撰，上海：中華書局，1939。

24. 論語與做人，袁安定撰，初版，世界書局，1940。

25. 孔子與論語，呂棋笙撰，上海：路道周，1940。

26. 論語會箋，徐英撰，初版，正中書局，1943。

27. 孔子論語新體系，杜任之撰，復興圖書館雜誌出版社，1948。

28. 論語新考，劉光宇撰，世界書局，1948。

29. 古代儒家哲學批判，趙紀彬撰，初版，上海：中華書局，1950。

30. 《論語》選批，上鋼五廠二車間工人理論組，第 1 版，太原：山西人民出版社，1974。

31. 《論語》批註，北京大學哲學系一九七○工農兵學員，第 1 版，北京：中華書局，1974。

32. 《論語》是反動階級的復辟經，北京特殊鋼廠工人理論組編，第 1 版，北京：中華書局，1975。

33. 論語今注今譯，毛子水撰，三版，臺北：臺灣商務印書館，1979。

34. 論語譯注，楊伯峻撰，第 2 版，北京：中華書局，1980。

35. 論語通釋，王熙元，初版，臺北：臺灣學生書局，1981。

36. 論語思想體系，邱鎮京，三版，臺北：文津出版社，1981。

37. 論語注，康有爲撰，樓宇烈 整理，第 1 版，北京：中華書局，1984。

38. 論語疏證，楊樹達撰，第 1 版，上海：上海古籍出版社，1986。

39. 論語集釋，程樹德撰，程俊英 蔣見元點校，第 1 版，北京：中華書局，1990。

40. 論語注譯，孫欽善撰，第 1 版，巴蜀書社，1990。

41. 唐寫本論語鄭氏注及其研究，王素撰，第 1 版，北京：文物出版社，1991。

42. 論語探原辨惑，王秀庭撰，初版，臺北：王秀庭，1993。

43. 論語直解，來可泓撰，第 1 版，上海：復旦大學出版社，1996。

44. 論語今讀，李澤厚撰，第 1 版，合肥：安徽文藝出版社，1998。

45. 敦煌《論語集解》校證，李方撰，第 1 版，江蘇古籍出版社，1998。

46. 論語今譯，潘重規撰，初版，臺北：里仁書局，2000。

47. 南懷瑾選集，第一卷·論語別裁，南懷瑾撰，第 1 版，上海：復旦大學出版社，2003。

48. 《論語》讀本，錢遜撰，第 1 版，北京：中華書局，2007。

49. 論語集注補正述疏，〔宋〕朱熹 集注 簡朝亮 述疏，第 1 版，北京：北京圖書館出版社，2007。

50. 《論語》鈞沉，董楚平撰，第 1 版，北京：中華書局，2011。

51. 論語正，石永楙撰，第 1 版，北京：中華書局，2012。

52. 論語新解，錢穆撰，第 3 版，北京：三聯書店，2012。

53. 中國現代學術經典·馬一浮卷，劉夢溪主編、馬鏡泉編校，第 1 版，石家莊：河北教育出版社，1996。

54. 龐樸文集，劉貽群編，第 1 版，濟南：山東大學出版社，2005。

55. 四庫存目標注，杜澤遜撰，第 1 版，上海：上海古籍出版社，2007。